Frauenbilder Männerbilder — Die DDR in den 50er Jahren

Neue Errungenschaften spiegeln sich auch in diesem volkseigenen Werke wider. Die Kleinsten fühlen sich wohl in der wunderschönen Kinderkrippe, in der die berufstätigen Mütter ihre Babys gründlich ausgebildeten Schwestern in Obhut geben. Ein allen Anforderungen gerecht werdendes Kulturhaus ist bereits vorhanden. Doch durch die Normenerhöhung ist es nunmehr möglich, noch bessere soziale Einrichtungen zu schaffen: Ein Ferienheim und die Kindertagesstätte, deren Errichtung der Betriebskollektivvertrag 1953 vorsieht, werden Erfolge der Leistungssteigerung der Werktätigen sein

Neue Arbeitsmethoden. „Wir schaffens" steht in den Gesichtern der Arbeiter von der Brigade Paul Müller. Auch sie verkörpern jenen neuen Menschentyp, der bewußt an der Schaffung der Grundlagen des Sozialismus arbeitet. Sie gönnten unserem Bildreporter kaum Zeit zur Aufnahme, denn es galt die Norm zu erfüllen, die sie aus Anlaß des Kampftages der Arbeiter, dem 1. Mai, freiwillig um 21 Prozent erhöhten. Die bisherigen Normen sehen sie als veraltet an, denn durch lange Erfahrungen, bessere technische Voraussetzungen und gute Arbeitsorganisation ist es möglich geworden, die Leistung zu steigern und durch äußerste Sparsamkeit weitere Mittel für die Erfüllung des Fünfjahrplanes freizumachen

Aufnahmen: Gerhard Kiesling

Redaktion: Ina Merkel, Maruta Schmidt
Umschlag und Layout: Jürgen Holtfreter
Satz: VA Großhaus, Schmidt & Partner, Berlin
Lithografie: Grafische Werkstatt, Kassel,
und Spönemann, Berlin
Druck: Westkreuz-Druckerei, Berlin
Printed in Berlin (West)

EP 309
ISBN 3-88520-309-X

ELEFANTEN PRESS
Oranienstr. 25, 1000 Berlin 36

CIP-Titelaufnahme der Deutschen Bibliothek

... und Du, Frau an der Werkbank : [die DDR in den 50er Jahren] / Ina Merkel. Mit e. Exkurs von Simone Tippach. –
Berlin : Elefanten Press, 1990
(EP ; 309)
ISBN 3-88520-309-X
NE: Merkel, Ina [Mitverf.]; GT

Ina Merkel

... und Du, Frau an der Werkbank

Mit einem Exkurs von Simone Tippach

ELEFANTEN PRESS

Inhalt

Jeder stirbt
für sich allein
HANS FALLADA
letzter Roman
Berliner
DAS
OZIALISTISCHE
JAHRHUNDERT

Präsentiert das Geschlecht!

Bilder, die die Welt bedeuten

Ich gebe es zu: ich bin irritiert. Die papiernen Riesendamen auf den weißen Pappwänden machen mir Angst. Sie scheinen es gepackt zu haben. Sie sind frech und verrückt oder gewagt angezogen. Sie glänzen elegant und sie riechen zehn Meilen gegen den Wind nach Westen. Sie haben sich einen flotten Typen in einem fetten Auto geangelt. Sie sind erfolgreich im Beruf oder haben eine fröhliche Familie mit netten und ausgeglichenen Kindern vorzuweisen. Ich aber bin eine graue kleine Ostmaus. In meine Wohnung wage ich kaum jemanden einzuladen. Sie ist zwar einigermaßen in Ordnung, mal abgesehen davon, daß die Fenster nicht geputzt sind, die Klospülung nicht geht und das Waschbecken schon seit Monaten einen Sprung hat, aber im Treppenflur stinkt es nach Kneipe, von den Wänden blättert die Farbe und es ist dreckig. Meine Kinder kann ich nicht gut vorführen. Wenn sie am Abend von der Straße nach oben kommen, liegt ein grauer Schimmer auf ihren Sachen und Gesichtern. Sie sind zwar ganz vergnügt, aber auch ziemlich frech. Es kümmert sie nicht besonders, wenn Fremde zu Besuch sind. Mein Freund, mit dem ich seit Jahren zusammenlebe, ist auch nur selten gut angezogen. Am liebsten lottert er in seinen ältesten Jeans und abgewrackten Pullovern so durch die Wohnung und verteilt beschriebenes Papier, angelesene Bücher und Zeitungsausschnitte um sich herum. Seine Zukunftsaussichten sind jobmäßig ziemlich mies. Unser Auto ist altmodisch und verbraucht. Es klappert und zieht nicht richtig an auf der Kreuzung.

Früher hat es mich kaum gestört, ich war daran gewöhnt und in der Gewöhnung hat man vieles nicht mehr wahrgenommen. Heute aber, zum Vergleich mit einer anderen, fremden und scheinbar freien und attraktiven Welt gezwungen, ist auf einmal das ganze alte, gemütliche und gewöhnliche Leben in Frage gestellt.

Die Segnungen der westlichen Konsumgesellschaften brechen ein in unsere behütete und abgeschottete, selbstgenügsame, kleine Welt. Zuerst in den Zeitungen erste verschämte, dann unverschämt viele Anzeigen. Und wir, die wir es gewohnt waren, die hinter den Zeilen und Worten versteckten Informationen zu entschlüsseln, werden nun durch die einfachen Bilder gefoppt, die doch nur bedeuten, was sie auch zeigen. Der erruptive Aufbruch der westlichen Warenwelt in unsere sozialistische Mangelwirtschaft ist zugleich ein Feldzug der Bilder, Symbole und Fetische des Konsums. Eine ganze Bilderwelt ist angetreten, um ein angeschlagenes Weltbild im Sturm zu nehmen. Die Besetzung eines ganzen Landes, einer Kultur wird so ganz offen-sichtlich vollzogen. Es kommt mir vor wie eine schleichende Konterrevolution gegen die Seh- und Wahrnehmungsgewohnheiten ganzer Geschlechter. Nach der Ent-Täuschung über das System des real exisitierenden Sozialismus tritt nun nicht Ernüchterung ein, sondern eine neuerliche Ver-Blendung, ein Besoffensein, diesmal von schönen Bildern, die eine ganz andere Welt bedeuten.

Der fremde Blick

Nun sind zwar schon viele Wochen ins einig deutsche Vater-Land gegangen, aber ich komme noch immer nicht mit dieser neuen Bilderwelt zurecht. Zeitungen und Zeitschriften verschiedenster Coleur überschwemmen unseren früher so überschaubaren Markt. Auf den ehemals anregenden Litfaßsäulen finden sich kaum mehr Informationen über kulturelle Ereignisse in unserer Stadt, einsam und allein prangt weithin sichtbar eine öde Zigarettenreklame auf weißem Untergrund. Ganze Werbe-Wände stellen sich uns auf einmal in den Blick, der früher wenigstens so frei war, sich an der Verkommenheit, Vernutzung und Vernachlässigung unserer Umwelt zu reiben. Nun aber nimmt die Diktatur der Bilder über unsere Wahrnehmung ungehindert ihren Lauf.

Mit Macht wird uns so ganz nebenbei auch ein Frauenbild aufgedrängt, das uns täglich ermahnt, anders, nämlich so richtig Frau zu werden. Den aufgemotzten, schlanken, halbentblößten und jugendlichen Frauenkörpern, die uns nun überall großformatig entgegentreten, können wir uns kaum mehr entziehen. Ich fange auf einmal an darüber nachzudenken, ob ich mich nicht anders kleiden sollte, ob es mir nicht zuträglich sei, die Haare zu färben, eine Schlankheitskur zu machen, ein Fitnesstudio aufzusuchen und vor allem tiefer ins Portemonnaie zu greifen, um mich eleganter oder fraulicher oder was weiß ich wie endlich anziehen zu können. Dabei bin ich doch weiß Gott eine emanzipierte und sogar frauenbewegte Frau. Warum lasse ich mich von diesen Frauenbildern eigentlich so aus dem Konzept bringen?

Die westlichen Bilderfrauen auf den riesigen Fotos stellen eine ungeahnte und nie in Betracht gezogene Konkurrenz zu der uns eigenen Unscheinbarkeit und Gewöhnlichkeit dar. Wir grauen DDR-Muttis gucken uns da ganz schön um. Es scheint vollkommen klar zu sein, daß wir nicht mithalten können.

Und so zerrinnt ein in vierzig Jahren geronnenes Wertgefüge langsam zwischen den Fingern. Zutiefst verunsichert in einem ehemals gültigen und allgemein akzeptierten Selbst wertgefühl beginnen wir Frauen uns wieder nach einem männlichen Blick auszurichten, dessen Existenz uns doch schon längst nicht mehr so wichtig gewesen war. An die vorderste Stelle in unserer Selbstwahrnehmung rücken wieder die Äußerlichkeiten unseres Geschlechts.

Früher wurden wir gefragt, was wir gelernt hätten, in welchem Beruf wir tätig seien und wieviel Kinder wir hätten. Heute werden wir abschätzend taxiert: zuwenig Busen oder zuviel Hintern. Hosen, flache Schuhe? – wie unvorteilhaft. Ungeschminkt und wirres Haar? – wie nachlässig. Und so ziehen nach vierzigjähriger Abwesenheit die alten Stereotype wieder in unsere Körper ein. Aber waren sie denn wirklich abwesend oder hatten wir sie nur verdrängt und auf die zweiten Plätze verwiesen? Und sind diese westlichen Frauen-Norm-Bilder wirklich so neu für uns, oder hatte es sie nicht auch bei uns – wenn vielleicht auch subtiler, versteckter – immer gegeben? Was erschreckt mich so an diesen alten neuen Norm-Bildern, die uns jetzt bestürmen?

»Heute siehst Du aber schön aus, wo gehst Du denn hin?« – lautet eine typische Frage meiner Tocher, auf die ich rechnen kann, wenn ich mich, was selten genug passiert, abends einmal zurechtmache. Sie möchte, daß ich öfter so aussehe – weiblich, im Kleid, mit Perlenkette, in feinen Strumpfhosen und schmalen, spitzen Schuhen.

Ich soll mich zurechtmachen. Das fordern auch die neu und massenhaft auf uns einstürmenden Bilder von mir. Und diese Forderung ist beileibe nicht neu für mich. Ich kenne sie nur zu gut aus meiner Kindheit, meiner geschiedenen Ehe, von meiner Mutter vorgetragen oder meinen Männern. Aber ich habe gelernt, mich solchen Forderungen zu entziehen, sie auszuhöhlen, sie zu umgehen. Ich habe mich erst mühsam gegen mich selbst, gegen den anerzogenen Drang zum Wohlverhalten durchsetzen müssen, und langsam gelernt, mich zu verweigern.

Jetzt hat es fast den Anschein, als ob in dieser Nische für mich kein Auskommen mehr ist. Neue Gesetze beherrschen den Markt der Eitelkeiten. Ganz unvermittelt entstehen neue Zwänge. Um sich gut zu verkaufen, um gegen andere zu konkurrieren, muß man es verstehen, sich gegenseitig zu übertrumpfen und auszubooten, sich anzubiedern und genehm zu machen. Und diese Mechanismen wirken in besonderer Weise auf mich als Frau. Sie erzwingen eine erneute Veräußerlichung und Präsentation meines Geschlechts, die mir doch bis dato kaum mehr abverlangt wurden.

Der Zwang zur Selbstentfremdung wird darin auf den Punkt getrieben. Nicht, was ich bin, aus mir gemacht habe oder werden kann, ist wichtig, sondern wie ich mich darstelle und präsentiere. Sich als Frau zu entäußern, heißt jedoch immer, sich zu unterwerfen. Die Präsentation als Frau verlangt von uns, das Einverständnis mit der erzwungenen Unterordnung auch noch zur Schau zu stellen, es verlangt die Demutsgeste vor einer männlichen Ordnung.

Und das uns, nach vierzig Jahren Sozialismus? In denen die arbeitenden Frauen ideologisch auf den Händen getragen wurden und die jungen, gebärfähigen Mütter angeblich in der sozialen Hängematte lagen? Wo jedem Genossen Ehemann die Pflicht zur Hilfe im Haushalt auferlegt war und sich kein sozialistischer Leiter sexistische Übergriffe am Arbeitsplatz erlauben durfte? Uns Frauen, die wir in der dritten Generation selbstverständlich berufstätig sind und alle einen Beruf erlernt haben, die wir selbst über eine Schwangerschaft entscheiden können oder über das Zusammenleben mit einem Mann oder aber einer Frau, die wir gegen alle männlichen Widerstände ein eigenes, ein unabhängiges Leben führen können und auch massenhaft geführt haben?

Letzter Appell der AJZ (Arbeiter-Illustrierte-Zeitung) vor ihrer Unterdrückung durch das Hitlerregime: Schließt Euch in einer Reih' gegen das braune Unheil zusammen! Die AJZ war vor 1933 die fortschrittlichste Illustrierte Deutschlands, eine Wochenschrift von internationalem Ruf. Die von ihr zuerst veröffentlichten Fotomontagen von John Heartfield wurden in Moskau, Prag, Paris ausgestellt, ihre mutigen Bildberichte zwangen den Reichstag zur Stellungnahme. Die am 5. März 1933 halblegal erschienene letzte AJZ, deren Titelblatt wir zeigen, erreichte nur noch einen Teil der Leser. Die Hetzjagd auf ihre Redakteure hatte schon begonnen, die Redaktionsräume in der Wilhelmstraße wurden von SA-Stiefeln zertrampelt. Prag bot der AJZ Asyl. Ausgezeichnete Schriftsteller und bewährte Funktionäre der Arbeiterbewegung wie Egon Erwin Kisch, F. C. Weiskopf, Fritz Erpenbeck, Hermann Leupold waren bis zur Besetzung der CSR durch die Wehrmacht Redakteure und Mitarbeiter der AJZ.

Aufnahmen: Kiesling (2), Saeger, Jacobson, Gronefeld, Donath, Zentralbild, Archiv (4)

Erster Ruf der NBJ an ihre Leser in ganz Deutschland: Zieht die Lehren aus zwei Weltkriegen, geht mutig an die Aufgaben einer neuen Zeit! An die besten Traditionen der AJZ anknüpfend, bemüht sich die NBJ seit einem Jahrzehnt zur Volksillustrierten für Millionen Leser zu werden, durch exakte, vorwärtsweisende Bildberichte ein Spiegel des Zeitgeschehens zu sein

Am gleichen Tage feiern die „Neue B… strierte" ihr zehnjähriges und die Deu… kratische Republik ihr sechsjährige… ihren ersten Geburtstag im souverä… Wir schildern die erfolgreiche Arbeit für … unseres Volkes im Spiegel der Titelbil…

Sagt die Kamera stets die Wahrheit? Sie sp… wenn sie die Welt und das, was sich erei… Augen der Millionen werktätiger, alle Wert… Menschen betrachtet. Sie lügt, wenn sie die bu… der Straße liegenden Probleme hochmütig übe… Pin-up-Girl, Hofberichte über abgetakelte … Sensatiönchen und Klatschgeschichten als M… Zeitgeschehens aufmacht, weil „die Leute das … klar, welche Leute, welche Leser, welche Auftra… Kamerabeute wünschen. Bildreporter und Jl… diesen Namen verdienen, müssen verläßlich… sein, denn ähnlich dem guten, die Zeiten überd… ist auch die echte Jllustrierte keine süßliche… sondern der ungleich spannendere, von der W… formte allseitige Bildbericht über die Gegenw… Jahrgänge der AJZ von 1921 bis 1933 betr… blättert ein „Familienalbum" der Weimarer … und nicht anders sah sie aus, unten und obe… jeder Jahrgang ein Jahrbuch der Wahrheit. D… empfand unsere Neue Berliner Jllustrierte … Oktober 1945 erschienenen ersten Nummer … pflichtung. Die NBJ will ihre Hunderttausend… die besten und vielseitigsten Bildberichte … informieren, unterhalten, ihnen Entspannung … über alle Fragen geben, die von den besten … beantwortet werden können. Zehn Jahre la… uns bemüht, diese Verpflichtung zu erfüllen. D… serer Leser hat uns dabei ebenso geholfen … Wir hoffen, mit ihrer Hilfe im zweiten Jahrzehn… noch besser machen zu können!

Lilly Becher
ehemal. Chefredakteur der AJZ

Unsere Kamera bewahrte – was Sie vermutlich längst vergessen haben, wenn Sie mit einem Ferienscheck des FDGB an die Ostsee oder in den Thüringer Wald fahren. Oder würden Sie sich auch ohne dieses aus dem Jahre 1946 stammende Titelblatt noch daran erinnern, daß damals „Ferien auf dem Dach", das Verreisen nach oben, die einzige Erholung war, die wir uns in unserem Trümmerdasein leisten konnten?

Welche Anklage gegen den Krieg war das Bild von den zwischen Schuttbergen herumlungernden, unbeaufsichtigten „Schlüsselkindern". Eine Reportage der NBJ, die vom Leben der Kriegswaisen erzählte, trug dazu bei, daß der Bau von Kinderkrippen und -tagesstätten erweitert und beschleunigt wurde, daß viele den Gefahren der Straße preisgegebene Jugendliche in geordnete Verhältnisse kamen

Ein wahrhaft historisches Dokume… vom Oktober 1949. Sie berichtet von jenem Wendep… schichte, an dem endlich der erste deutsche, dem Fried… der Schaffenden dienende Staat geboren wurde, die … kratische Republik. Das Titelblatt zeigt den ehrwürdige… sechs Jahren der höchste und getreueste Sachwalter …

2 NBJ

»NBI« 41/1955

Wie repräsentativ aber sind meine Erfahrungen, ist meine eigene weibliche Biographie für ein Frauenleben im real existierenden Sozialismus? Haben die Frauen in der DDR eine eigene Identität herausbilden können? Sind wir anders als die westdeutschen Frauen?

Zweifellos hat sich in der DDR eine neue eigentümliche Lebensweise herausgebildet. Sie war nicht unwesentlich davon bestimmt, daß Frauen bei uns selbstverständlich einer Arbeit nachgingen. Deshalb waren die Frauen im öffentlichen Leben immer präsent, sie verschwanden nicht hinter ihren Ehemännern in den Küchen, Kinderzimmern und Ehebetten, wenngleich das auch für sie wichtige Orte waren. Frauen haben die Mentalität, die Lebensart und den Lebensstil in der DDR wesentlich mitbestimmt und ausgeprägt. Sowohl im Arbeits- wie im Alltagsleben haben sich die Frauen Respekt

Liebe Leserin, lieber Leser!

Darf ich "Du" sagen? Sicherlich. Die NBI, in deren Namen ich diese Zeilen schreibe, ist für unsere Leser keine Gelegenheits-Bekanntschaft. 522 Ausgaben, 417 600 000 Hefte, gingen in die Welt hinaus. Das Blatt wurde Freund in vielen Heimen, dort hält es jede Woche Einkehr als ein Gast besonderer Art. Er will nicht nehmen, sondern geben – Information und Unterhaltung, Ernst und Scherz und vor allem dies: in Bildern ein wahres Bild der Gegenwart.

Es mag sein, dass Du mitunter ein wenig enttäuscht bist. Du suchtest nach einer arbeitsreichen Woche recht viel Zerstreuung und Fröhlichsein. Doch die NBI gab Dir zu denken und forderte Dein Urteil in dieser oder jener ernsten Angelegenheit. War das nötig? Ich glaube – ja. Freundschaft ist oberflächlich, leer und nutzlos, wenn sie Dir nicht hilft, Dein Haus richtig zu bestellen und nicht fehlzugehen. Unsere Zeitschrift wäre schädlich wie ein Faulpelz, wenn sie nur Klatsch und Tratsch und Witzeleien mitzuteilen hätte. Unsere Zeit hat wenig Zeit. Die NBI will sie Dir nicht stehlen. Sie schwätzt nicht auf ihren Seiten. Sie will Dir stets aufs Neue sagen, was die Stunde heute schlägt und morgen schlagen wird. Gelingt es, dann hat unsere Zeitschrift ihren Lebenszweck erfüllt.

Gelingt es? Nicht immer. Oft genug sitzen wir Redakteure Dienstags während unserer Konferenz beisammen, blättern in der letzten Ausgabe und begegnen den Mängeln unserer Arbeit. Wieder war nicht alles so, wie wir es wollten! Ein Beitrag wirkte banal, der Leser fand allzu wenig unbeschwerte Freude, oder Wichtiges der Woche blieb verpasst. Wir lernen daraus. Jeder erkannte Fehler, jeder Tadel wird zum Baustein eines Lobes. Deshalb bitten wir Dich daran zu denken, dass man mit einem Freunde nicht durch die Blume spricht. Lobe die NBI in Deinen Briefen etwas seltener, sage ihr bitte oft und offen Deine Meinung. Umsomehr erfährt und lernt sie, umso besser wird sie, Deine NBI.

Wir Redakteure schenken ihr zum Jahrestag unsere Liebe, unsere Zeit und unsere ganze Arbeitskraft. Schenke Du ihr Dein Vertrauen.

Chefredakteur

verschafft und oftmals durchsetzen können. Dies darf nicht darüber hinwegtäuschen, daß auch die sozialistische Gesellschaft zutiefst patriarchalisch geprägte Strukturen aufweist. Aber dennoch war die Kultur der Geschlechterverhältnisse in nicht unwesentlichen Momenten eine andere als in der Bundesrepublik. Schon die jahrzehntelange Abwesenheit nackter Frauenkörper in der Werbung und Aufmachung von Produkten, Zeitungen oder auch die öffentliche Verfemung von Mißwahlen, Striptease, Pornographie und Prostitution ist nicht ohne Auswirkungen auf das Verhältnis von Männern und Frauen geblieben.

Diese hier angedeuteten Eigentümlichkeiten und Besonderheiten eines Frauenlebens in der DDR kann man nur verstehen, wenn man zu ihrer Genesis vordringt. Deshalb will ich hier versuchen, der eigenen Geschichte, den Ursprüngen der heutigen Lebensweise nachzugehen. Anhand von Bildern, welche die DDR-Gesellschaft öffentlich von sich verbreitet hat, aus denen sie ihr Selbstverständnis ableitete und die sie als Lebensmuster vorgab und vorzuschreiben versuchte, will ich ein stückweit versuchen, Kulturgeschichte der DDR nachzuzeichnen.

Ein drittes Geschlecht

Ausgemergelte Gestalten, welche in Männerhosen aus den riesigen Trümmerbergen Steine klauben; menschliche Geschöpfe vor einen Pflug gespannt; ein Wesen im »Blaumann«, das mit kräftigen und geschickten Bewegungen ein gewaltiges LKW-Rad montiert; Gesichter von Laborantinnen, die völlig unter Mulltüchern verschwinden – diese geschlechtslosen, tüchtigen, arbeitenden Wesen, sind es eigentlich noch Frauen? Bedürfen sie noch des schützenden, hilfreichen Beistands eines starken Mannes? Frauen fallen nicht mehr in Ohnmacht, sie schlagen in Gegenwart von Männern nicht züchtig die Augen nieder, sie glänzen nicht überall mit technischem Unverstand. Frauen bewegen sich zwischen Männern und Maschinen wie unter Ihresgleichen.

Dieses hier mosaikartig zusammengesetzte Bild tritt uns seit vierzig Jahren immer wieder von den Titelseiten der DDR-Illustrierten entgegen. Aber deckt sich dieses Bild auch mit unserem wirklichen Leben? Könnte nicht genausogut ein Bild beschworen werden, in dem von Weiblichkeit als dem natürlichen Charakter der Frau gesprochen und in dem uns in gewohnter Weise Mütterlichkeit vorgeführt wird oder ein verführerisches Lächeln?

Frauenbilder scheinen in beiden Welten zu Hause zu sein. Fällt deshalb die Lebenswelt der Frau in zwei Welten auseinander, sobald sie ins Berufsleben tritt? Diese Fragen sollen hier aufgegriffen und durch das Buch hindurch verfolgt werden: Bleibt die Frau eine Frau? Was wird aus der Weiblichkeit, wenn Frauen tief in ehemalige Männerdomänen eindringen, wenn ihre Lebenswelt aus den Fugen gerät oder buchstäblich in Trümmer fällt, wie 1945? Was bedeutete der gewaltige historische Umbruch, der mit der Befreiung vom Faschismus eingeleitet wurde, für das Selbstverständnis von Frauen und

Männern? Inwiefern bildete sich in der Deutschen Demokratischen Republik ein anderes Selbstbild, eine andere Kultur und Lebensweise von Frauen heraus als in der anderen deutschen Republik? Welche Auswirkungen hatte der emanzipatorische Anspruch, mit dem die sozialistische Gesellschaft einstmals antrat, für unser zweigeschlechtliches Sehen?

Die fünfziger Jahre in Bildern

Dies sind Fragen, untersucht anhand eines ausgewählten Bildmaterials, das im Grunde jedem von uns geläufig ist – dem Alltagsfoto der Illustrierten. In besonderer Weise interessieren mich dabei die fünfziger Jahre, als Aufbruchszeit, gefüllt mit Utopien und mit der Lust des Neubeginns, aber auch gezeichnet von den Restriktionen stalinscher Politik und den Schlachten des Kalten Krieges. Als eine Zeit der Auseinandersetzung und der Verdrängung einer unrühmlichen Vergangenheit.

Für das Verständnis dieser Zeit ist die Rückerinnerung an die Nachkriegszeit und auch an die Zeit des Faschismus meines Erachtens unabdingbar. Denn die Generationen, welche nach 1945 den Neuaufbau leisteten, waren durch die faschistischen Kinder- und Jugendorganisationen, durch die faschistischen Gewerkschaften und die Nationalsozialistische Partei gegangen und durch die Kriegserlebnisse geprägt. Das Alltagsleben der Deutschen vollzog sich im Kontext faschistischer Ideologie und die Deutschen konnten nach Kriegsende nicht einfach übergangslos zu neuen Inhalten und politischen Formen übergehen. Ich messe daher einem Rückblick bis in die Vorkriegszeit eine große Bedeutung bei, auch deshalb, weil dem Mythos von der Stunde Null, in der die DDR aus einer Art unbefleckter Empfängnis hervorging, unbedingt etwas entgegengesetzt werden muß.

Die DDR – das war kein exterritoriales Gebiet außerhalb der Weltgeschichte, abgeschottet von jeder Vorgeschichte, ausgegrenzt von allen modernen Entwicklungen. In ihr verband sich auf seltsame Weise, in einer eigentümlichen Mischung eine neue soziale Idee mit alten Strukturen und Mentalitäten. Die DDR verstand sich zugleich immer als die andere deutsche Republik, daher war vieles als Antwort auf Ereignisse und Prozesse in der Bundesrepublik gemeint. In der Konfrontation und Auseinandersetzung mit dem Westen bestimmte sich wesentlich ihre Entwicklung.

Gerade in der gegenwärtigen Situation gewinnt die Auseinandersetzung mit der unmittelbaren Vergangenheit an Bedeutung. Die fünfziger Jahre waren in vielerlei Hinsicht der historische Ausgangspunkt für die Herausbildung sozialer Strukturen und kultureller Mentalitäten, die sich bis heute in den Grundmustern der »sozialistischen Lebensweise« auffinden und beschreiben lassen. Zugleich sind in ihnen die historischen Ereignisse seit dem Ende der Weimarer Republik, Faschismus, II. Weltkrieg und die politische Neuordnung Europas nach 1945 einschließlich der Teilung Deutschlands kumuliert und zu einem eigentümlichen Charakter verschmolzen. Solche historischen Umbruchszeiten haben für die Untersuchung kultureller Prozesse eine besondere Bedeutung. Während sich die politischen oder sozial-ökonomischen Bestimmungen in historisch kurzen Zeiträumen grundsätzlich verändern können, verlaufen die Entwicklungen im kulturellen Bereich, in der Lebensweise der Individuen, in den kulturellen Formen weder zeitgleich, noch in demselben Entwicklungstempo. Kulturelle Veränderungen haben eine Eigenlogik, die Langfristigkeit ihrer Tradierung ist eines ihrer besonderen Merkmale.

Ihre besondere historische Bedeutung gewinnen die fünfziger Jahre für die DDR aus dem Doppelcharakter des damals vollzogenen gesellschaftlichen Umbruchs: aus der Umwälzung in Osteuropa und aus der Teilung Deutschlands. Die sich aus dieser spezifischen historischen Konstellation ergebenden Folgen für die soziale Psyche der Deutschen waren besonders gravierend für die Deutschen in der DDR, denn sie mußten zugleich einen politischen, einen ökonomischen und einen sozialen Bruch mit der Vorgeschichte verarbeiten und darin ihre Identität neu bestimmen.

Diese neue Identität gewannen die Deutschen in der DDR jedoch nicht in erster Linie als Deutsche, sondern sie versuchten, sie aus der antifaschistisch-demokratischen Umwälzung abzuleiten. Ihr neues Selbstverständnis als einer Art Solidargemeinschaft des arbeitenden Volkes sollte nicht nur Programmatik der SED bleiben, sondern sich auch unmittelbar im Alltagsleben niederschlagen. In die ehemaligen Gutshäuser zogen Kinderheime, die Schlösser wurden zu Kuranstalten und was sich nicht einfach umfunktionieren ließ, wurde als Zeugnis einer unrühmlichen Vergangenheit (Preußen) einfach zerstört. So fielen das Berliner Stadtschloß, die Leipziger Universitätskirche, die Potsdamer Garnison-Kirche den neueren Bilderstürmern ebenso zum Opfer wie die Schnitzverzierungen an Möbeln, das mütterliche Kristall und die altmodischen Plüschsofas und -vorhänge in den Wohnstuben. Der Neuaufbau vollzog sich in höchst widersprüchlichen Formen: auf die Bodenreform folgte die schnelle Kollektivierung der Landwirtschaft, auf den Abriß der alten Gebäude die Stalinallee. Der Bruch mit der Vergangenheit und der Aufbau des Neuen vollzog sich in stalinistisch geprägten Formen, die sich in besonderer Weise im Alltagsleben und den Lebenskonzepten der Individuen niederschlugen und in ihren langfristigen Wirkungen auf die soziale Psyche bis heute reichen.

Neue alte Bilder

Wie aber spiegeln sich in den tausenden Fotos, die in den Illustrierten abgebildet wurden, die extremen Brüche, radikalen Veränderungen einerseits – die Traditionen, Denkgewohnheiten und Kontinuitäten andererseits wider? Welche Bedeutung hatten die widersprüchlichen Erfahrungen, die Frauen und Männer auf je unterschiedliche Weise in den fünfziger Jahren gemacht haben, für ihre Vorstellungen von den Geschlechterbeziehungen?

Es kann hier nicht in erster Linie darum gehen, den Emanzipationsprozess der Frauen, wie er sich in den vergangenen Jahrzehnten zweifellos vollzogen hat, in allen seinen Details historisch zu rekonstruieren. Es soll vielmehr versucht werden, die Sprache des Alltagsbewußtseins zu entziffern, in deren Vokabular die Fotos sprechen, um die Bilder lesen zu lernen und ihre Funktion in bestimmten gesellschaftlichen

10 Jahre

NEUE Berliner Illustrierte

B 1955/41 · 1. OKTOBERHEFT · XI. JAHRGANG
BERLIN 20 PF · AUSWÄRTS 30 PF · VERLAGSORT BERLIN

Zusammenhängen aufzeigen zu können. Die verschiedenen sozialen Typen, welche im Verlauf dieses Buches vorgeführt werden sollen – seien es nun die »Trümmerfrau« und der »Heimkehrer« oder die »berufstätige Mutter« und der »Beherrscher der Technik« – stehen nicht für sich selbst, das heißt, sie stellen ihre individuellen Besonderheiten nur selten in den Mittelpunkt. Sie versinnbildlichen aber auch nicht nur den sich wandelnden »Zeitgeist«, sondern fungieren zugleich und vor allem als Repräsentanten ihrer Klasse oder sozialen Schicht und ihres Geschlechts. Je größer der Platz, den die Gesellschaft bestimmten Gruppen einräumt, desto häufiger und wirkungsvoller werden sie in den Zeitungen und Zeitschriften abgebildet. Die Realität – und das ist für unsere Analyse hier von Bedeutung – wird, vermittelt durch den Blick des Fotografen und die Auswahl der Redakteure, stets gesellschaftlich bewertet. Diese Wertung erfolgt nach den jeweiligen ideologischen und kulturellen Wertvorstellungen der Gesellschaft.

In den Abbildungen von Frauen und Männern, an der Darstellungsform wie an der Häufigkeit, mit der sie ins Bild gesetzt werden, ob sie sich als ganzseitige Porträts oder in kleinformatigen Fotos wiederfinden, bei welchen Tätigkeiten wir sie antreffen, in welcher Umgebung, in wessen Gesellschaft oder in welcher Aufmachung – dies alles gibt nicht nur Zeugnis über das reale Verhalten der Geschlechter ab, ist nicht nur Indiz ihrer Stellung in der Gesellschaft, sondern auch subjektiv vermittelter Ausdruck einer gängigen kulturellen Praxis, herrschender Denkmuster und Verhaltensformen, wie sie sich im Alltag der Menschen auffinden lassen.

Der Blick wiederum, den wir gewöhnlich in eine Illustrierte werfen, ist nur selten ein geschulter und konzentrierter. Es ist eher davon auszugehen, daß beiläufig und flüchtig in Zeitschriften geblättert wird. Nur ab und zu bleibt das Auge an einem Foto haften. Da ist vielleicht ein Reiz, der darin liegt, daß etwas Unerwartetes oder Ungewöhnliches ins Blickfeld gerät. Oder es fällt einem etwas ins Auge, weil man es so-noch-nicht-gesehen hat. Ein Bild kann anregend sein, weil es auf besonders sinnliche Weise ein Stück Wirklichkeit eingefangen hat. Nur selten findet man Fotos, welche auf – nicht beabsichtigten – Widerspruch stoßen, weil sie eine gängige Praxis infrage stellen.

Die Darstellungsweise einer Illustrierten zielt zumeist darauf ab, beim Betrachter Zustimmung zum Dargestellten hervorzurufen. Dies bedeutet nicht, daß Widersprüche und Probleme von vornherein draußen bleiben müssen, sondern nur, daß durch die Art und Weise der Darstellung Identifikationsangebote unterbreitet und Lesarten vorgebildet werden, zu denen sich der Betrachter möglichst positiv in Beziehung setzen soll.

Die Frage ist nun, inwiefern sich am Illustriertenfoto, in welchem sich die Wirklichkeit zugleich spontan und unmittelbar wie auch gerichtet und normiert reflektiert, veränderte kulturelle Präsentationsformen des Weiblichen und Männlichen ablesen lassen. Sind in dem historisch relativ kurzen Zeitraum von 1945 bis zum Beginn der sechziger Jahre einschneidende Veränderungen in den Sehweisen und Wahrnehmungsgewohnheiten der Geschlechter zu beobachten?

Inwieweit bis in die Gegenwart hinein patriarchalische Denkmuster durchscheinen, soll im folgenden vor allem an drei Zeitschriften, der »Neuen Berliner Illustrierten«, der »Für Dich« und der »Frau von heute«, untersucht werden. Gemeinsam ist allen drei Blättern, daß sie seit 1945 kontinuierlich erscheinen und eine breite Leserschaft erreicht haben. Sie können daher hinsichtlich der gesellschaftlichen Entwicklung in der DDR als repräsentativ gelten. Sie unterscheiden sich jedoch beträchtlich in ihrem Profil. Die »Neue Berliner Illustrierte« versteht sich als ein »Weltblatt«, das sich darum bemüht, wichtige Ereignisse im Leben der Völker und der DDR breit, differenziert und vielseitig darzustellen. Die »Für Dich« und »Die Frau von heute« sind hingegen spezifische »Frauenzeitschriften«, die sich um die Propagierung neuer Frauenleitbilder verdient gemacht haben und in deren Zentrum die Entwicklungsbedingungen von Frauen stehen. Sie verschmolzen in den fünfziger Jahren zu einer Zeitschrift, der »Frau von heute«, die sich wiederum in den sechziger Jahren wieder »Für Dich« nannte.

Der Vergleich der Zeitschriften entbehrte nicht eines gewissen Reizes. Denn sie könnten gleichsam als Repräsentanten alltäglicher, männlich dominierter Wahrnehmungsweisen bzw. eines aus dem spezifischen Lebenszusammenhang der Frauen resultierenden »weiblichen Blicks« gelten.

Das Weltbild in der Bilderwelt

Anhand der Bilder kann man etwas darüber erfahren, wie Männer und Frauen je verschieden für ihr Funktionieren in der bestehenden Gesellschaft hergerichtet werden sollten. Die Frage aber, inwiefern sie diese Muster angenommen und gelebt oder sich ihnen widersetzt und sie unterlaufen haben, kann nicht allein an den Bildern selbst abgelesen und beantwortet werden. Daß es aber diese widerständigen Lebensstrategien gegeben haben muß, dies kann man u.a. an Schreck- und Gegenbildern erfahren, in denen andersartige Verhaltensweisen stark karikiert und kritisch überhöht gezeichnet werden. Die in diesen Bildern geforderte Abgrenzung von Anderslebenden und Andersdenkenden bestätigt nicht nur deren Anwesenheit, sondern verweist auf die Gefahren, die nicht-normgerechtes Verhalten für eine sehr normzentrierte Gesellschaft offenbar bedeuten. Ein weiteres Indiz für die Existenz gegenläufiger Verarbeitungsweisen ist die bewußte Ausblendung ganzer Lebensbereiche und auch einschneidender historischer Ereignisse aus der damaligen Bilderwelt. Das Verdrängen problematischer Geschehnisse aus der öffentlichen Diskussion, wie der 17. Juni, die Ungarnereignisse, Stalinismus im allgemeinen und Mauerbau im besonderen, hinterließen bei den betroffenen Generationen tiefe Defizite, die sich in Identitätskrisen und Sinnverlusten äußerten und letztlich zu Brüchen in der sozialen und kulturellen Identität der DDR-BürgerInnen führten. Diese Brüche gehen quer durch die Geschlechter und Generationen, sie zeigen sich überall dort, wo eine gewohnheitsmäßige Praxis nicht mehr reibungslos funktioniert.

Und dennoch sind die Zusammenhänge von propagierten Bildern und realer Lebenswelt nicht allein auf die einfache Diskrepanz zu reduzieren, denn dann wären sie von den LeserInnen nicht angenommen worden. Es muß zugleich ein bestimmtes Maß an Übereinstimmung zwischen den vorge-

Und das waren »NBI« und »Für Dich« vor dem Herbst ’89 und danach führten Lebensmustern und der alltäglichen Lebenspraxis gegeben haben. Denn wenn die Bilder nicht in gewisser Weise eine vorhandene Lebenspraxis auch positiv bestätigt und bestärkt hätten, wären sie völlig funktionslos gewesen. Die Selbstvergewisserung bedarf der immer wiederkehrenden Bestätigung durch die umgebende Gesellschaft. Wenn diese nicht gewährleistet ist, geraten die Individuen in Gefahr, ihre soziale Identität zu verlieren und sich selbst außerhalb der Gesellschaft zu stellen oder auf eine für die Gesellschaft und die Individuen problematische Weise handlungsunfähig zu werden.

Diesen Widerspruch zwischen tendenzieller Übereinstimmung auch mit den ideologischen Prämissen des sozialistischen Gesellschaftssystems und zugleich die Abweichung, Modifikation oder Unterwanderung und Widerständigkeit gegen die aufoktroierten Lebensmuster kann man nicht an einzelnen Bildern ausmachen, er ist aber in dem Zueinanderstehen und Aufeinanderbezogensein der Bilder in ihrer Gesamtheit sehr wohl herauszufinden. Dieser Aufgabe stellt sich die Bildanalyse, ohne zugleich den Anspruch zu erheben, ihn in all seinen Seiten aufzeigen zu können. Der montageartige Charakter will das Unabgeschlossene der Betrachtung auch in der Form zum Ausdruck bringen und den LeserInnen Räume für die eigene Assoziation lassen.

1

Das Schicksal Deutschlands liegt in der Hand der Frauen

Der erste Berliner Oberbürgermeister, Dr. Werner, stellte auf einer Rede anläßlich der ersten Delegiertenkonferenz der Frauenausschüsse am 13. und 14. Juli 1946 fest: »Denn das Schicksal Deutschlands liegt zum großen Teil in den Händen unserer Frauen. Eine Frau ist aber schon ihrem natürlichen Wesen nach anders als der Mann, niemals nur kurzlebige Gegenwart, sondern zugleich verheißungsvolle Trägerin der Zukunft.«

Am Endpunkt eines am Boden zerstörten Männerwesens stehen Frauen als Hinterbliebene, als Opfer und als Mittäterinnen. Frauen in Männerkleidung, Frauen bei Männerarbeit – die Frauen bestimmen zweifellos das Bild des Alltags im Nachkriegsdeutschland. Und wieder sind sie aufgerufen zur »Rettung der Nation«, zur Beseitigung der Hinterlassenschaft, des Chaos. Nur die Frau als die Gebärerin und Hüterin des Lebens schien damals das Versprechen auf ein friedfertiges Deutschland verkörpern zu können.

Hinter der symbolischen Überhöhung der Frau und ihrer tatsächlichen zentralen Rolle in der unmittelbaren Nachkriegszeit vermuteten HistorikerInnen in letzter Zeit eine Art Nachkriegs-Matriarchat. Frauen nahmen damals die Arbeitsplätze und Positionen von Männern ein. Sie erfuhren als zeitweiliges Familienoberhaupt eine enorme Kompetenzerweiterung. Zugleich entsteht aber die Frage, warum sich die Überzahl der Frauen dennoch nicht dauerhaft als Übermacht in neuen gesellschaftlichen Strukturen niederschlug und weshalb sich Frauen nach der Rückkehr der Männer so schnell wieder in ihre traditionellen Rollenmuster zurückverweisen ließen.

Die Bilder von Frauen bei Männerarbeit können einen gewissen Aufschluß darüber geben, auf welche Weise dieser Einbruch in die Männerwelt verarbeitet und gelebt wurde, aber auch, welche Bedeutung den Frauen im Selbstbild der Öffentlichkeit am Ende wirklich zugestanden wurde. Blättert man in den Illustrierten jener Jahre, fällt auf, daß es sich 1945 mitnichten um eine Stunde Null der Frauenemanzipation gehandelt hat. Ein kurzer Blick auf die Vorkriegsjahre und die Entwicklung der Frauenerwerbstätigkeit im Dritten Reich macht am Ende eher auf Kontinuitäten aufmerksam denn auf Brüche.

Ganz normale Bilder

Der »totale Krieg« war schon lange keine reine Männersache mehr. 1936 hatte Hitler auf einer Rede vor der NS-Frauenschaft noch verkündet: »Solange wir ein gesundes männliches Geschlecht besitzen – und dafür werden wir Nationalsozialisten sorgen – wird in Deutschland keine weibliche Handgranatenwerferinnenabteilung gebildet und kein weibliches Scharfschützenkorps.«[1] Im März 1945 hieß es dann aus seinem Munde: »Ob Männer oder Frauen, ist ganz wurscht: Eingesetzt muß alles werden.«[2]

Wie vertrug sich das mit dem jahrelang von den Nazis propagierten Frauenbild von der gebärenden, Heim und Herd hütenden, treu fürsorgenden Gattin und Mutter? Aber gab es nicht auch das Bild von der kämpferischen, gestählten Jungfrau oder von den zupackenden, keine Arbeit scheuenden Jungmädels? Inwiefern waren diese Bilder dazu geeignet, Frauen darauf vorzubereiten, die harte Sache der Männer zu übernehmen?

Die Ästhetik des »totalen Krieges« hatte ihre Voraussetzung in der faschistischen Politisierung aller Lebensbereiche. Selbst wenn sich in den Illustrierten des Dritten Reichs tausende von Fotos finden wie zu anderen Zeiten auch – glückliche Familien, spielende Kinder, turnende Frauen, der Mann an der Werkbank, die Frau im Büro usw. –, erhalten diese »normalen« Bilder, in den Kontext faschistischer Ideologie gestellt, einen anderen Sinn.

Solche Bilder können nicht unmittelbar mit Gewalt und Unterdrückung in Verbindung gebracht werden. Auf eine spezifische Weise – inwiefern sie spezifisch faschistisch ist, wäre noch zu zeigen – organisieren jene Bilder aus dem Alltagsleben das Einverständnis mit den herrschenden Zuständen. Der alltägliche Faschismus – das ist eine Welt, die »in Ordnung« ist. Die Bilderwelt des Dritten Reichs soll den Eindruck von einer »Volksgemeinschaft« vermitteln, in der es keine Klassenunterschiede mehr gibt.

Die Bilder, Sprüche, Argumente und Mythen der faschistischen Propaganda, die uns heute manchmal so leicht durchschaubar erscheinen, hinterließen unmerklich ihre Spuren in den sich verändernden Wahrnehmungsgewohnheiten der

1. Dezember 1945. Volkszählung in der sowjetischen Besatzungszone. Danach leben auf ihrem Territorium 16 194 626 Personen, davon 9 612 647 weibliche. Von 5 806 284 Berufstätigen sind 2 586 770 Frauen und Mädchen. Auf jeweils 100 männliche Personen kommen in der Altersgruppe bis unter 18 Jahre 99 weibliche, von 18 bis unter 30 Jahre 297, von 30 bis unter 40 Jahre 241, von 40 bis unter 50 Jahre 156, von 50 bis unter 65 Jahre 136 und von 65 Jahren und darüber 126. Insgesamt kommen bei einem Frauenüberschuß von über 3 Mill. auf 100 männliche Personen 146 weibliche.

Zur Rolle der Frau in der Geschichte der DDR. 1945–1981. Eine Chronik, Leipzig 1986, S. 19

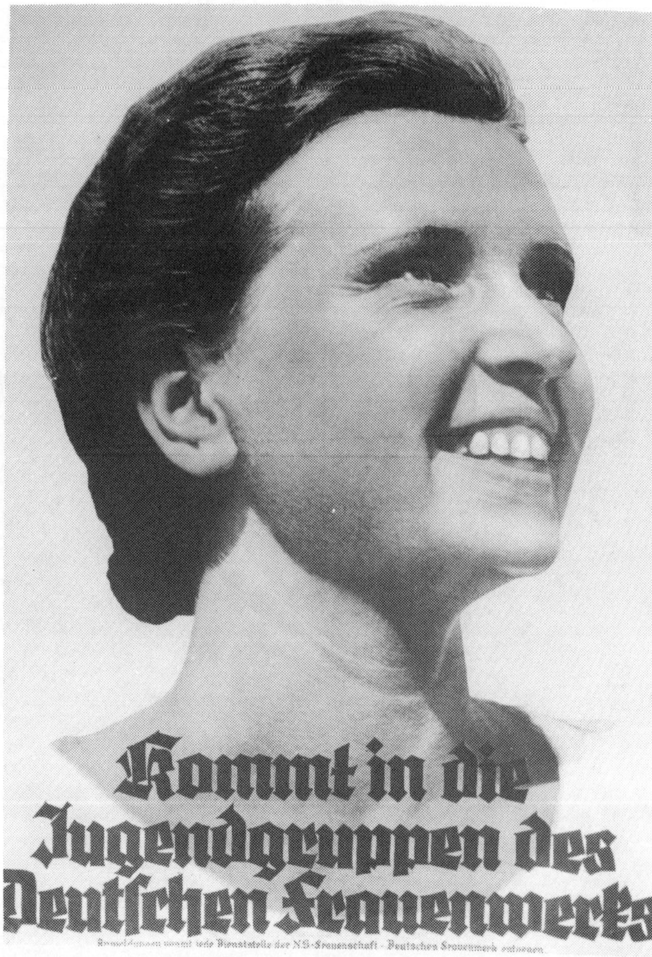

Menschen. Die Nazis bedienten sich ungehindert im Formen- und Bilderreservoir vergangener Zeiten, etwa bei dem der Arbeiterbewegung oder bei dem der bürgerlichen Frauenbewegung und knüpften so relativ bruchlos an die vorherigen Wertvorstellungen, Denk- und Sehgewohnheiten an. Zugleich beliehen sie jeweils nur einzelne Elemente, nahmen sie aus dem ursprünglichen Bedeutungszusammenhang und stellten sie in den Ihrigen. So trieben sie das auf dem bürgerlichen Familienideal gründende Frauenbild von der »züchtigen Hausfrau und Mutter« historisch auf die Spitze, indem sie es einseitig favorisierten, nationalistisch aufwerteten und nach rassischen Kriterien ausformten.

Wertschätzung verpflichtet

Die Frauen kamen in diesem »Volksstaat« als »treueste fanatische Mitkämpferinnen«, als »Arbeits- und Lebensgenosse des Mannes« und die Mutter als »wichtigste Staatsbürgerin« vor. Die Konstruktion zweier Welten, der Welt der Frau und der Welt des Mannes sollte den Frauen spezifische Einflußmöglichkeiten und Machtbereiche suggerieren. Durch die ideologische Aufwertung der traditionellen Frauenrolle versuchte sich der faschistische Staat ihrer aktiven Mitarbeit zu versichern. Der familiale Bereich wurde in seiner Bedeutung für den Fortbestand des »Volksstaates« dem männlichen Bereich der Arbeit gleichgestellt. Für Frauen lag in diesem Versprechen eigenständiger Aufgabenfelder und Wirkungsbereiche vermutlich eine gewisse Verführungskraft und zugleich die Verpflichtung, dem »Vertrauen«, das der Führer in die Kraft und Stärke deutscher Frauen setzte, gerecht zu werden.

Und verpflichtet war man dem »Volksstaat« nicht nur als Frau, sondern auch als Deutsche. Die traditionellen Wertvorstellungen wurden nicht nur bedeutungsvoll erhöht, sie wurden auch nationalistisch umgewertet. Mütterlichkeit war nicht mehr einfach der behutsame Umgang mit dem eigenen Kind, sondern eine »seelische Haltung zum Volksstaat«, sie war »heldisch« oder »völkisch« und nicht mehr die Privatangelegenheit einer Frau.

Wer Mutter werden wollte – und darin sollte schließlich die Erfüllung jeder Frau liegen – der mußte sich genetisch und seelisch als würdig erweisen. Die Heroisierung zur Heldenmutter einerseits und die massenhafte Vernichtung »unwerten Lebens« – auch das von Müttern und Kindern – andererseits. Das eine ins Bild gesetzt – das andere systematisch aus dem Bewußtsein verdrängt und dennoch von allen gewußte Drohung.

Hinter dem Frauen- und Männerbild des Faschismus stand die latente Gefahr, aus der Gemeinschaft brutal ausgeschlossen zu werden, wenn man vom Normbild oder vom gewünschten Verhalten abwich. Ausgeschlossen wurden nicht nur »rassisch unreine« Menschen: Juden, Zigeuner, geistig Behinderte, Homosexuelle – durch Vernichtung, Sterilisation oder soziale Ausgrenzung – sondern auch »gemeinschaftsgefährdende Elemente«: Widerstandskämpfer, »Asoziale«, Prostituierte usw. Der Denunziation waren keine Grenzen gesetzt.

Die rassische Normierung des Frauenbildes wirkte unter diesen Bedingungen stark zwanghaft disziplinierend. Frau-Sein wurde systematisch eingeübt und in die Körper eingeschrieben. Pflichtjahr und Arbeitsdienst, Bräuteschule und Bund deutscher Mädel – der Lebensalltag war von einem feinen Netz der Kontrolle und Erziehung überzogen, dem sich zu entziehen gefährliche Folgen haben konnte. Rauchen in der Öffentlichkeit, Schminken, Mode nach dem letzten Schrei, ein wilder Tanz – all das konnte als widersetzig, artfremd und anstößig gelten. Der femme fatale der zwanziger Jahre wurde hier historisch der Garaus gemacht. Zugleich lebten Elemente in wenigen frechen Filmfrauen fort. Ganz aus dem Gedächtnis war der weibliche Aufbruch des vergangenen Jahrzehnts wohl nicht zu tilgen. Auch deshalb nicht, weil sich weibliche Erwerbstätigkeit, nur unter anderen Vorzeichen, kontinuierlich erweiterte.

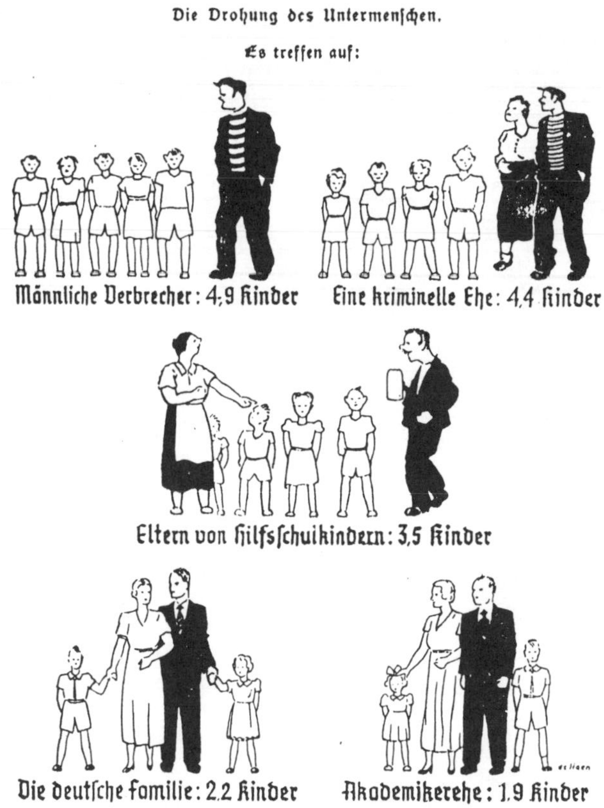

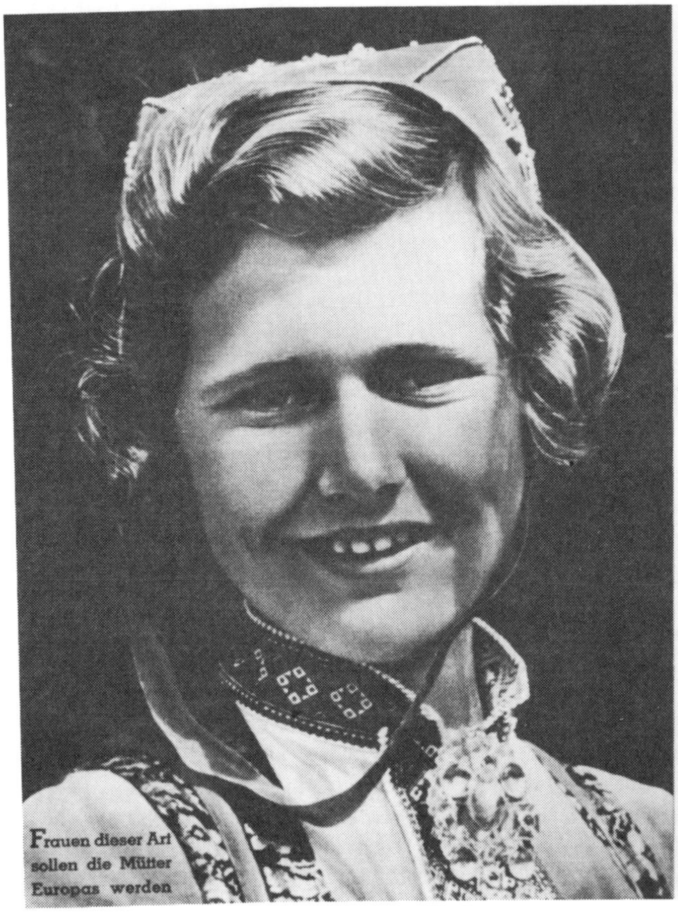

Die rassische Formierung des Frauenbildes im Faschismus

Bekleidung, Volkswagen und Erholung über »Kraft durch Freude«. Solidität und Bodenständigkeit verbinden sich dabei mit einer gewissen Modernität. Es sollte sich lohnen, in der und für die Volksgemeinschaft zu arbeiten.

Ein Teil dieser Vorstellungen ist unverkennbar aus dem Ideenreichtum der Arbeiterbewegung entlehnt. Aber in faschistische Kontexte gestellt, werden sie gezielt benutzt und umgedeutet. Deutlich wird dies z.B. an der Parole, unter der jeder aufgerufen ist, sich freiwillig in den Dienst an der Gemeinschaft zu stellen – ein spezifisches Produkt nationalsozialistischer Ideologie: »Du bist nichts, Dein Volk ist alles!«, steht jetzt über dem Werktor und formuliert die deutliche Erwartung an das »deutsche Volk«, alles zu geben, aber nichts zu verlangen.

Frauen stehen ihren Mann

Hinter einem Funkenregen ein junges, hell angeleuchtetes Frauengesicht mit einer dunklen Schutzbrille. Die schmale Hand hält das Ende eines Schweißdrahtes.

Mädchen in einfachen Baumwollkitteln, mit hellen Kopftüchern ziehen Arm in Arm frisch und fröhlich ausschreitend eine Landstraße hinauf: »Arbeitsmaiden« im »Pflichtjahr«.

Ob Postbotin, Straßenbahnfahrerin oder Tankwart – »Wenn es sein muß, füllt die Frau jeden Posten aus und tut freudig ihre Pflicht wie jeder Mann.«

Noch strahlen die Bilder ungetrübtes Glück, Zukunftszuversicht und Sorgenfreiheit aus. Sie suggerieren wachsenden allgemeinen Volkswohlstand und nationalen Gemeinschaftssinn. Der ideologisch angestrebte Effekt waren die Herstellung eines inneren Zugehörigkeitsgefühls und der Übereinstimmung mit der Politik des faschistischen Staates. Wichtigster Erzeugungsmodus für diese innere Haltung zum Volksstaat war die immer wieder in verschiedenen Bildern beschworene Vision einer »Volksgemeinschaft« ohne Standesunterschiede, in der jeder seinem »natürlichen Wesen« gemäß arbeiten würde – die Frau in der Familie, der Unternehmer als »Betriebsführer«, die Arbeiter als »Gefolgschaft«, die Mädchen als Helferinnen in der Landwirtschaft. Verheißungsvoll verknüpfen sich in den Symbolen Arbeitsamkeit, Mutterfreuden, ausreichende Ernährung, billiges Wohnen und solide

Dies gipfelte in der Dienstverpflichtung der Frauen für die Rüstungsindustrie. Die Kriegswirtschaft des Dritten Reichs eröffnete den Frauen jedoch kaum neue Tätigkeitsfelder, sondern nutzte die Arbeitskraft von Frauen zu Niedriglöhnen schamlos aus. Deklariert als Not- oder Hilfsarbeit verschaffte sie den Frauen weder dauerhafte Ansprüche auf höhere Qualifikation noch auf sozialen Aufstieg. Dennoch erweiterte sich durch die massenhafte Einbeziehung in die Produktion der Spielraum und die Handlungsfähigkeit von Frauen. Unversehens wurde aus der Not eine Tugend, war weibliche Erwerbstätigkeit am Ende öffentlich legitimiert. Ihre Grenze hat die Wirkung des propagierten Frauenbildes nicht zuletzt an der Lebensrealität der deutschen Frauen, die sich durch den Krieg, die Mobilisierung und Einberufung und schließlich Verwundung, Verkrüppelung oder den Tod der Männer und die eigene Dienstverpflichtung nachhaltig veränderte. Frauen wurden für die Arbeit in der Rüstungsindustrie herangezogen. Sie mußten als Brandschutzhelferinnen Brandbomben löschen, im Stahlhelm auf dem Dach Brandwache halten, sie hatten als Flakhelferinnen gelernt, auf Flugzeuge zu schießen und Einschüsse zu taxieren, sie errichteten aus den zusammengekarrten Trümmern Panzersperren und wußten mit einem

Die Frau „steht ihren Mann"

Ende September werden in Berlin etwa 265 Straßenbahnschaffnerinnen in Dienst gestellt sein. Wir sehen im Bilde die Schaffnerinnen bei einem Ausbildungskurs. Selbstverständlich müssen sie neben den notwendigen technischen Einrichtungen auch die Bedienung der Bremsen beherrschen, um im Notfall eingreifen zu können.

Auch bei der Berliner S-Bahn weibliche Hilfskräfte. Hier wird der Fahrtrichtungsanzeiger von zarter Hand bedient.

Die hübsche Tankwartin versteht von Zündkerzen und Vergaser mindestens ebensoviel wie ihr männlicher Kollege. Wahrscheinlich läßt sich der Fahrer mit dem roten Winkel von ihr besonders gern bedienen.

Nächste Seiten: »NBl« 29/1946

Gewehr umzugehen. Es war »Not am Mann« und deshalb wurden Frauen zur »Rettung der Nation« in die Pflicht genommen. Sie standen »ihren Mann« – sie standen »wie ein Mann«.

Statt des erhofften schnellen Wohlstandes war die Not in die deutschen Familien eingekehrt und viele Ehefrauen und Mütter ganz auf sich allein gestellt. Die Versorgungslage verschlechterte sich in den letzten Kriegsjahren rapide. Flucht, Krankheiten, Bombenangriffe, der Tod von Angehörigen oder der Verlust aller Habseligkeiten – mit dem Übergreifen des Krieges auf das Zivilleben hatten die Frauen allein fertig zu werden. Nicht selten entstanden Solidargemeinschaften und Netzwerke zwischen verwandten, benachbarten oder gleichermaßen betroffenen Frauen.

Der Widerspruch zwischen den Glücksverheißungen des propagierten Frauenbildes und der Realität eines damaligen Frauenlebens wurde immer eklatanter. Aber in den rasant zusammenbrechenden Verhältnissen kamen die Frauen kaum mehr zur Besinnung. Noch heute erscheinen in den Erinnerungen dieser Frauen die letzten Wochen des Krieges und die ersten im Frieden wie ein nicht enden wollendes Chaos, als ein vollkommener Zusammenbruch bisherigen Lebens, verbunden mit der lähmenden Ungewißheit, was nun werden solle.

»Schlimmer als die wirklichen Ereignisse war, daß nichts, nicht einmal das Grauen selbst, einen noch überraschen konnte. Unter dieser Sonne nichts Neues mehr, nur das Ende, solange es dauert. Dazu die Gewißheit: so mußte es kommen… Das ist es also gewesen, und so hat es enden müssen. Die hier sitzen, sind Verfluchte, und ich mit ihnen.« [3]

60

Ein Bli[illegible]
zurüc[illegible]
-ein Bli[illegible]
vorwär[illegible]

Die Mahnung der Vergangenheit:

Das niemals wieder!

Frauen als Soldaten
Hitlers männermordender Krieg zwang sie gegen alle natürlichen Regungen zur Teilnahme an seinen blutigen Werken der Vernichtung und Zerstörung.

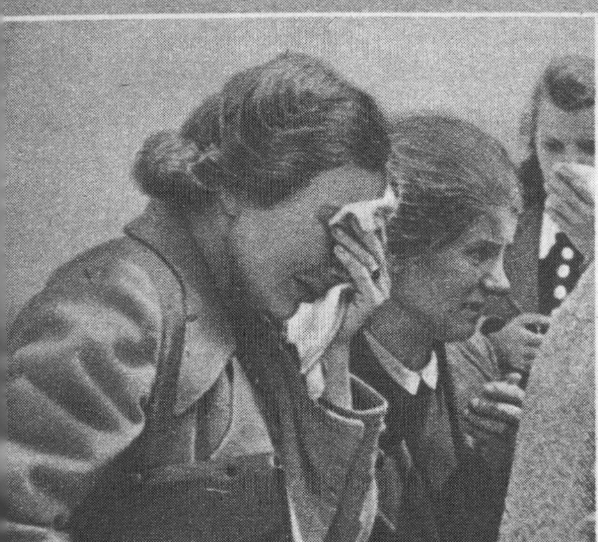

Verschandelung der Frauenwürde
Durch solche Aufzüge mitten im Frieden machte das Dritte Reich die deutschen Frauen vor der ganzen Welt lächerlich.

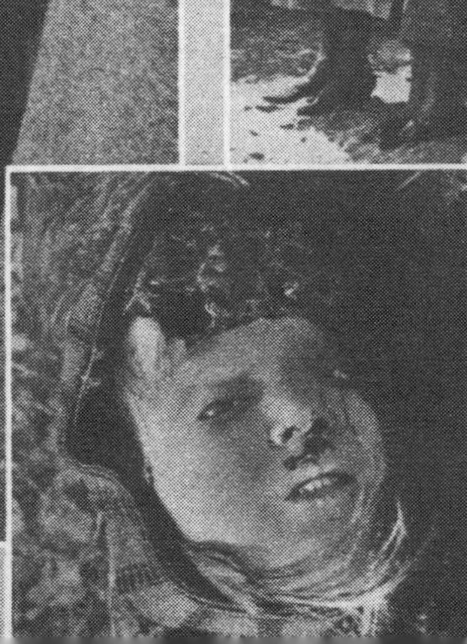

Die Mitschuld der deutschen Mütter
Sie erzogen ihre Kinder so „unpolitisch", daß sie instinktlos der Goebbels-Agitation für Lebensraum und Herrenrasse ver- fielen. Ihre Söhne waren taub und blind für das namenlose Leid der Mütter in fremden Ländern. Unschuldige Kinder sind die anklagenden Opfer einer machtgierigen Vergangenheit.

Politik — das heißt R
der öffentlichen
legenheiten — ist bis
ausschließlich eine Sa
Männer gewesen. S
es in Deutschland
nicht mehr sein, we
Frauen ihre große Ch
kennen und ausnutze
Demokratie gibt de
das Recht, durch Wa
entscheiden, wer
schicke des Landes le
Über 60 Prozent de
berechtigten aber sir
lichen Geschlechts.
Stimmen der Frauen
also abhängen, nach
Richtlinien
welchen
unser a
ben in
geformt
Bestimm
derung
so al
mens
Art, c
von
Frauen
haltlos unterstützt
müssen. Keine wi
Entwicklung wünsch
Deutschland jemals w
einen Krieg taumeln
könnte. Jede wird des
Maßnahmen begrüße
die den Schuldigen
augenblicklichen nam
Not, den Kriegsver
und Kriegsinteresser
immer die Möglichk
nommen wird, die w
Interessen des Volkes
eigensüchtigen Zie
Spiel zu setzen. Alle
sich eine friedliche
lung wünschen, die
wirtschaftlicher Not
und den Bedürftigen
wendige soziale S
verschafft. Frieden, S
und Glück sind der
traum jedes Mensc
wird kein Parteipr
geben, welches das n
spricht. Deshalb
Wählerin die Pflicht z
ehe sie sich entsche
wird sich nicht noch
von Versprechungen
gen lassen, sondern
abwägen, welche Par
ihre bisherige Arb
durch klarste Form
ihres zukünftigen We
beste Gewähr für e
schrittliche und gere
wicklung bietet. Die
Wahllisten der Fr
schüsse geben ihr j
Möglichkeit, das zahle
Übergewicht der Frau
politisch wirksam we
lassen. Sie wird v
hinter dem Parteika
nach dem wertvolle
schen suchen, der
durch die Tat bewie
daß er uneigennüt
konsequent für das V

er Wähler sind Frauen...!

FRAUEN!

solche Kandidaten, die in voller Arbeit die Voraus-gen für eine fortschrittliche riedliche Entwicklung schufen eure Sorgen zu den ihren cht haben. Schafft euch maß-chen Einfluß in allen Behörden erwaltungen. Stellt die besten üchtigsten Frauen als Kandi-n auf und gebt ihnen eure me bei den Gemeindewahlen!

Hochachtung vor diesen Frauen!
Ihre Arbeit in den Trümmern darf nur eine Notlösung sein. Sie brauchen Zugang zu echten Lebensberufen.

Was uns heute noch ungewöhnlich erscheint,
muß morgen alltäglich werden. Kein Beruf, den sie ausfüllen kann, darf der Frau verschlossen bleiben.

Gleicher Lohn für gleiche Arbeit
Diese natürliche und vordringliche Forderung ist durchaus noch nicht überall praktisch verwirklicht.

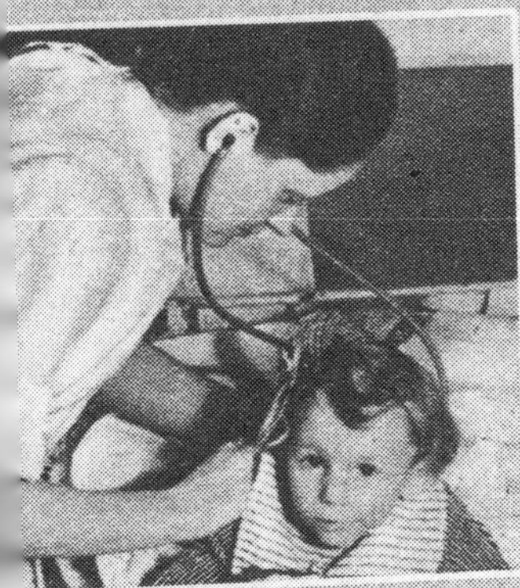

Freier Zugang zu jedem Studium

Gleiches Bildungsrecht für alle — ohne Unterschied der Herkunft und des Geschlechts — ist ein elementarer Anspruch aller fortschrittlichen politischen Kräfte.

Mitverantwortung beim Staatsaufbau

Heranziehung der Frauen zu allen entscheidenden Ämtern muß ein Kennzeichen der zukünftigen Ordnung unseres Gesellschaftslebens werden.

Demokratische Selbstverwaltung

Durch Preiskontrolle, Kampf gegen Korruption und Bürokratie werden sich insbesondere die nichtberufstätigen Frauen einflußreiche Mitbestimmung im Gemeindeleben sichern können.

Soziale Betreuung und Fürsorge

Auf diesen Gebieten des öffentlichen Lebens ist die wertvolle Mitarbeit der Frauen bereits völlig anerkannt.

Die Forderung der Zukunft:

Friede, Sicherheit und Gleichberechtigung

Das Wunschbild der Zukunft: Ein Leben ohne erdrückende Sorgen, voller Pflicht und Freude

hmen: Donath (5), Archiv (3), ann (1), Rempor-Studio (1),

Die Überlebensgesellschaft

Auch nach dem Ende der Kriegshandlungen hielt der dramatische Kampf ums Überleben unvermindert an. Frauen trugen in diesem Kampf nicht nur die Hauptlasten, sondern auch die Verantwortung für Kinder, Alte, Angehörige. Zu Hunderttausenden befanden sie sich in Flüchtlingstrecks auf den Landstraßen. Vor den Kampfhandlungen Geflohene, aus den zerbombten Städten Evakuierte und Ausgebombte, Obdachlose und Umsiedler, sie alle bevölkerten die Straßen. Schutz- und hilflos waren sie nicht nur dem Wetter und dem Verhungern ausgesetzt, sondern auch bedroht von marodierenden Banden und sexuellen Übergriffen der Sieger.

Die Lage war in den Städten besonders katastrophal. Vierzig Prozent der Bevölkerung hatte im Bombenkrieg ihre Behausung verloren. Die Nahrungsmittel – obwohl streng rationiert – gingen zu Ende. Wasser mußte über große Entfernungen aus Pumpen und von Tiefbrunnen herbeigeschleppt werden. Strom und Gas waren kontingentiert.

Unbestreitbar lastete der Hauptteil der zu leistenden Überlebensarbeit auf den Frauen. Dennoch schlug die augenscheinliche Bedeutung, die sie für die Beseitigung des gröbsten Chaos und am Wiederaufbau hatten, weder in eine angemessene Form der öffentlichen Anerkennung, noch in wachsenden politischen oder ökonomischen Einfluß um. Dieses Mißverhältnis ist nicht allein aus der jahrhundertelangen Tradierung von Geschlechterhierarchien oder dem Ausschluß von Frauen aus den öffentlichen Angelegenheiten zu erklären. Es liegt auch im Wesen der Nachkriegsgesellschaft selbst begründet. Zuallererst war dies eine Überlebensgesellschaft – eine vom Kampf um das nackte Dasein und die Wiederherstellung elementarster Lebensbedingungen gekennzeichnete Situation. Und in der Kunst des Überlebens, aus wenig noch etwas zu machen, sparsamst zu wirtschaften, erfinderisch Notlagen zu meistern, ein von Männern hinterlassenes Chaos wieder aufzuräumen, waren Frauen von je her geübt. Ja, ihr Wert als Hausfrau und Gattin war eng an diese Tugenden geknüpft. Frauen vollbrachten in diesem Sinne keine außer-gewöhnlichen Taten, sie wurden im Gegenteil nur einer zugewiesenen traditionellen Rolle gerecht. Ihre Opferbereitschaft und Selbstverleugnung waren in der Tat heroisch, aber sie bedeuteten keinen Bruch mit herkömmlichen Geschlechterstereotypen.

Frauen bestimmten das Leben in der Nachkriegszeit nur in dem Maße, wie dieses Leben von der Sicherung der elementarsten Reproduktionsbedingungen abhing. Alles, was sie taten, taten sie für sich und ihre Familie. Es gab keinen über das Private unmittelbar hinausweisenden allgemeingesellschaftlichen Sinn ihrer Arbeit. Deshalb konnten Frauen aus der Überlebensarbeit keine Machtansprüche ableiten. Subsistenzproduktion, Naturaltausch oder Hamstern aber auch Reparaturen an Wohnung, Möbeln oder Dächern und selbst die außerhäusliche Erwerbsarbeit waren in diesem Grundmuster aufgehoben. Frauen erlangten nur deshalb so große Bedeutung für die Gesellschaft, weil diese als ganze mit dem Überleben beschäftigt war, weil die gesellschaftliche Produktion, die »Männerdomäne«, zerstört am Boden lag. Daraus folgte aber kein wirklicher Kompetenzgewinn für diese Frauen. Von der Lenkung und Leitung des wieder aufzubauenden Staatswesens

Abendessen während der Stromsperre

Beginn des Reiseverkehrs, Dresden 1945

Beim Felddiebstahl ertappt

waren sie von Anfang an ausgeschlossen. Weil so wenige Männer übrig geblieben waren, um das zerstörte Männerwesen wieder aufzurichten, waren Frauen als Helferinnen unentbehrlich. Frauen waren die hilfreichen Hände des Wiederaufbaus, und wieder sollten vor allem Männer seinen Kopf bilden. Die Arbeitsteilung zwischen den Geschlechtern funktionierte von Anfang an perfekt.

Nächste Seiten: »NBI« 6/1946

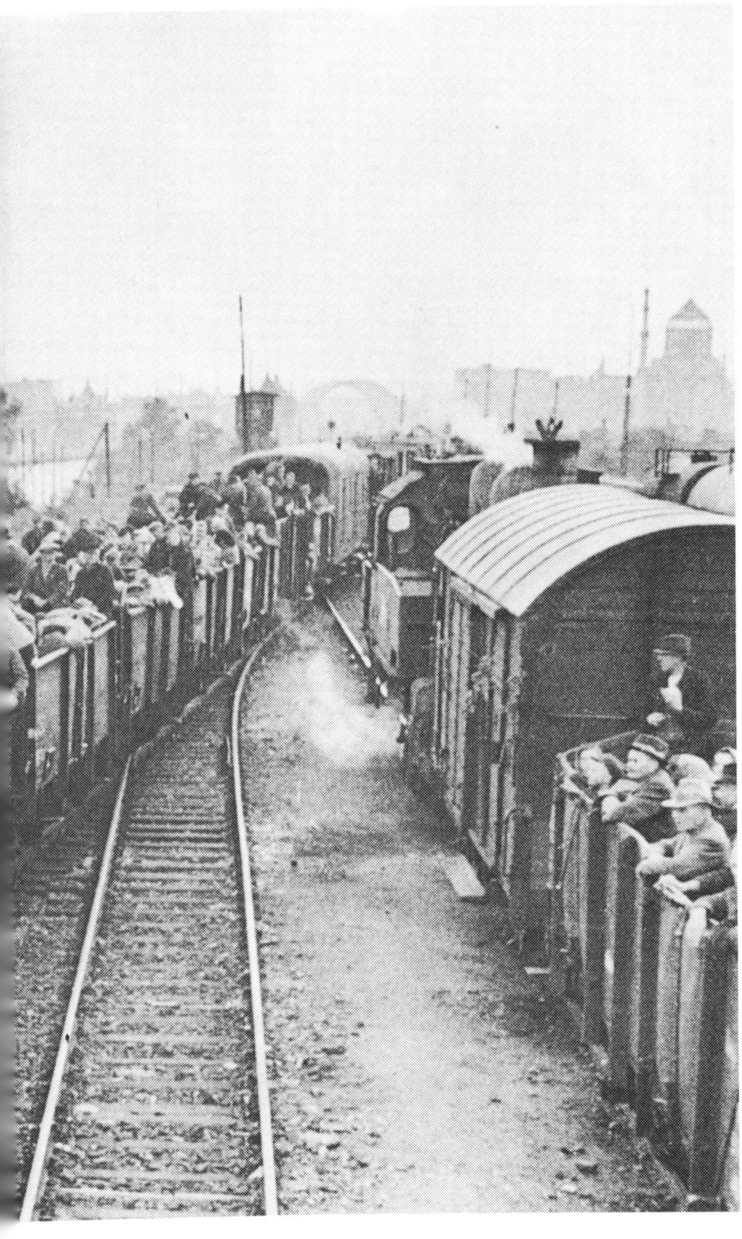

Eine Mutter findet ihr Kind im Umsiedlerlager wieder, 1945

Dresden 1946

Frauen in die Berufe

Nach 1945 war der Drang der Frauen in die Erwerbstätigkeit unverkennbar. Die Motive waren sicher vielfältiger Natur: Der Ernährer der Familie war im Krieg gefallen oder noch nicht heimgekehrt, und angesichts des Frauenüberschusses von sechs Millionen Frauen gab es insbesondere für die Generation der Dreißig- bis Vierzigjährigen wenig Hoffnung, jemals wieder familiäre Zustände herstellen zu können. Aber auch die Mädchen, die gerade die Schule verlassen hatten, mußten sich nach einer sinnvollen Beschäftigung umsehen. Gerade in der jungen Generation war unter den damaligen Verhältnissen an Liebe und Heirat kaum zu denken.

Mit Bedauern stellte Edith Baumann von der FDJ auf der ersten Delegiertenkonferenz der Frauenausschüsse 1946 fest: »Unseren jungen Mädchen wurde nicht nur die wirtschaftliche Basis entzogen, sondern, und das scheint mir das Entscheidende zu sein, ihnen ist eine seit Jahrhunderten überlieferte Welt der persönlichen Lebensgestaltung zerbrochen. Hunderttausende unserer deutschen Mädchen werden ihr Lebensziel nicht in der umsorgten Häuslichkeit der Familie suchen dürfen, sie werden einen langen Lebensweg allein gehen müssen.« [4]

Die traditionellen weiblichen Arbeitsplätze in der Hauswirtschaft, Verwaltung, als Verkäuferin oder Schneiderin, waren infolge des Krieges stark dezimiert. Dieser Umstand und das Fehlen der Männer in der Wirtschaft erzwangen gewissermaßen die massenhafte Beschäftigung von Frauen in sogenannten Männerberufen. Damit wurde in der Praxis an die letzten Kriegsjahre angeknüpft. Aber die Frauen hatten unter den Bedingungen des Dritten Reichs eine ganze Reihe von negativen Erfahrungen gesammelt – Unterbezahlung, mangelhafte Schulbildung (»Puddingabitur«) und Berufsausbildung, schlechte Aufstiegsmöglichkeiten bei gleichzeitiger Überbeanspruchung (Überstunden, Nachtarbeit usw.) – die sie nun in die öffentliche Diskussion einbrachten. Eine der ersten Forderungen der spontan sich bildenden Frauenausschüsse lautete: gleicher Lohn für gleiche Arbeit. Ihr wurde, auch aufgrund geltender Bestimmungen in der Sowjetunion, bereits in einem der ersten Befehle der sowjetischen Militäradministration Rechnung getragen. Schwieriger durchzusetzen war der Anspruch der Frauen, nicht nur für Hilfs- und Anlerntätigkeiten eingesetzt zu werden, sondern eine angemessene Ausbildung zu erhalten.

Magda Sendhof formulierte es auf der oben erwähnten Konferenz so: »Jawohl, man sagt sehr schön, die Frau muß in den Beruf hinein, – aber wie sieht es praktisch aus? Nehmen wir einmal die 40000 Bauhilfsarbeiterinnen in Berlin. Ja, sie dürfen auf dem Bau arbeiten, sie sind Bauhilfsarbeiterinnen, aber von ihnen ist der größte Teil damit beschäftigt, Steine zu putzen und Steine zu tragen. Erst ein geringer Teil kommt in die anderen Berufe des Baufachs, wird zum Maurer usw. ausgebildet. Da sind immer noch Vorurteile, man glaubt, die Frau kann das nicht, die Frau muß eben diese, wie man sagt, einfache Arbeit machen, die in der Regel aber körperlich größere Kräfte erfordert.« [5]

»Künftige Ofensetzerinnen – Berufswahl im Baugewerbe«
(»Die Frau von heute«, 1/1946)

Trotz der Forderungen der damaligen Frauenausschüsse blieb die Ausbildung von Frauen in technisch qualifizierten Berufen eine Ausnahme. Auch deshalb, weil die jungen Frauen selbst in Berufsgruppen strebten, in denen es ihnen gelingen könnte, Arbeit und Frau-Sein dauerhaft in Übereinstimmung zu bringen. Dennoch findet eine gewisse Umordnung der geschlechtsspezifischen Arbeitsteilung statt. Frauen erobern sich bestimmte Bereiche der Industrie, des Handwerks und der öffentlichen Dienste. Heute sind sie in Berufen, wie dem der Straßenbahnfahrerin, der Postbeamtin, als Damen- und Herren-Schneiderin, als Lehrerin, Direktorin oder auch als Gemeindebürgermeisterin so selbstverständlich anzutreffen, daß es uns kaum vorstellbar ist, daß die Frauen vor vierzig Jahren doch einige Courage aufbringen mußten, um sich gegen die herrschenden Vorurteile durchzusetzen.

Damit erweitern sich nicht nur schrittweise die Bereiche, in denen Frauen erwerbstätig sein können, es verändert sich allmählich auch der Charakter der Frauenarbeit. War es früher ungelernte Erwerbsarbeit, wird es mit den Jahren immer mehr qualifizierte Berufsarbeit. Der Drang der Frauen in die Erwerbsarbeit geht mit dem Anspruch auf Ausbildung und damit auf Aufstiegschancen einher.

Umfrage zum Befehl der Sowjetischen Militäradministration, der einhellige Arbeitsentlohnung für gleiche Arbeit festsetzte, unabhängig vom Geschlecht und Alter:

Marta Kempers, Marienburger Str. 32, steht an der Spültrommel in der Mineralwasserfabrik Gutsch.

»Naja, darüber haben wir ja immer schon diskutiert. – Was?!« wendet sie sich gegen einen Kollegen, »wir machen nicht die gleiche Arbeit? Wir spielen woll, was? Für eine Frau ist das Spülen genau so schwer wie für euch das Abziehen. – Bisher war es in unserer Branche so, daß die Frau an der Spültrommel weniger Lohn bekam als der Mann. Das wird sich ja nun ändern. Und das ist auch richtig so. Ich freu mich sehr darüber. Das ist doch klar!« Und mit dem beruhigten Gefühl, daß sie zum Kampf um den gleichen Lohn ihr Scherflein beitrug, geht sie wieder an die Flaschen zurück.

Liesbeth Pätsch, Christburger Str. 30. Sie bedient zwei Drehbänke bei der Maschinenfabrik Rohrbarer. Sie sagt: »Viele von uns sind Frauen ohne Männer geworden und müssen für die Kinder und die Familie genauso sorgen, wie die Männer es tun. Jetzt sind wir Ernährer und Haupt der Familie. Auf uns ruhen alle Lasten. Wir müssen und wollen auch arbeiten, aber wir würden es lieber tun, wenn die Lohntüte am Wochenende etwas dicker wäre. Haben wir das nicht genau so verdient wie die Männer?«

Luise Wiechert, Riekestr. 42. Sie entrostet, putzt und streicht alte Maschinenteile an. »Das wäre sehr schön! Ich habe noch gar keine Zeit gehabt, den Artikel genau zu lesen. Ich mußte gestern abend waschen. Aber ich habe es mir für heute abend vorgenommen, da will ich den Befehl mit Muße studieren.«

Sie säubert ihre schwarzen Hände. »Ja, es ist eine sehr schmutzige Arbeit. Ich mache die gleiche Arbeit wie mein Kollege am gleichen Tisch und bekomme trotzdem 25 Pfennige weniger Stundenlohn…«

Anna Hähnel, Riekestr. 45, und ihre Kolleginnen aus dem Maschinensaal. »Was wir dazu meinen? Wie meinen Sie das? Ob wir das gut und richtig finden? Aber nur! Das ist doch selbstverständlich! Der Befehl gilt ja leider noch nicht für Groß-Berlin.«

»Ich bediene zwei Maschinen. Das ist ziemlich anstrengend – können Sie sich denken. Ich kriege dafür 80 Pfennig die Stunde, die Männer dagegen eine Mark fünfzig.«

»Ich finde es sehr wichtig, daß auch die Jugendlichen endlich zu ihrem Recht kommen. Viele müssen den Vater ersetzen und eine Familie ernähren und machen an der Maschine die gleiche Arbeit. Aber ob das in Berlin auch eingeführt wird?«

»Die werden uns was husten. Fragen Sie mal nächstes Jahr noch mal nach, dann ist es vielleicht auch bei uns soweit.«

Sie glauben es kaum. Aber sie sind bereit, für ihr Recht auf gleichen Lohn bei gleicher Arbeit immer wieder und solange zu kämpfen, bis auch für sie, die Berliner Arbeiter und Jugendlichen gilt, was in der sowjetischen Zone Deutschlands nun Tatsache geworden ist.

Für Dich 2–1946

1946/30 - 1. SEPTEMBERHEFT - 20 Pf
ZWEITER JAHRGANG - VERLAGSORT BERLIN

UE Berliner Illustrierte

Unterrichtsthema „Durchsuchung" steht auf dem Stundenplan der jungen Volkspolizistinnen, deren Lehrgang in einem Klassenraum des Polizeipräsidiums stattfindet. Durch praktische Beispiele und Vorführungen gestaltet sich die Ausbildung lebendig und einprägsam. Die fachliche Schulung ergänzen Themen, die zu politischem und wirtschaftlichem Denken anregen

1948. Trümmer werden zu Ziegelsplitt verarbeitet

»Die Frau von heute« 1/1946

Trümmerfrauen – die Geschichte eines Mythos

Sich die eigene Vorgeschichte zu erschließen, ist ein mühsames Unterfangen für die nachwachsenden Generationen. Denn sich an etwas erinnern zu wollen, das nicht Teil der eigenen Lebensgeschichte ist, wirft Schwierigkeiten auf, die nicht einfach zu überwinden sind. Das Bild von der Vergangenheit, von den Anfängen unserer Vorgeschichte, wie es sich uns darstellt, ist selbst ein vielfach überformtes historisches Produkt. Es wird immer wieder neu gebrochen durch die Optik der jeweiligen BetrachterInnen. Selbst in den Köpfen derer, die diese Zeit erlebt und durchlitten haben, hat die Erinnerung eine gewisse Patina angesetzt. Die nachfolgenden Generationen aber, deren Vorstellungen von der Vergangenheit sich nicht aus eigener Anschauung bilden können, sind auf die medialen Vermittlungen historischer Erfahrungen in Dokumenten, Erzählungen und Berichten angewiesen.

Bilder, insbesondere authentisch erscheinende Fotos, haben im Prozeß der Verarbeitung historischer Erfahrungen eine ambivalente kulturelle Funktion: einerseits gelten sie als Indizien für stattgefundene reale Vorgänge, sind Abbilder wirklicher historischer Ereignisse und haben als solche selbst einen hohen zeitgeschichtlichen Rang. Andererseits sind es bereits bewußt herausgehobene Ausschnitte, die nur einen Teil des Ganzen abbilden. Indem sie einzelne Momente aus einer komplexen Situation herauslösen, wird diese in bestimmter Weise bewertet und damit auf einige wenige erwähnenswerte Vorgänge reduziert.

Oder, wie Walter Benjamin schrieb: »Die photographischen Aufnahmen beginnen… Beweisstücke im historischen Prozeß zu werden. Das macht ihre verborgene politische Bedeutung aus. Sie fordern schon eine Rezeption in bestimmtem Sinne.«[6]

Oftmals wird dabei ausgeblendet, was für die damaligen Bildproduzenten eine Selbstverständlichkeit war, was für sie keinen besonderen Wert hatte, da es nichts als die alltäglichen Gewohnheiten reflektierte. Die zeitgenössischen Chronisten pflegen vielmehr das Ungewöhnliche und Einmalige, das Besondere und Unnachahmliche, das Sensationelle an einem Vorgang herauszuheben und über die Zeit zu retten. Für sie sind die alltäglichen Kontexte, in denen dieses Besondere erst seinen Wert gewinnt, unreflektierte Selbstverständlichkeiten. Den Nachkommen aber bereitet gerade diese Einordnung Schwierigkeiten, denn auf diese Weise bekommen sie von der Geschichte oftmals nur die Pointen übermittelt.

Die Dramaturgie selbst dokumentarisch gemeinter Bilder bewegt sich in den Polen von aufbauender Spannung, Höhepunkt und Katharsis – den damaligen BetrachterInnen eine Orientierungshilfe gebend und wertenden Beistand leistend. Diese Bilder heute pur zu nehmen, hieße, gerade dieser

Inszenierung von Geschichte aufzusitzen. Die Gefahr, in die aufgestellten Fallen zu tappen, die dramatischen Effekte für die Wirklichkeit zu nehmen, ist groß.

Zugleich nehmen einige Bilder symbolischen Charakter an, sind beladen mit bedeutungsvollen Zuschreibungen, die die soziale Wahrnehmung in eine bestimmte Richtung lenken. Diese bedeutungsvollen Zuschreibungen gründen sich auf die Verabredungen der damaligen Subjekte, sind den Konventionen der damaligen Zeit geschuldet. Die Realität kommt – vermittelt durch den Blick der Fotografen und durch die Auswahl der Bilder – schon gesellschaftlich bewertet ins Bild. Die kulturellen Kontexte, in denen die Bilder ihre soziale Funktion hatten, sind deshalb nur mit Mühe im Nachhinein noch zu erschließen. Mißdeutungen und Fehlinterpretationen heutiger BetrachterInnen sind die notwendige Folge.

Wie aber können die nachfolgenden Generationen durch diese Schichten und Überlagerungen hindurch an den realen Kern dessen dringen, was sich uns als das Gesicht einer Zeit präsentiert? Sie werden wieder andere Maßstäbe an die Geschichte anlegen, sich ihre eigenen Interpretationen zurechtlegen. Sie legen den historischen Vorgängen ihre eigenen Wertungen zugrunde und deuten sie jeweils neu für ihren eigenen Lebenszusammenhang. Anhand der Rezeptionsgeschichte des Bildes von der Trümmerfrau kann man diesen wechselvollen Prozeß der mehrfachen kulturellen Um- und Neubewertung historischer Vorgänge exemplarisch nachvollziehen.

Wohin mit dem Schutt? Aufs Dach!

In 6 Stunden 3000 Dachziegel. Aus der Praxis des Aufbaus in Berlin

Am „Ziegelfresser" beginnt es
Im Berliner Norden, am Weinbergsweg, steht er, rings umgeben von seinem „Futter", nämlich hohen Hau brochener Ziegelsteine, dem sogenannten Ziegelbruch. Förderband und Loren schaffen ständig dieses heran, eine Greifbaggeranlage trägt es nach oben und schüttet es in den unersättlichen Rachen. Die „Verc

. . . und nun in die unterirdische „Fabrik"
Quer über die Straße werden die vollen Loren gerollt und ins Kellerloch ausgekippt. Denn dort, w „Carows Lachbühne" die Berliner erfreute, hat in den Kellerräumen ein findiger Ingenieur diese Dachzieg eingerichtet.

»NBI« 15/1946

…rt ausgezeichnet, in emsiger Arbeit türmen Frauen die zer… Steine zuhauf, den sogenannten Kleinstbruch oder Splitt, den …aß von sich gibt, und verladen ihn in Loren. Die nächste Station ist eine Sortiermaschine mit vier übereinanderliegenden Schüttelsieben von verschiedener Maschenweite. Durch das unterste, engmaschigste Sieb fällt der Splitt mit feinster Körnung, dessen Weg wir gleich weiterverfolgen wollen, denn die drei gröberen Körnungen dienen anderen Zwecken, z. B. der Herstellung von Beton, Preßsteinen usw., wir aber wollen wissen, wie aus Bauschutt — solide Dachziegel werden.

…it Zement vermischt ergibt den neuen Grundstoff.
…rd in Formen geschüttet, gepreßt und mit Spachteln glatt gestrichen. …n in 6 Stunden 3000 Dachziegel geformt werden . . . wenn es gelingt, …tzeitig genügend Zement heranzuschaffen. Dann geht es wie am …n, und aus dem Bombenschutt entstehen wetterfeste Ziegel.

Vorsicht — noch ist alles weich!
Der geformte Dachziegel muß nun, um fest zu werden, trocknen. Dazu ist notwendig, ihn vorsichtig aus der Preßform herauszuheben und auf ein fahrbares Trockengerüst zu legen, ohne daß er sich dabei verbiegt.

Letzte Station: Der große Trockenofen.
Das mit Ziegeln gefüllte Gerüst ist fahrbar. Es wird in den Ofen gerollt. Während das Trocknen — und damit Hartwerden — der Ziegel an der Luft tagelang dauern würde, werden hier nur 6 Stunden benötigt. Der ganze Produktionsprozeß währt 18 Stunden. Aufnahmen: Gerhard Gronefeld

Not am Mann – Frauen müssen ran

»Schippende Frauen, ein Anblick, der nicht mehr wegzudenken ist aus dem Straßenbild unserer Stadt, Symbol für den Willen des Volkes, mit tätigen Händen den Schutt wegzuräumen, den uns die Hitlerzeit als trauriges Erbe hinterlassen hat«, kommentierte 1946 »Die Frau von heute« ihr Titelbild. Sie sollte über den Augenblick hinaus Recht behalten: Bis zum heutigen Tage verknüpft sich die Erinnerung an die unmittelbare Nachkriegszeit mit der Trümmerfrau. Diese graue Gestalt in dunklen, zerschlissenen Kleidern, mit einem fest über der Stirn geknoteten Tuch, wurde zum Inbegriff des Aufbruchs in die neue Zeit, zu einem Bild mit bis heute wirkender Symbolkraft, das in keiner Darstellung der Nachkriegsgeschichte fehlt. Dem heutigen Betrachter gilt dieses Bild exemplarisch für den endgültigen, nicht mehr zurücknehmbaren Aufbruch der Frauen in ein neues Leben, angefüllt mit friedlicher Arbeit. Das Pathos des Neubeginns verbindet sich hier ganz zwanglos mit dem Mythos von der bewahrenden und friedliebenden Weiblichkeit. Frauen verkörpern die Hoffnung und das Versprechen auf ein Anderswerden. Am Ende dieses Rückblicks erscheint die Nachkriegsgesellschaft als eine Frauengemeinschaft im Aufbruch in eine neue Zeit.

Doch die überhöhte, stilisierte Form, in der die enormen Anstrengungen und fast übermenschlichen Leistungen der Frauen beim Wiederaufbau bis heute gewürdigt werden, ist in ihrer Abgehobenheit und Allgemeinheit problematisch. Die bedeutungsvollen und verklärenden Zuschreibungen und auch die darin ausgesprochene gesellschaftliche Wertschätzung für den harten und schwierigen Anfang sind selbst historisches Produkt. Dieses Bild hat mit der unmittelbaren Nachkriegszeit und ihrem damaligen Selbstbild wenig zu tun. In der Tendenz wird durch die Heroisierung der Trümmerfrauen die Vielgestaltigkeit eines damaligen Frauenlebens auf wenige Momente reduziert, werden die bis in unsere Zeit reichenden Widersprüche zwischen Tradition und Emanzipation harmonisiert.

Trümmerfrauen gehörten in der Nachkriegszeit zu den massenhaft erfahrenen Alltagsrealitäten. Überall in den Städten bildeten sie langgezogene Menschenketten, die, auf riesigen Trümmerbergen stehend, vor dem gespenstischen Hintergrund hoch aufragender Ruinenreste einander Steine oder Eimer zureichten. Dieses alltägliche Ereignis wurde zum Gleichnis und die darin vorkommenden Protagonistinnen zu Helden der Geschichte.

Wie kam es dazu, daß Frauen für das Bild von der Zukunft stehen konnten, daß ein Frauen-Bild den Umbruch und Aufbruch einer Gesellschaft bis heute verkörpert? Wie läßt es sich erklären, daß sich die entscheidende Zäsur im Leben des deutschen Volkes, der herrschende Geist jener Zeit zwischen Krieg und Frieden, zwischen Nicht-mehr und Noch-nicht, untrennbar mit diesem, einem Frauen-Bild verknüpft? Ein Frauenbild zudem, das als kulturelles Identifikationsmuster für ein ganzes Volk trotz seiner Heterogenität bis heute funktioniert, d.h. sowohl für Männer und Frauen als auch für beide deutsche Staaten gleichermaßen – wenn auch unterschiedliche – Gültigkeit besitzt.

Historisch ist das schließlich ein bisher einmaliger Vorgang: In einer Frau gewinnt das Bild von der Zukunft zaghaft seine erste Gestalt, sie wird zum Typus des neuen Menschen schlechthin, personifiziert den Umbruch einer Gesellschaft. Sicher, auch zu anderen Zeiten hat es große und einprägsame Frauengestalten gegeben, man denke nur an Jeanne d'Arc oder die Marianne von Delacroix, doch waren dies fiktional überhöhte Symbolfiguren, Vor-Bilder mit idealischem Anspruch, männliche Projektionen, von wirklichem Frauen-Leben ein ganzes Stück weit abgehoben. Die Trümmerfrauen hingegen gehörten in der Nachkriegszeit zur Alltagsrealität. Sie waren ein »nicht mehr weg-zu-denkender« Anblick.

Dennoch läßt sich die spätere symbolische Bedeutung dieses Bildes nicht allein aus seinem historischen Realitätsgehalt erklären. Hier ist in mehrfacher Hinsicht Erinnerungsarbeit zu leisten. Denn war dieses Bild nicht ein Widerspruch in sich? War es nicht gleichermaßen geeignet, sowohl die Bewältigung einer dunklen Vergangenheit als auch den Aufbruch in eine neue Zeit zu versinnbildlichen? Mußte es nicht von den neuen Anforderungen an ein Frauenleben ausgehen und zugleich die traditionellen Formen von Weiblichkeit bewahren? War das nicht eigentlich ein altes Bild, nur angefüllt mit neuen Inhalten?

Rechts: »NBI« 30/1946, nächste Seiten: »NBI« 4/1946

Jede Arbeit ist ihren Lohn wert

Die unterschiedliche Wertung von Männer- und Frauenarbeit ist durch den Befehl der SMV vom 17. August beseitigt worden. Auch die Küchenfrauen beim Leunawerk erhalten Leistungslohn, der „männergleich" ist.

Frauen von Leuna

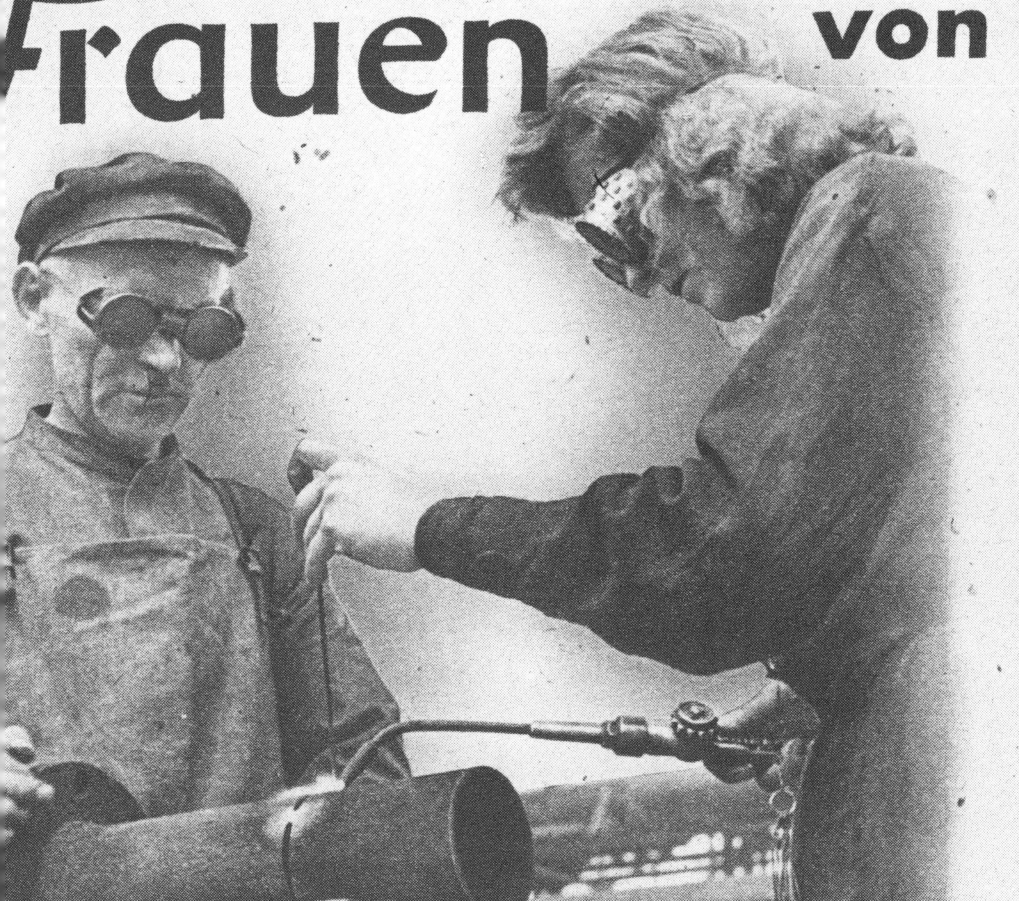

Leuna arbeiten aber auch auf vielen anderen Ge bieten als Pioniere einer fortschrittlichen Entwicklun Betriebsfrauenkommissionen und Werkfürsorgerinne stehen den weiblichen Belegschaftsmitglieder ratend und helfend zur Seite. Ärztliche Untersuchun bei Eintritt in das Werk und laufende Gesundheit überwachung sind schon lange eine ebenso be währte Einrichtung wie der bezahlte monatlich Haushaltstag. Man ist jetzt auch daran gegangen, f die Frauen durch das Werk Arbeitskleidung zu be schaffen. Dabei sieht es in Leuna nicht anders au als in großen Industriestätten irgendwo in Deutsch land, denn das Werk hat 23 Luftangriffe erlitten Entscheidend für die erzielten Fortschritte aber ware der Wille zu sozialer Gerechtigkeit bei der Werkle tung und die kluge Initiative der Frauen.

> **Werktätige Frauen! Eine eurer grundlegenden Forderungen — gleicher Lohn für gleiche Leistung — ist jetzt verwirklicht worden. — Stärkt durch eure Stimmen bei den Gemeindewahlen die Front der Kandidaten, die durch ihre bisherige Arbeit die Voraussetzungen schufen für diese soziale Entwicklung.**

schulung zu höherem Facharbeiterlohn

itung erfahrener Meister läßt das Werk un- beiterinnen nach einer Prüfung in geeigneten bilden. Nach 26 Wochen sind sie „Gehilfe".

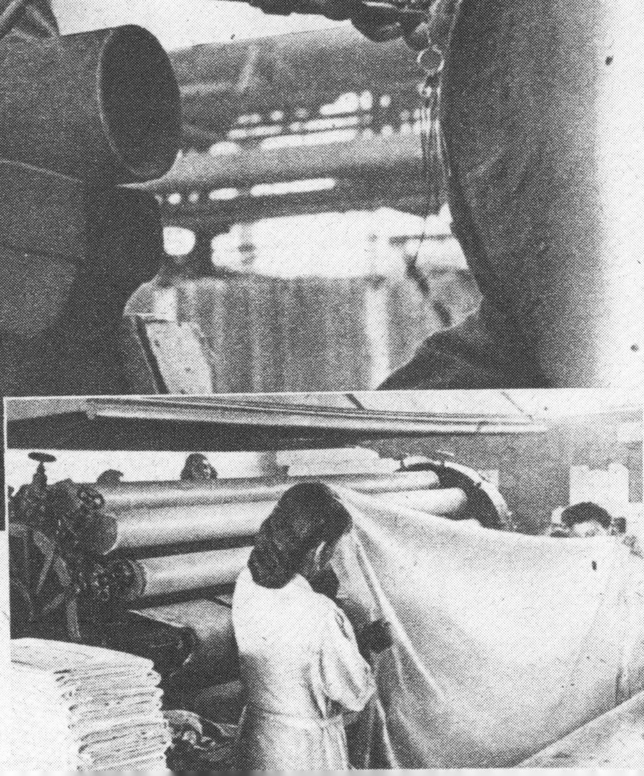

ender als mancher Männerberuf

beit in der Wäscherei. Durch „Erschwernis"- e die Werkleitung aus eigenem Entschluß hier [illegible] für die Frauen ermöglicht.

Drei Wochen Sonderurlaub im Werk-Erholungsheim

Kostenlos finden alle drei Wochen neue 18 Leunafrauen eine behagliche Unterkunft im tannenduftenden Thüringer Wald, wo sie einmal sorglos ausspannen und in den Tag leben können

Ein

BILDBERICHT
AUS DER ZUCK
FABRIK HALL

Die zerbombte Zucker
nerie Halle glich bei Kr
ende einem Trümmerfeld. J
schienen nötig, um sie w
zum Leben zu erwecken.
es fanden sich Männer,
sich durch die Ruinen
einschüchtern ließen. Hund
fünfzig Raffineriearbeiter
beiteten sich durch die Sc
berge, legten die wichtig
Pfannen und Maschinen
Bis Juni wurde nur aufger
und repariert. Dann aber
die Produktionskurve von
nat zu Monat, und Ende
war man so weit, daß
40prozentiger Kriegszerstö
schon 80 Prozent der Fried
herstellung erreicht waren
Diese beispielhafte Leis
gelang, weil zunächst nu
viel Schutt beiseite ger
wurde, wie die Reparatur
Maschinen, Pfannen und R
verlangte. Man arbeitete u
freiem Himmel, bei Sc
Regen, Schnee und Frost.
jeder wußte, wieviel von
abhing, waren alle be
dieses Opfer zu bringen.
Belegschaft der Zucker
nerie Halle ist vorbildlich
den Geist, der das neue de
kratische Deutschland bes

In diesem Trümmerfeld begannen sie:

Noch liegen die von Bomben zerschlagenen Werkhallen voll Schutt, aber die anderthalb Etagen höher gelegenen riesigen Zuckerkocher werden bereits ausgebessert. Im Wettlauf zwischen Produktion und Aufbau überholen die Raffineriearbeiter ihre tüchtigen Kollegen vom Bau.

Links:

Diese beiden —

früher Raffineriearbeiter, jetzt technischer Direktor und Betriebsobmann, haben sofort nach Kriegsende den Neuaufbau der Zuckerfabrik mit ihren Arbeitskollegen organisiert. Ihr Erfolg zeigt sich in der schnell wachsenden Produktion.

Sommer 1945:

Fließender Zuckersaft
wachsende Mauern!

Der süße Saft strömt durch
unter freiem Himmel stehe
Maischen (links oben), die u
hörlich gereinigt werden mü
weil gleich daneben gebaut,
mörtelt und gezimmert wird
den Betrieb schnell unter
und Fach zu bringen.

Wettlauf vischen Wand und Ware

Herbst 1945: Aus Ruinen — aufwärts!

sind viele zerstörte Hallen wiedererstanden. Auch die streppe wird sich in ein neues blitzsauberes Treppen-us verwandeln, sobald die Arbeitssäle fertig sind.

Ihrer Leistung danken wir unseren Zucker

In hygienisch einwandfreier Verpackung verläßt die Raffinade das laufende Band. Wenn die Arbeiter der anderen Stationen trotz Nässe und Kälte das Werk nicht betriebsfähig gemacht hätten, wäre die regelmäßige Zuckerzuteilung in der sowjetischen Zone unmöglich gewesen.

Links:

Bei der Nachtschicht

„Ich habe drei Jacken an, und der Sack hält den Regen ab" sagt dieser Arbeiter, „aber es ist doch kalt genug. In ein paar Wochen wird hier auch zugemauert sein, und schaffen müssen wir, sonst könnte der ganze Betrieb nicht weiter. Wo kriegten wir dann Zucker her?"

Sonderaufnahmen
für die „Neue Berliner Illustrierte"
von Anneliese Schulze-Rosenberg

Rechts:

Anerkennung für aufopfernde Arbeit

Jeder Arbeiter erhält von der Raffinerie einen Eimer Sirup. Auch das geschieht in einem Raum, der gerade von den

»NBI« 6/1947

Ein starkes Frauenleben

Wird nun danach gefragt, wie sich in den damaligen Illustriertenfotos die Wirklichkeit der real existierenden Trümmerfrauen spiegelte, so kann sich die Antwort darauf nicht in der Aufzählung historischer Tatsachen erschöpfen. Denn auch fotografische Abbildungen geben nicht einfach authentische Zeugnisse ab, sie sind ebenso ein Indiz für die damals herrschenden Denkmuster und Verhaltensformen, das heißt einer gängigen kulturellen Praxis, in der den Geschlechtern unterschiedliche Bedeutung zugemessen wurde.

Ein erster Blick in die Illustrierten von damals zeigt abgehärmte Frauen in langen Schlangen vor einem Lebensmittelgeschäft stehen; sie klettern mühsam, mit Eimern beladen, über Trümmerberge, um Wasser heranzuschaffen. Frauen auf Hamsterfahrt, Frauen beim Schwarzmarkthandel. Umsiedlerinnen, Ausgebombte mit Kinderwagen als dem universalen Transportmittel. Frauen in unförmiger Männerkleidung, Frauen bei schwerer Männerarbeit: Das Bild des Alltags im Nachkriegsdeutschland bestimmen zweifellos die Frauen. In ihren Lebenserinnerungen erscheint diese Zeit als ein sehr entbehrungsreiches aber auch selbständiges, unabhängiges und starkes Frauenleben.

Erst auf den zweite Blick entdeckt man die Trümmerfrauen. Die wenigen Bildberichte über sie verschwinden förmlich

Knüppelholz

Dieses Bild und die folgenden auf den Seiten 40, 41 und 42 wurden in den Jahren 1947–49 von Karl Heinz Mai aufgenommen. Fotos dieser Art wird man in den damaligen Illistrierten vergebens suchen. Den hohen dokumentarischen Wert verdanken sie ihrer außerideologischen Entstehung. Es waren fotografische Studien oder Gelegenheitsbilder.

unter der Vielzahl anderer Frauenbilder. Dieser Befund deutet darauf hin, daß sie sich im Selbstbild der Nachkriegszeit ganz selbstverständlich einordnen in das Heer der berufstätigen Frauen bei ungewöhnlichen Männerarbeiten. Was für die damaligen Leser selbstverständlich war, ist dem Bild heute nicht mehr anzusehen: Trümmerarbeit war Notarbeit.

Dennoch scheint sich in dem Bild von der Trümmerfrau die in all diesen Bildern von schweißenden, dachdeckenden, klempnernden und tischlernden Frauen enthaltene Botschaft zu potenzieren: von der Frau, »die ihren Mann steht« und dennoch ganz unverkennbar eine Frau ist und bleibt. Seine spätere symbolische Bedeutungskraft gewinnt das Bild von der Trümmerfrau u.a. daraus, daß es anders als viele andere mögliche Bilder von Frauen in Männerberufen in mehrfacher Hinsicht das Außerordentliche, Außergewöhnliche der damaligen Verhältnisse und zugleich das Neue in ihnen versinnbildlicht.

Denn es war extrem »unweibliche« Arbeit. Bei Wind und Wetter, ohne technische Hilfsmittel und in ihrer Alltagskleidung rückten sie den schier unbewältigbaren Trümmerhaufen zu Leibe. Paradoxerweise treten dabei typisch weibliche Geschlechterstereotype umso deutlicher hervor: Aufopferungswille, Entbehrungsfähigkeit, Bescheidenheit und Ausdauer, die »natürliche« Fähigkeit, etwas zu bewahren – die Gewohnheit, eine hinterlassene Unordnung zu beseitigen – alles Eigenschaften, die sich normalerweise mit dem traditionellen weiblichen Pflichtenkreis verbinden. Aus dem verborgenen häuslichen Zusammenhang gerissen und in die Öffentlichkeit gebracht, erfahren sie eine enorme gesellschaftliche Aufwertung und Heroisierung.

Frauen sicherten das Überleben der Nachkriegsgesellschaft, sie verhinderten den totalen Zusammenbruch und schufen so die Voraussetzungen, auf denen sich das zerstörte »Männerwesen«, die Wirtschaft, wieder aufrichten konnte. Die Bedeutung der Frau in der Nachkriegszeit beruht auf dem Charakter dieser Gesellschaft als Überlebensgesellschaft.

17. August 1946. Die SMAD erläßt den Befehl Nr. 253 über gleiche Entlohnung von Arbeitern und Angestellten für gleiche Arbeitsleistung, unabhängig von Geschlecht und Alter.

Zur Rolle der Frau in der Geschichte der DDR. 1945–1981. Eine Chronik, Leipzig 1986, S. 26

In den letzten Kriegstagen zerwühlten Bomben und Granaten den schon arg mitgenommenen Platz. Häuserruinen ringsumher, aufgerissene Straßen, metertiefe Granattrichter und die hohlen Fenster der Matthäi-Kirche warfen gespenstische Schatten des Mondlichtes auf den Platz, der allmählich zu einem Bild des Grauens wurde. Da gaben sich leere Konservendosen mit Granathülsen ein Stelldichein, dicht nebeneinander lagen zerbeulte Kanister, Pferdeleichen verpesteten die Luft und die wasserholenden Frauen sahen bei ihren täglichen Gängen dieses Chaos. Aber nicht lange, denn in ihnen regt sich der Wille zur Abhilfe und zum Aufräumen. Und der Wille wuchs zur Tat – ohne Auftrag von oben, ohne Bagger, Architekten und Gartengestalter... Nun sind die Schipperinnen bei Wind und Wetter weiter bei ihrem Werk, um Straßen und Plätze von den Schlacken des Bombenkrieges zu befreien und ihnen mit ihrer Hände Arbeit wieder ein friedlicheres Gesicht zu geben.

Die Frau von heute 1–1946, S. 16f

Naziweiba?

Die Arbeit als Trümmerfrau stellte in diesem Sinne ein zwar notwendiges, aber gleichsam auch notwendig zu überwindendes Moment dar. Anfangs hatten sich Frauen ohne jede Weisung spontan zusammengeschlossen, lange, bevor diese Arbeiten überhaupt systematisch organisiert werden konnten. Sie schaufelten Gänge zu ihren Häusern, begruben Leichen und verwesende Tierkadaver, beseitigten Brandbomben, Granathülsen und anderes Kriegsgerät und richteten sich ihre zerstörten Behausungen notdürftig wieder her. Dieser quasi »freiwillige« Charakter haftete der Trümmerarbeit immer an, auch als später bezahlte Lohnarbeit verlor sie diese Zuschreibung nie völlig.

Der Drang der Frauen zu dieser Lohnarbeit war stark – hatten doch viele Familien ihren Ernährer verloren. Doch auch die anderen, bessergestellten Frauen mußten gezwungenermaßen arbeiten gehen, um sich das Anrecht auf eine Lebensmittelzuteilung zu sichern. Aufgrund der hohen Arbeitslosigkeit und geringen Chancen in traditionellen Frauenberufen blieb den Frauen oft gar keine Wahl, sie wurden vom Arbeitsamt zum Enttrümmern dienstverpflichtet. Auch alleinstehende Frauen mit kleinen Kindern, die von diesen Bestimmungen ausgenommen waren, nahmen solche Arbeiten an, wenn sie nicht aufgrund der ihnen zugemessenen geringsten

Lebensmittelration für »Hausfrauen und Sonstige«, der sogenannten »Friedhofskarte«, verhungern wollten. Die Tätigkeit als »Bauhilfsarbeiterin« bot oftmals die einzige Chance, eine höhere Lebensmittelration zu erwerben. Zehntausende beteiligten sich ohne Ausrüstung und Arbeitsbekleidung an den berühmt gewordenen Eimerketten. Noch im Sommer 1946 waren in Berlin mehr als die Hälfte der 80 000 Bauhilfsarbeiter Frauen.

Von den regelrecht angestellten Trümmerfrauen selbst wurden diese Arbeiten immer als Ersatz- und Übergangsbeschäftigung aufgefaßt, solange bis die Wirtschaft wieder in Gang gekommen und die Männer wieder heimgekehrt sein würden. Als dauerhafte Berufsarbeit hatte sie keine Bedeutung. Diese weit verbreitete Haltung reflektiert sich in den damals gebräuchlichen Bezeichnungen wie »Schipperin« oder »Bauhilfsarbeiterin«, in der die Abwertung der Tätigkeit selbst als unqualifizierte »Hilfsarbeit« deutlich anklingt. Es passierte nicht selten, daß die Frauen sogar öffentlich beschimpft wurden. Denn anfänglich gab es in der Bevölkerung mitunter auch das Mißverständnis, die enttrümmernden Frauen seien zwangsverpflichtete »Naziweiba«, die ihre Mitschuld auf diese Weise abarbeiten müßten. Inwiefern tatsächlich Trümmerarbeit als Strafarbeit Gefangenen zugewiesen wurde, ist mir nicht bekannt.

Als dann in den Folgejahren die Arbeit zunehmend maschinisiert wurde und auch qualifizierte Handwerker, um- und angelernte Maurer, Zimmerleute usw. das Baugewerbe wieder professionalisierten, verlor die Trümmerarbeit ihre einstige Bedeutung als Erwerbsarbeit von Frauen. Ein Prozeß, der noch im Nachhinein die Abwertung der Trümmerarbeit als Hilfsarbeit, des Bauhandwerks hingegen als Aufbauarbeit verdeutlicht. Der spätere Triumphzug des Bauarbeiters, der in der Geschichte der DDR mehrfach eine Schlüsselrolle spielen sollte, setzt den eigentlichen Schlußpunkt hinter den Mythos Trümmerfrau.

»Sie sind ganz schön frech – aber sie haben arbeiten gelernt«

Der Widerspruch zwischen Heroisierung und Abwertung der männlichen Frauenarbeit schlägt sich zwar nicht unmittelbar in den Bildern selbst nieder, aber er wurde damals durchaus artikuliert. Die antifaschistischen Frauenausschüsse drangen sowohl auf eine angemessene Entlohnung, als auch auf die regelrechte Ausbildung der »Bauhilfsarbeiterinnen« in den bisher Männern vorbehaltenen Bauberufen. Charakteristisch für damalige Debatten ist der vehement vorgetragene Anspruch der Frauen hinsichtlich der materiellen Gleichstellung auf der einen Seite und die verunsicherten Reaktionen der Männer auf der anderen.

Dafür mögen hier unkommentiert zwei Leseräußerungen aus der »Frau von heute« von 1946 stehen:

»Zwölf Zigaretten für den Mann; sechs für die Frau! Entspricht das den Grundsätzen der Gleichberechtigung? Vielleicht ist es nur ein alter Zopf, der aber schleunigst abgeschnitten werden müßte, wenn unsere Behörden sich auch durch die Tat zu neuen Einstellungen bekennen. Gleiche Arbeit, gleicher Lohn, gleiche Lasten, gleiche Zigarettenzuteilung! Der Hunger nach der Zigarette ist bei der Frau gleich groß wie beim Manne. Die Zurücksetzung der Frau ist hier durch nichts begründet...«

Und die Männer dagegen:

»Der Krieg hat unsere Frauen wesentlich verändert: sie sind selbständiger, aber dafür auch frecher geworden... Aber sie haben alle arbeiten gelernt, auch die, die sich bisher gedrückt haben.«

»Während des Krieges war die Frauenarbeit angebracht, da die Männer fort waren. Heute jedoch sollte man die Frauen, die Steine putzen, lieber ablösen durch die Männer, die ihr Geld auf dem Schwarzen Markt verdienen.«

»Die älteren Frauen sind nervöser, die jungen hysterischer geworden. Der größte Prozentsatz hat sich aber beruflich umgestellt, angepaßt. Die Frau von heute kann auch als Ehefrau einen Beruf haben; wenn sie dann noch nette Handarbeiten macht, Sorgen und Freuden mit dem Manne teilt, ist sie die ideale Frau.«[7]

Der unübersehbare Zynismus, mit dem sich die Männer hier zu Wertungen aufschwingen, beinhaltet neben dem Beharren auf den traditionellen Funktionsteilungen zwischen Männern und Frauen auch das Wegschieben der eigenen männlichen, wohl gravierenderen Schuld am Zusammenbruch des deutschen Reichs. Nicht von ungefähr wird in diesen Jahren immer wieder der Mythos von der Mit-Täterschaft der deutschen Frauen, ihrer politischen Manipulierbarkeit, unkritischen Anhänglichkeit und treuen Gefolgschaft gegenüber Hitler aufgefrischt. Sie gipfelt in der Behauptung männlicher Geschichtsschreiber, die Frauen hätten mit ihrem Wahlverhalten Hitler an die Macht verholfen. In diesem Sinne war es dann auch nur recht und billig, wenn die Frauen nicht nur ihren Teil an der Schuld abtrugen, sondern wenn ihnen zugleich politische Mitbestimmungsrechte wegen angeblicher Unreife vorenthalten wurden.

Frauenbilder zwischen Tradition und Erneuerung

Das emanzipatorische Moment, das zwangsläufig in jedem Bild steckt, das Frauen bei ihrem Eindringen in Männerbereiche zeigt, mußte in den Darstellungsformen selbst möglichst marginalisiert werden. Daran hatten nicht nur die Männer ein Interesse. Auch die gravierenden Veränderungen, die durch den Krieg im Leben der Frauen stattgefunden hatten, ließen sich nur aushalten, wenn ein Mindestmaß an weiblicher Identität gesichert blieb.

Die Bilder von Frauen bei Männerarbeit sprechen eine entsprechend widersprüchliche Sprache. Einerseits handelt es sich um kraftaufwendige Arbeiten wie schweres Heben, Arbeiten an großen Maschinen, gefährliches Klettern auf Dachstühlen; andererseits erfordern sie Geschick und handwerkliche Fähigkeiten, sachbezogenes, konzentriertes Arbeiten. Dennoch werden gerade diese Qualitäten, die auch männliche Facharbeit als »Wertarbeit« auszeichnen, in Frauenbildern möglichst hinweggeleugnet. Frauen erscheinen fleißig in ihre Arbeit vertieft, sie lächeln den Betrachter zurückhaltend an oder nicken sich gegenseitig aufmunternd zu. Individualität und Selbstbewußtsein werden hinter gebückten Rükken und gesenkten Köpfen sorgsam verborgen.

Um das Bild von der Trümmerfrau, bzw. von der Frau in Männerberufen, die ja eine gewisse identische Struktur aufweisen, gruppiert sich ein Vielzahl von Frauenbildern aus traditionellen Tätigkeitsbereichen, der Werbung, dem Film usw. und natürlich auch von bald wieder in Wirtschaft und Politik dominierenden Männerbildern. In der Tendenz neutralisieren sie jedoch nicht nur deren emanzipatorischen Gehalt, sondern sie verhelfen ihm auch zu einer gewissen gesellschaftlichen Akzeptanz. Es gibt keine ausgesprochenen »Gegenbilder«, sondern es sind Bilder, die für die berufstätige Frau »werben« – freilich, indem sie vorführen, wie Arbeit und Frau-Sein miteinander zu vereinbaren seien. Die wichtigste Norm dabei lautet: nach außen hin darf nichts zu sehen sein. Der soziale Gebrauch, die widersprüchliche Funktionsweise des Bildes von der Trümmerfrau erschließt sich erst in diesem Kontext des historischen Ensembles damaliger Frauen- und Männerbilder.

Welche Eigenschaften schätzen Sie bei einer Frau (Mann) bzw. bei einem Mann (Frau) am höchsten?

Männer	*Frauen*
66% solide Hausfrauentugenden	29% berufliche Tüchtigkeit/ Erfolge
37% guten Charakter	28% Treue
21% echte Weiblichkeit	23% Ehrlichkeit/Aufrichtigkeit
17% gute Kameradschaft	23% Fleiß/Strebsamkeit
13% sinnliche Anziehungskraft	21% Männlichkeit
13% geistige Fähigkeiten	18% Familiensinn
9% Anpassungsfähigkeit/Unterordnungsfähigkeit	14% geistige Fähigkeiten
4% Liebe	13% guten Charakter
4% gutes Aussehen	7% Zuverlässigkeit
3% Schönheit	7% Güte

Umfrage Dezember 1949

Jahrbuch der öffentlichen Meinung 1947–1955, S. 115

> Erinnern Sie sich? Sie bekamen die ersten Nummern der »Neuen Berliner Illustrierten« in die Hand. Gespannt überflogen Sie die Seiten... Lange ruhte Ihr Blick auf einer Fotografie, die den ersten demokratischen Magistrat Berlins bei einer Sitzung zeigte. Mutige Männer waren es, die daran gingen, aus einem Trümmerhaufen die deutsche Hauptstadt neu zu bauen.
>
> *Neue Berliner Illustrierte* 41–1955, S. 4

Die imaginierte Gemeinschaft

Um schließlich den Sinn zu erkennen, den dieses Bild heute noch vermitteln kann, müßte auch die wechselvolle Geschichte der Wahrnehmung dieses Bildes ein Stück weit rekonstruiert werden. In den Folgejahren vollzieht sich ein unübersehbarer Bedeutungswandel. Je weiter sich das Bild von seinem unmittelbaren historischen Kontext entfernt, desto mehr wird es zum kulturellen Identifikationsmuster für das sich herausbildende demokratische Deutschland. Die nun schon erinnerten Bilder beschwören die neue Gemeinschaftlichkeit aller Wiederaufbauenden.

Trümmerfrauen werden in diesen Rückblicken nur selten als Einzelne, in ihrer Individualität abgebildet, sondern immer in Gruppen, zu einer Kette verknüpft oder an-einem-Strang-ziehend. Nicht der gegenständliche Charakter der Tätigkeit, sondern der personale und soziale Zusammenhang der Arbeitenden tritt in den Vordergrund der Darstellung. Hier scheinen Gleichgesinnte an einem gemeinsamen Werk zu wirken. Kooperativität und solidarisches Handeln verleihen den Bildern ihre eigentliche Symbolkraft.

Dieser Eindruck wird noch dadurch verstärkt, daß sich in den Rückblicken Trümmerarbeit als Lohnarbeit und als freiwillige Aufbauarbeit motivisch miteinander verknüpfen. Das Enttrümmern wurde zur Angelegenheit aller. Den Aufrufen zu unbezahlten Arbeitseinsätzen folgten überall Tausende Menschen. In der gemeinsamen Arbeit bildete sich auf ihre Weise tatsächlich ein neues Gemeinschaftsgefühl heraus.

Die Legenden von den übermenschlichen Leistungen der Trümmerfrauen und das legendäre Aufbaupathos der Jugend sind zwar bedeutungsvoll miteinander verkettet, aber sie unterscheiden sich ganz grundlegend in ihren bildlichen Präsentationsformen. Die Trümmerfrau, das ist ein gebückter Rücken, das sind ausgetretene, alte Schuhe, zu kurze, zerschlissene Röcke, unförmige Körper in dicken Wattejacken. Trümmerfrauen sind mütterlich wirkende ältere Frauen.

Der Aufbauhelfer hingegen ist ein tatendurstiger junger Mann, der breitbeinig zum Sonntagseinsatz ruft, das Instrumentarium des Neuaufbaus: Hammer, Maurerkelle und Anschlag schon in der Hand.

»Fort mit den Trümmern«, das mochte für die Trümmerfrauen gelten, aber: »und was Neues hingebaut«, würde das schon eine andere Generation betreffen? Genau hier scheint das Bild von der Trümmerfrau seine historische Grenze erreicht zu haben, an der es von den »Erbauern der Zukunft« abgelöst wird. Die Trümmerfrau stellt insofern ein notwendiges transitorisches Bild im Übergang von der alten zur neuen Gesellschaft dar, obwohl es noch keinen konkreten Entwurf von der neuen Zeit enthält.

Das Bild von der Trümmerfrau stellt somit auch ein charakteristisches Muster für Vergangenheitsbewältigung in der Form eines allegorischen Dreischritts dar: aus dem dunklen Gestern – durch das schwere Heute – in das lichte Morgen. Die Schuldfrage war damit aus dem unmittelbaren Zentrum des Alltagslebens gerückt. In dieser Form konnte zwar damals ein für den Überlebenswillen notwendiges Maß an sozial-kultureller Identität gesichert werden, aber ist dies ein hinreichendes Erklärungsmuster auch noch für heutige Generationen?

Dennoch vermochte das Bild der Trümmerfrau zwischen der Schuld des deutschen Volkes und besonders der älteren Generationen am Krieg (den sie als Frauen und Nicht-Kriegsteilnehmer zwar nur passiv mit-verschuldet haben, die sie nun aber stellvertretend für alle »wiedergutmachen« müssen) und der Chance für einen demokratischen Neubeginn zu vermitteln, da diese Frauen andererseits auch die Opfer dieses Krieges sind, als Witwen, als Mütter, die ihre Kinder verloren haben, als Flüchtlinge, Ausgebombte, Umsiedlerinnen. Das persönlich erfahrene Leid macht sie in ihrer Sehnsucht nach Frieden glaubhaft. Dennoch kann dieses Bild nur begrenzt auf eine neue Zukunft orientieren. Es scheint eher ausgerichtet zu sein auf die Wiederherstellung vorkriegsähnlicher, friedlicher Zustände und mittleren familiären Wohlstands. Insofern ist die Metapher von der Trümmerfrau kaum dazu geeignet, auf Dauer die neuen gesellschaftlichen Inhalte

B 1952/2 - 2. JANUARHEFT - VIII. JAHRGANG
BERLIN 20 PF., AUSWÄRTS 30 PF. — VERLAGSORT BERLIN

NEUE Berliner Illustrierte

Aufnahme: Kiesling

Trotz Regen und Matsch mitten unter den Aufbau-Berlinern: Ministerpräsident Otto Grotewohl und seine Gattin

Einen ausführlichen Bericht über den grandiosen Auftakt zum Nationalen Aufbauprogramm der deutschen Hauptstadt finden Sie auf den Seiten 4/5

Cremers Trümmerfrau (»Die Frau von heute« 48/1958)

zu versinnbildlichen. Denn in diesem Bild wird die Vergangenheit nicht verarbeitet oder bewältigt, sondern eher verdrängt, beiseite geschoben.

Neue Identifikationsmuster mußten her. Zweifelsohne werden sie vor allem über die Jungend vermittelbar. In Cremers Denkmal »Trümmerfrau« und »Aufbauhelfer«, 1958 vor dem Berliner Roten Rathaus aufgestellt, nimmt der bereits vollzogene Bedeutungswandel plastische Gestalt an. Das Mädchen trägt zwar noch die Bezeichnung »Trümmerfrau«, aber das scheint mir ein historisches Mißverständnis zu sein. Vor uns steht eine schlanke junge Frau in modernen Arbeitshosen und einem eng anliegenden T-Shirt, unter dem die Brüste deutlich hervortreten. Trotz der schweren Stiefel ist ihr Gang leichtfüßig. Locker liegt die Schippe, lässig ist die Hand in der Tasche. Das Kopftuch fällt aufgelöst nach hinten und verlängert so optisch das offen getragene Haar. Offen auch der aufrechte Blick in eine lichte Zukunft. Mit einer Trümmerfrau hat dieses Mädchen äußerlich nichts mehr gemein.

Beim wiederholten Blick in die Illustrierten fällt mir etwas auf, das ich am Anfang gänzlich übersehen habe: Auf der Suche nach den Trümmerfrauen waren mir die Bilder von den Trümmer-Männern zunächst völlig entgangen. Aber bei der weiteren Suche kommen mir völlig neue Bilder in den Blick: der Oberbürgermeister Berlins, der Präsident der Republik, Schauspieler, Schriftsteller – die Größen der Nation beim sonntäglichen oder feierabendlichen Sondereinsatz. Ich sehe mir die Kleidung an: im guten Wollmantel, ohne jede Schutzbekleidung und das bei der damaligen Kleiderknappheit? Auf einmal fällt mir auf: wenn Männer enttrümmern, ist es hochsensationelle exklusive Arbeit – so, als ob sie ein Baby wickeln oder Geschirr abwaschen, mit demselben, um Beifall oder Lob bemühten Blick.

Sondereinsatz oder Alltagsarbeit werden von Anfang an verschieden bewertet. Der Oberbürgermeister wie auch die anderen hochstehenden männlichen Persönlichkeiten trugen damals natürlich eine ganz andere, über alle Maßen hohe Verantwortung und waren sich dennoch nicht zu fein, beim Wiederaufbau mitzutun. Erst die männliche Zuwendung ermöglicht eine Identifikation mit dieser ungeliebten Arbeit, die der Bevölkerung bei den beliebig grauen Trümmerfrauen gänzlich abgeht. Monotonisierung und Stereotypisierung auf der Seite der Frauen – Individualisierung und Exklusivität auf der Seite der Männer.

Deren historisches Verdienst bestand ja auch nicht darin, enttrümmert zu haben, sondern die Übersicht behalten, das Große und Ganze im Auge gehabt zu haben. Bei den Frauen wiederum nur die übliche enge Sicht auf eine Kleinarbeit. Dennoch, auch das Ameisenvolk wird regelmäßig gelobt. Von den Vätern des Landes, die im richtigen Augenblick »Danke« sagen. Dieser Vorgang der Danksagung ist wiederum ein historisches Ereignis. Es spricht für den volkstümlichen Charakter der neuen Regierung, der neuen Gesellschaft: Sie übersieht nicht die Arbeit, sie würdigt sie und sie belohnt die Menschen dafür.

In den Bildern von den jungen und alten »Erbauern der Zukunft« wird die Trümmerfrau historisch doppelt aufgehoben: Zum einen in Männerbildern, in denen sich von nun an wieder die weitere Entwicklung der Gesellschaft spiegelt – in der Welt der Politik, Wirtschaft, Wissenschaft und Sport dominieren Männergestalten. Zum anderen aber auch in neuen Frauenbildern, in denen der zaghafte emanzipatorische Ansatz aufgegriffen und tradiert wird – sie reichen von dem studierenden Mädchen bis zur berufstätigen Mutter heute.

Bis zum heutigen Tage mußte das Bild von der Trümmerfrau die verschiedensten Interpretationen aushalten. Die historische Erinnerung an die Nachkriegszeit war auf dieses eine Bild zusammengeschmolzen. Aber ein Bild allein kann weder die Vielfältigkeit dieser Übergangsgesellschaft noch die Widersprüchlichkeit eines Frauenlebens angemessen widerspiegeln. Mystifikationen wären die logische Folge.

Herbst 1945: Erst fort mit dem Schutt!
Inmitten seiner Studenten griff der Rektor, Professor Dr. Stroux, selbst zur Spitzhacke.

Bei der Eröffnungsfeier: Professoren der neuen Humboldt-Universität
Die Farben ihrer Talare zeigen, welcher Fakultät sie angehören. In der ersten Reihe Rektoren der Universitäten Rostock, Halle, Leipzig und Jena. Der Festakt fand in der Staatsoper statt.

Noch waren Ziegel wertvoller als Bücher
Aus Studentinnen wurden Bauarbeiterinnen, damit die zerstörte Universität neue Hörsäle bekommen konnte.

FÜR HUMANITÄT FREIHEIT UND FORTSCHRITT!

Die Berliner Universität ist eröffnet

Links:
Der Vertreter der Studentenschaft: „Wir legen das Gelöbnis ab, alle Kraft einzusetzen für ein neues demokratisches Deutschland und für eine friedliche Zusammenarbeit mit allen Völkern."

Ein Semester wie noch nie...
Der schwere Fensterrahmen wird von Studienanfängern eingesetzt. So schufen sich die jungen Menschen selbst die Voraussetzung zum Beginn ihrer geistigen Arbeit im Februar 1946.

Die Insignien des Rektors: Mantel, Barett und goldene Kette
Professor Dr. Stroux betonte in seiner Rede: „Humanismus führt zur Humanität. Humanität aber bedeutet den Willen zur geistigen und sittlichen Haltung, zu Recht, Sitte und Anstand, zu den Tugenden sozialer und politischer Art. Die Universität Berlin muß nunmehr eine wahre Volksuniversität werden."

Zu Ende mit der Herrlichkeit

Heim zu Muttern

Lange suche ich in den vergilbten Zeitschriften der Anfangsjahre nach prägenden Männergestalten. Natürlich gibt es auch in jenen Jahren Männerbilder ohne Zahl: wohlbeleibte Politiker und stramme Offiziere der Siegermächte, ernste und abgehärmte alte Männer an Werkbänken, überanstrengte Ingenieure oder Ärzte und natürlich die zarten Liebhaber auf den Kinoleinwänden. Aber diese Bilder lassen sich nicht wie bei den Trümmerfrauen symbolisch auf den Punkt bringen. Sie stehen beziehungslos nebeneinander, als ob sie aus verschiedenen Welten stammten. Vergeblich sucht man in jener Zeit nach dem zukunftsweisenden, männlichen Blick. Fast scheint es, als hätten nur die Frauen markante Spuren in der Erinnerung hinterlassen. Ist mit dem Dritten Reich auch eine Männerwelt zusammengebrochen?

Mit welchem Selbstbild kehrten die Männer ins zivile Leben zurück? Fühlten sie sich als die Schuldigen oder als die Verlierer des Krieges? Hatten sie versagt, mußten sie bereuen und diese Schuld abarbeiten oder hatten sie nichts als ihre Pflicht getan? Wie erlebten Hitlers Soldaten das Ende des Krieges?

Heimkehrer, etwa 1946:

Ein Mann steht auf der Straße, sehr jung, sehr schmal – fast noch ein Kind. Der abgerissene Soldatenmantel ist um den frierenden Körper gewickelt, die zu große Mütze sitzt tief in der Stirn. Darunter ein bleiches Gesicht, ausgehungert, freudlos. Auf einem anderen Bild stelzen zwei einbeinige Männer auf Krücken in ihr Dorf. Auf ihren Rücken baumeln halbleere Rucksäcke. Auch sie scheinen noch sehr jung zu sein.

Aber auch solche Bildgeschichten gibt es:

Ein Bahnhof. Der Zug fährt ein. Die Musikkapelle hebt zum Tusch an. Erwartungsvolle Gesichter, fröhlich-ängstliches Suchen und Finden, Tränen der Freude: endlich wieder daheim »bei Muttern«. »Die erste Molle wird im Kreise alter Bekannter ›gezwitschert‹«, »... noch ein kleiner Urlaubsbummel, dann mit frischer Kraft an die Arbeit!«[8]

Diese Bilder passen irgendwie nicht zusammen. Die harten Fotos des ehemaligen AIZ-Fotografen Richard Peter Sen. fallen aus dem Illustrierten-Rahmen. Denn da waren Fröhlichkeit und Optimismus der Grundtenor und nicht die Abrechnung mit der Vergangenheit, gar mit der eigenen. Aber konnten die ehemaligen Hitlersoldaten, so wie es uns manche Reportagen vorführen wollen, nach einem kurzem »Scheiß Krieg« wieder zur Tagesordnung übergehen? Man sollte annehmen, daß nach der Niederlage der Deutschen ein scharfer Bruch durch das Selbstbild des ehemaligen »Herrenmenschen« gehen müßte. Der »kriegerische Held«, »hart wie Kruppstahl, zäh wie Leder, flink wie ein Windhund« kehrte schließlich als geschlagener Verlierer heim. War die Tatsache, betrogen, verführt, mißbraucht worden zu sein, nicht demütigend? Sollte dieser Umstand den Heimkehrenden nicht noch bewußt gemacht werden? Warum zeichnet die »Neue Berliner Illustrierte« solch ein Bild ungebrochenen männlichen Selbstbewußtseins, während zur gleichen Zeit die Leserinnen der »Frau von heute« moralisch darauf vorbereitet werden, physisch und psychisch demoralisierte Männer wieder aufzurichten und ihnen den schweren Anfang zu erleichtern?

Der Herrenmensch

Die Verdrängung der eigenen faschistischen Vergangenheit funktionierte so perfekt, daß eine britische Monatszeitschrift konsterniert von einer Umfrage berichtete, die erwies, daß in der deutschen Bevölkerung unmittelbar nach dem Krieg schon praktisch kein Bewußtsein einer Schuld vorhanden sei. Zwar wurden zur selben Zeit die Hauptkriegsverbrecher in Nürnberg vor Gericht gestellt und abgeurteilt, zwar gab es in der sowjetisch besetzten Zone eine breit angelegte Entnazifizierungs-Kampagne zur Enteignung von Kriegsverbrechern, zur Suspendierung hoher Beamter, Richter und Lehrer aus dem Dienst, dennoch schien dies die deutsche Bevölkerung im Kern kaum zu betreffen. Die Entindividualisierung funktionierte offenbar perfekt. Nicht als man selbst war man an diesen Verbrechen beteiligt, sondern als Mitglied eines korporativen Gemeinwesens. Entweder waren dann alle schuld oder keiner. Die zwanghafte Vernetzung des Einzelnen in die faschistische Volksgemeinschaft entlastete ihn auch von jeder persönlichen Schuld, solange er sich nicht besonders

Heimkehrer-Bilder von Richard Peter sen.

Nächste Seite: »NBI« 11/1946

hervorgetan und extraordinär verhalten hatte. Mitgegangen, mitgefangen aber nicht mitgehangen?

Die von den tragenden politischen Kräften jener Jahre gewählte Form der Erklärung des Faschismus in seinen ökonomischen und machtpolitischen Wurzeln, die das deutsche Volk nur abstrakt für seine Manipulierbarkeit verurteilte, leistete einer solchen Verdrängung Vorschub. Das Phänomen des alltäglichen Faschismus klammerten die DDR-Historiker allzulange aus der Betrachtung aus. Sie fragten weder danach, in welchen kulturellen Formen und Mustern die Einbindung der Menschen in die faschistische Ideologie betrieben wurde, noch nach den Auswirkungen von zwölf Jahren praktiziertem Faschismus für den Lebensalltag, die Individualität und Psyche der Menschen. Inwiefern das auch damit zusammenhängen mochte, daß sich die doktrinären Formen der politischen Kultur des Stalinismus und des Faschismus allzusehr ähnelten und auf ähnliche Weise funktionierten, kann hier nicht näher untersucht werden. Frappierend bleibt dennoch, daß sich die Bildformen und Wahrnehmungsmuster der Nachkriegszeit nur unwesentlich von denen davor unterscheiden. Nur die Bildinhalte scheinen sich gewandelt zu haben.

Arbeit adelt

Im Zentrum der faschistischen Ideologiebildung stand der Mann. Er, und nur er, bildete das Vor-Bild für die Herren-Rasse, den Herren-Menschen schlechthin. Der deutsche Mann schien zum Herr-schen geboren. Die deutschen Frauen könnten zwar der Herrschaft teilhaftig werden, aber doch nur in abgeleiteter und untergeordneter Position.

Der Mann als Herr, die Frau als ihm untertan – ist das nicht ein uraltes Muster? Und auch die von der faschistischen Ideologie getragenen Zuschreibungen an die Männlichkeit – wie: bestimmt, behauptend, stark, eindringlich, mutig, mächtig, ungestüm, hart, zäh usw. – unterscheiden sich ja zunächst in keiner Weise von den seit je gängigen Geschlechterstereotypen. Erst ihre Vernetzung in dem für den deutschen Faschismus spezifischen Kontext von Rassismus und »totalem Krieg«, von »Herrentum« und »Soldat-Sein« bringt die eigenartige Wirkung des propagierten Normbildes hervor: ein zwiespältiges Gefühl von Hingezogensein und Abgestoßenfühlen, von Aufbegehrenwollen gegen die zugemutete Unterstellung unter einen fremden Willen und ein Gefühl der

„Wir fahren nach Hause!"
…ht auf dem Spruchband, das die 1700 entlassenen Kriegsgefangenen in ihrem Zug vom Brandenburger Rathaus zum Bahnhof mit sich führen

Hunderte, Taus… heute unterw… Heimat. Es ist de… rück aus der Hölle… ges, aus den Ge… lagern, auf dem … um die daheim, u… Kind und alles … als gespenstische… neben ihnen ging… aufhörlich hatten … kappte Nazis u… Reaktionäre eifri… die verschiedens… würdigen" Greu… über die Zuständ… Deutschland zu … Nun konnte sich … große Rückkehr… von 1700 Kriegsg… der aus der westl… im Quarantänela… denburg (Havel… von der Verloge… ser Gerüchtema… zeugen. Bereits … wurde alles geta… Rückkehrern die … erträglich zu ges… dachte nicht nur … friedigung der k… Bedürfnisse, sond… auch für die nötig… Entspannung. So… sehnsüchtig erw… rasch heran, um… süchtiger erwart… der Heimkehrer …

DER WEG ZURÜC…

Aus dem PW-Lager im Westen nach Brandenburg in Quarantäne und dann . . . zu Mutt…

…sen und Trinken hält Leib und Seele zusammen!
… gilt auch im Quarantänelager bei Brandenburg a. d. H., wo sich … Heimkehrer 14 Tage lang aufhalten müssen.

Was gibt's Neues in der Heimat?
Hochbetrieb herrscht stets am Zeitungsstand, denn nach den tollen Geschichten, die sie gehört hatten, möchten sich alle gründlich informieren.

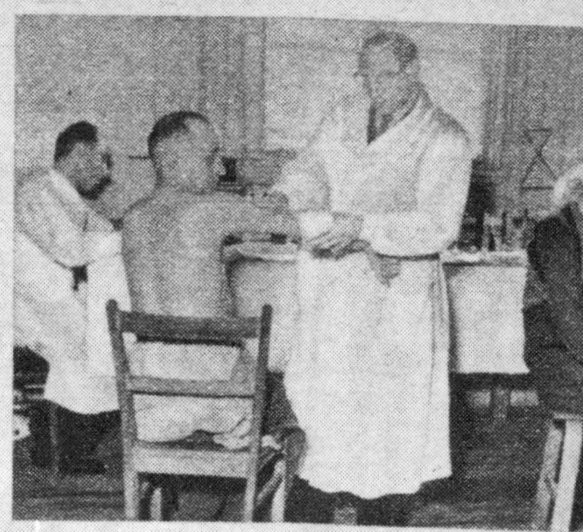

Nur jetzt nicht noch krank werden!
Gründlich untersuchen und behandeln die Ärzte im Revi… alle Ankömmlinge. Jeder behauptet natürlich, kerngesund…

„…öchten Sie gleich Arbeit haben?"
…on im Lager weist man den Heimkehrern Stellungen in ihren Be…

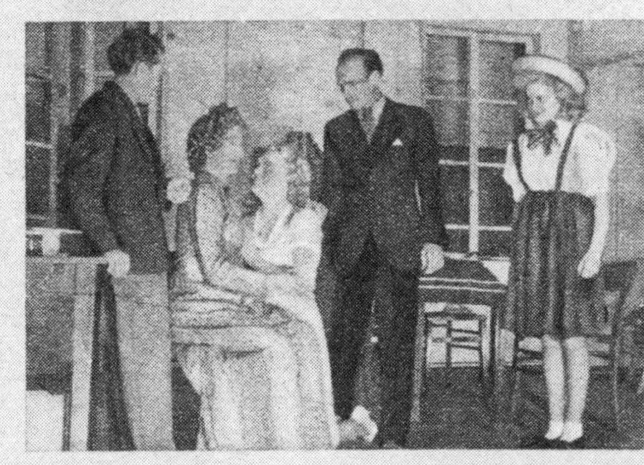

Die Außenwelt kommt ins Lager
und zwar gleich sehr lustig. Ein Gastspiel des Brandenburger Stadt…

Was geht da auf der Bühne vor?
Kein Theater heute; sondern Brandenburgs Oberbürger…

1946/27 · 3. AUGUSTHEFT · 20 Pf.
ZWEITER JAHRGANG · VERLAGSORT BERLIN

UE Berliner Illustrierte

Minderwertigkeit, eine Mischung aus Begierde und Angst. Die Wirkung ist ähnlich wie beim faschistischen Frauenbild.

Rasse statt Klasse

Das faschistische Männerbild knüpft in vielen Elementen an die politische und ästhetische Kultur der Arbeiterbewegung an. Es benutzt diese Elemente, stellt sie in neue Zusammenhänge und wertet sie so systematisch um, gibt ihnen neue Bedeutungen. So erzeugen die Bilder Vertrautheit und auch Vertrauen.

Aber das propagierte faschistische Männerbild knüpft nicht nur an die vom proletarischen Männerkörper ausgehende Tatkraft und Energie an, sondern vermittelt auch Werte wie Gemeinschaftssinn, Solidarität, Kameradschaftlichkeit und Selbstvertrauen in die eigene Stärke, die sich eigentlich im Kampf der Arbeiterklasse um ihre Rechte herausgebildet haben. Die Umwertung der Eigenschaften einer Klasse in Kennzeichen der deutschen Rasse vollzieht sich eher allmählich und subtil. Das Bekenntnis Hitlers und seiner Mannen zur Arbeit, die Aufwertung der Arbeiterschaft, die in dem Spruch gipfelt: »Arbeit adelt«, spielte in der Konstruktion der faschistischen Ideologie eine zentrale Rolle. Selbst der »Führer« war nur ein »Arbeiter im Dienste des Volkes«.

In den Darstellungen sind die körperlichen Proportionen oftmals zuungunsten eines klein geratenen Kopfes und Gliedes verschoben. Das Gesicht wirkt entpersonalisiert und standardisiert. Durch die Überbetonung der Konturen, harter, kantiger Gesichtszüge, wird unwillkürlich etwas mechanisches, maschinenartiges ausgedrückt. In den Fotos wird diese Entmenschlichung nicht ganz so weit getrieben wie in Zeichnungen, Plakaten und Plastiken – das lebende Material setzt dem offenbar Widerstände entgegen.

Als Gegenbild wird der schwächliche Jude aufgebaut, der im Habitus und Gestus wiederum eine Vielzahl von Kennzeichen mit Geisteswissenschaftlern, Intellektuellen und (entarteten) Künstlern teilt. Sie sind die Schmarotzer, die Nicht-Arbeiter, die das Land in den Ruin geführt haben. Sie wirken in ihrer Schwächlichkeit krank und morbid, scheuen Licht, Luft und Bewegung. Diese künstlich geschaffene Trennung zwischen der Lebensart des deutschen Volkes und den Andersartigen, den Abartigen, den Undeutschen dient der Hebung des Selbstwertgefühls der Einen und der Preisgabe der Anderen zur Vernichtung als »lebensunwertes Leben«.

Die konstruierten Normbilder fordern jeden auf, mitzutun bei der Bildung von Rasse und bei der Selbstreinigung des Volkes. Denn Rasse hat man nicht automatisch, sie ist kein Kennzeichen der Geburt, sondern auch Rasse muß man sich erst erwerben und immer wieder unter Beweis stellen, »indem man sich zum Subjekt faschistischer Herrschaft macht«.[9]

Hinter dem Versprechen von männlicher Privilegierung und Machtgewinn steht auch hier die latente Androhung von Gewalt. Die Zugehörigkeit zum Volksganzen verlangt von dem Einzelnen die Unterordnung unter den imaginären »Gemeinschaftswillen«. Der bestehende Klassenantagonismus verschwindet in einem Geflecht von rassisch-sexistischen Unterschieden.

Doch unversehens wurde aus der Arbeit für das »Gemeinwohl« ein Übungsplatz für den Krieg. »In der Ordnung zu sein heißt für die Individuen, die angemessenen geschlechtsspezifischen Identitäten auszufüllen.«[10] Das Einüben der vorgezeichneten Rollen reicht von der zwanghaften Einschärfung rigider Moralnormen bis zur Disziplinierung des Körpers in Sport und Gesundheitserziehung. Die faschistischen Massenorganisationen, in denen dies vollzogen wird, haben alle denselben Zweck: den Mann seelisch und körperlich auf den Krieg vorzubereiten. In Selbstzucht und Selbstbeherrschung werden die Gefühle zurückgedrängt, beherrscht und aufgestaut, um dann schließlich im grausamen Gemetzel freigelassen zu werden.

Die systematische Umarbeitung der Typen »proletarischer Industriearbeiter«, »deutscher Handwerker und Bauer« zu »soldatischen Helden« ging mit einer nicht zu übersehenden Verjüngung der Träger dieses Typus einher. Es ist vor allem die Jugend, welche angesprochen wird, der diese Identifikationsangebote gelten und die zum ausführenden Subjekt faschistischer Politik gemacht werden soll. Aber inwieweit die Propaganda bis hinein ins Alltagsleben greifen konnte, war bei den Einzelnen abhängig von Milieu, Generationszugehörigkeit, politischen Familientraditionen usw., vermutlich höchst unterschiedlich. Dennoch haben sich in zwölf Jahren Faschismus eine Reihe von Gewohnheiten, Umgangsformen und Sitten zwischen den Geschlechtern und zwischen den Generationen ausgeprägt, die durch rationale Aufklärung allein nicht auszulöschen waren.

Neue Männer braucht das Land

Der in den Nachkriegsjahren radikal vollzogene Bruch mit der faschistischen Ideologie bedeutete in Bezug auf das Männerbild vor allem die Ausmerzung seiner gewaltverherrlichenden, nationalistischen und aggressiven Momente, wohingegen an die althergebrachten, typisch männlichen Verhaltenszuweisungen übergangslos angeknüpft wurde. Das Männerbild wurde aus seiner ideologischen Vernetzung, aus dem faschistisch artikulierten Machtanspruch der Herrenrasse befreit und in den neuen Kontext von friedlichem, demokratischem Wiederaufbau, Schaffen einer neuen Gesellschaftsordnung, Produktion statt Zerstörung gesetzt. Die soldatisch brutale Physiognomie entkrampft sich in dem vertrauensvollen, jugendlich-unbeschwerten, hoffnungsfrohen Blick des zur Enttrümmerung aufrufenden jungen Mannes. Die autoritäre Geste lockert sich im Umgang mit kleinen Kindern und der kalte Blick erwärmt sich an einem schönen jungen Mädchen. Das Männerbild gewinnt in den Nachkriegsjahren seinen traditionellen Gestus des Beschützers, Ernährers, Produktiven und Schaffenden zurück.

Aus der Kriegsgefangenschaft entlassen, entnazifiziert, umgeschult sichern sich die Männer neue, humanistisch orientierte Identifikationsmöglichkeiten und entlasten sich schrittweise von ihrer spezifischen Verantwortung am Krieg als Männer.

Der einzelne »kleine« deutsche Mann bleibt aus der konkreten Schuldfrage ausgeklammert. Die Illustrierten vermeiden dieses Problem gänzlich. Ihr Ziel ist es, den Heimkehrenden Identifikationsangebote zu unterbreiten, um ihnen die schnelle Reintegration ins Alltagsleben zu erleichtern.

Sie zeigen deshalb lieber Bilder von fachkundigen, handwerklich erfahrenen deutschen Arbeitern, Handwerkern und Ingenieuren, die von der Gemeinschaft gebraucht werden: den »Aktivisten der ersten Stunde«. Der Männermythos baut sich jedoch von Anfang an anders auf, als der von der Trümmerfrau, denn die Männer strukturieren aktiv die notwendige Ordnung, geben ihr den neuen Inhalt, ein Ziel, eine Zukunft. Sie sind so von Anfang an wieder im Bereich des Produktiven angesiedelt, wohingegen Frauen mit den sogenannten reproduktiven Tätigkeiten befaßt sind: mit dem Wieder-herstellen des Lebens und nicht mit seiner Neu-bestimmung.

Kaum, daß die Kriegshandlungen beendet waren, schritten also diese Männer sachkundig und verantwortungsbewußt zur Tat, um die dringendsten Versorgungsprobleme zu lösen. Unter ihrer Leitung wurden die Betriebe wieder arbeitsfähig. Sie brachten den Frauen die ersten Handgriffe in den neuen Berufen bei. Sie organisierten, leiteten an und hatten den Überblick. Männer stehen wieder an erster Stelle, wenn es um die Leitung und Lenkung der gesellschaftlichen Angelegenheiten geht. Aus dem Exil oder dem KZ zurückgekehrte Widerstandskämpfer stehen neben untergetauchten Kommunisten, Sozialdemokraten, Gewerkschaftern, Menschen mit

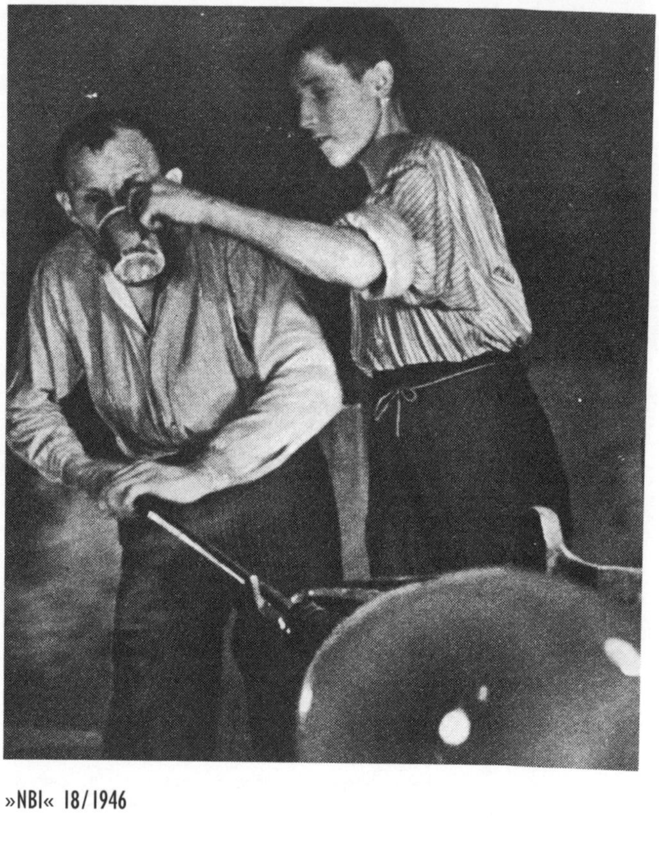

»NBI« 18/1946

demokratischer Gesinnung, die in die »innere Emigration« gegangen waren oder einfach nur nicht »mitgemacht« hatten und Menschen, die wegen ihrer fachlichen Fähigkeiten nur einfach nicht eingezogen worden waren, in einer Reihe. Sie alle stellen sich mit ihrer Kraft für den Wiederaufbau zur Verfügung. Die Arbeit gewinnt so ihre zentrale Bedeutung für die Bestimmung des männlichen Lebenssinns zurück. Die Arbeit schließlich macht die Männer frei von ihrer kriegerischen Vergangenheit.

»NBI« 33/1946

Die erste Schulstunde

Lehrer und Mitbewerber sitzen zwischen den kleinen ABC-Schützen und verfolgen mit kritischen Augen die tastenden Schritte des Prüflings im pädagogischen Neuland. Dabei werden elementare methodische Fehler schnell erkannt, um sie in Zukunft zu vermeiden. *Aufnahmen: Liselotte Orgel, Osterburg (Altm.)*

Alle Mann zupacken! Die Lokomotive wird auf den Reparaturstand geschoben

Früher genügte für solche Arbeit der Druck auf einen elektrischen Knopf. Doch die Anlage wurde durch Bombentreffer zerstört. Wenn die 70 Tonnen schwere Lokomotive auf den Stand gebracht worden ist, nimmt man sie bis in ihre kleinsten Teile auseinander und überholt sie. Die Zahl der neu betriebsfähigen Lokomotiven steigt von Monat zu Monat.

»NBI« 10/1946

Kein einfacher Friede

Manchmal vermitteln uns die Bilder den Eindruck, als sei das Neue widerstandslos angenommen worden, als hätten die Männer und Frauen sich ohne Probleme in die neue Situation gefügt. Doch es gab ihn nicht, diesen »einfachen Frieden«. Hinter den Bildern verbergen sich komplizierte Konfliktstrukturen.

Um die dem Frauen- und Männerbild innewohnenden Ambivalenzen etwas deutlicher zu zeigen, muß noch einmal ein Blick in die Illustrierten geworfen werden. Diesmal nicht unter dem Gesichtspunkt, welche realen Veränderungen an den Bildern ablesbar sind, sondern mit der Frage, inwiefern durch die gewählte Darstellungsform Kontinuitäten in der Bildsprache entstehen, die es den Betrachtern ermöglichen, sich zustimmend mit dem Abgebildeten zu identifizieren. Besonders augenscheinlich wird die Reproduktion der Bildsprache und der darin enthaltenen geschlechtsspezifischen Dominanzen in jenem Bildbereich, der die individuelle Lebenswelt reflektiert. Es ist dies ein Bereich, in dem scheinbar ungebrochen die Traditionen deutschen Familienlebens dominieren.

Die Familie galt auch im Nachkriegsdeutschland als ein Ort der Zuflucht und Geborgenheit, als ewiger unantastbarer Wert, der umso kostbarer zu bewahren war, je mehr ringsumher die Ehen durch den Krieg zerstört waren und sich die Heiratsaussichten der jungen Mädchen mit jedem gefallenen Soldaten verschlechterten. Über Notzeiten und Kriegswirren, Flucht und Tod von Angehörigen half einem die Familie hinweg, und war sie noch so unvollständig und notdürftig zusammengehalten. Selbst unter chaotischsten Zuständen sorgte daher die deutsche Hausfrau noch für »ein wenig Gemütlichkeit«, kochte sie »mit Liebe«, wo es nichts mehr zu kochen gab als Kartoffelschalen oder Kohlrüben. Sie zeigte sich selbst dann noch im »neuesten Chic« aus gefärbter Fallschirmseide oder umgenähter Uniform, wenn sie nichts als dieses eine Kleid, das sie gerade auf der Haut trug, besaß.

Hinter den Darstellungen von außergewöhnlichen Situation, denen Frauen gegenüberstanden und die sie irgendwie bewältigen mußten, stehen immer traditionelle Verhaltensweisen von ganz normalen Ehefrauen oder solchen, die es werden wollen. Die Bilder tun trotz allem so, als ob nichts gewesen wäre. Doch was dem heutigen Betrachter absurd erscheinen mag, war unter damaligen Bedingungen vielleicht lebenserhaltend. In einer Zeit, in der es für viele keinen Haushalt im eigentlichen Sinne mehr gab, war es umso wichtiger, ihn vorzutäuschen. Selbstverständlich war man gerade in Notzeiten bemüht, sauber und ordentlich gekleidet zu erscheinen. Wie eine Mutter dies bewerkstelligte, ob sie mit Seife oder geraspelten Kastanien Wäsche wusch, ob sie mit Nähgarn oder mit dem eigenen Haar die Strümpfe stopfte, war für die Illustrierten zwar erwähnenswert und dennoch gleichwohl selbstverständlich, daß dies von Frauen geleistet wurde. Jeder noch so seltsam erscheinende Notbehelf wurde

Was sagen Sie dazu?
Wir sprachen mit Berlinerinnen über das neue Familienrecht

»Haben Sie schon etwas davon gehört, daß wir ein neues Familienrecht bekommen werden? Wissen Sie überhaupt, mit welchen wichtigen Fragen sich ein Familienrecht beschäftigt?« Nein, nur sehr wenige wissen es. Die Frauen jedenfalls, mit denen wir auf der Straße, in Wohnungen, in Büros oder in unserer eigenen Umgebung sprachen, wußten so gut wie gar nichts über die Probleme, die für uns Frauen von größter Bedeutung sind.

1900 trat das Bürgerliche Gesetzbuch in Kraft, und von diesem Zeitpunkt an wird Recht gesprochen nach den Gesetzen, die uns Frauen in wesentlichen Punkten benachteiligen. Es ist klar, daß eine neue Gesellschaftsordnung, in der die Gleichberechtigung von Mann und Frau selbstverständlich ist, endlich Schluß machen muß, mit Gesetzen, die es beispielsweise den verheirateten Frauen unmöglich machen, über das Geld, das sie sich selbst verdienen, oder das sie in die Ehe einbringen, nach eigenem Willen zu entscheiden. Bisher war es den verheirateten Frauen auch nicht möglich, sich ein Bankkonto einzurichten, wenn nicht der Ehemann seine Genehmigung gab. Von dem Willen des Ehemannes hing es auch ab, ob seine Frau einen bestimmten Beruf ausüben durfte. Ja, selbst die Firma, bei der sie arbeiten wollte, konnte ihr von dem Ehemann vorgeschrieben werden.

Ich weiß, daß viele Frauen lächelnd sagen werden: »Das waren in meiner Ehe keine Probleme. Ich habe eigentlich immer das gemacht, was ich wollte. Man muß es den Männern nur richtig beibringen!« Ja, sehen Sie, auf dieses »beibringen« kommt es nicht an, solange die Ehe gut geht. Und wir wollen auch nicht als sprichwörtliche Evas unseren Männern etwas mit schmeichelnder List ablocken. Nein, wir wollen unser gutes Recht.

Immer größer ist die Zahl der Frauen geworden, die durch einen guten Beruf finanziell völlig unabhängig sind von ihrem Ehemann. Diese materielle Freiheit, die wir Frauen uns durch unsere Arbeit errungen haben, bringt selbstverständlich auch die Forderung mit sich, daß wir auch vor dem Gesetz gleichberechtigte Menschen sein wollen...

Nach dem neuen Familienrecht wird auch die Haushaltsarbeit der Frau bei einer etwaigen Scheidung angerechnet, und das vorhandene Vermögen, das während der Ehe erworben wurde, wird zu gleichen Teilen an die Ehepartner gehen. Das neue Familienrecht beendet endlich die ungerechtfertigte Vormachtstellung des Mannes. Die Frau entscheidet über ihr eigenes Vermögen, über das, was sie in die Ehe bringt und über das, was sie während der Ehe verdient, aber sie ist verpflichtet, einen Teil zur Aufrechterhaltung des gemeinsamen Haushaltes beizutragen; denn Gleichberechtigung heißt gleiche Rechte, aber auch gleiche Pflichten. Die moderne Frau wird es immer mehr als selbstverständlich empfinden, einen Beruf auszuüben. Die jungen Mädchen werden in einer Ehe nicht mehr nur den Versorgungshafen sehen wollen und in dem Mann den Verdiener, der Geld heranschaffen muß. Hat die Frau die Möglichkeit einer finanziellen Unabhängigkeit, so fordert sie selbstversändlich auch die gleichen Rechte. Die Ehefrau, die zum Beispiel im Geschäft ihres Mannes arbeitet, hat nach dem neuen Familienrecht einen Anspruch auf Lohn. Die Haushaltsarbeit wird selbstverständlich als ein Beitrag zur Aufrechterhaltung des Haushaltes gewertet.

Bisher war nur der Vater erziehungsberechtigt für die Kinder. Warum der Vater, der von den Mühen und den Sorgen mit den Kindern nur sehr wenig zu spüren bekam? Vater und Mutter werden nach dem neuen Familienrecht gleich berechtigt und gleich verantwortlich für ihre Kinder sorgen müssen. Bei schwierigen Entscheidungen, bei denen sich die Eltern nicht einigen können, wird in Zukunft das Vormundschaftsgericht im Interesse des Kindes entscheiden...

Wie wäre es, liebe Leserin, wenn Sie uns einmal Ihre Stellungnahme zu den oben angeführten neuen Gesetzen mitteilen würden? Auch die Meinung Ihres Mannes würde uns interessieren.

Die Frau von heute, 13–1950, S. 6/7

1946/22 - 4. JUNIHEFT - 20 P
ZWEITER JAHRGANG - VERLAGSORT BERLI

[Ne]ue Berliner Illustrierte

»NBI« 8/1947

akzeptiert, zeugte er doch von einer gewissen Normalität und Ordnung in einer ringsumher zerstörten Welt. Die Familien bildeten das Zentrum und den Ruhepunkt in all der Zerstörung und dem Chaos. Für die Erhaltung des notwendigen Überlebenswillens der Bevölkerung war dies von unschätzbarem Wert. Deshalb wurde nicht nur notdürftig das Zimmer wieder hergerichtet und das Loch in der zerbombten Wand mit Mauersteinen selbst geflickt, sondern auch noch zu guter letzt ein Blumenstrauß auf den Tisch gestellt. In den Zeitschriften wurden massenhaft »kleine Tips« und »praktische Winke« vorgeführt – Handlungsanweisungen für eigentlich total überforderte und überarbeitete Frauen, wie sie sich jung und gesund erhalten könnten um dereinst wieder geliebt und geheiratet zu werden.

Der Heimkehrer

Was aber geschah, wenn der Mann, der Vater oder Sohn tatsächlich aus dem Kriege zurückkamen? Heimgekehrt in die Familie verlief sein Leben nicht unproblematisch. Konfrontiert mit dem gewachsenen Selbstbewußtsein der Frauen, wurden die Männer auf ganz alltagspraktische Weise gezwungen, sich mit ihrem Dasein als Männer neu auseinanderzusetzen.

In den Jahren der Trennung hatten Frauen und Männer sehr unterschiedliche Erfahrungen gemacht, die nicht ohne weiteres vermittelbar waren. Petra Clemenz beschrieb dies in folgender Weise:

»Die Männer waren zunächst in der Wehrmacht, später in der Gefangenschaft absolutem Gehorsam und völliger Abhän-

»NBI« 8/1947

Nächste Seiten: »NBI« 14/1946

Der Vater fühlt sich übergangen

Marie G. aus Sch. weiß sich keinen Rat: »Mein Mann ist 1949 aus der Kriegsgefangenschaft zurückgekommen, und unsere Jungen, vierzehn und sieben Jahre alt, können sich nicht an ihn gewöhnen, da sie ihn ja sechs Jahre nicht gesehen haben. Er selbst ist aber zu den Kindern auch nicht liebevoll. Er zankt sie aus, und auch mit mir schimpft er, weil die Jungen so ungezogen sind und ich sie verwöhnt hätte. Dabei ist er nur Sonnabend und Sonntag zu Hause, weil er auswärts arbeitet. Ich, als Mutter, sehe die Ungezogenheiten der Jungen gar nicht so. Mein Mann behauptet jedoch, ich ziehe die Kinder ihm vor und wenn dieser unerträgliche Zustand weitergeht, will er sich scheiden lassen. Das möchte ich aber auf keinen Fall, denn sonst ist mein Mann sparsam und ordentlich. Was soll ich nur tun, um die Jungen an ihn zu gewöhnen?«

Uns scheint, daß Sie Ihren Mann nicht richtig behandeln. Sie waren wohl zu lange von ihm getrennt. Sie sollten danach streben, die Fremdheit zwischen den Kindern und dem Vater, die offenbar besteht, und unter der Ihr Mann leidet, überwunden wird. Sie müssen in diesem Sinne auf die Kinder einwirken und sie dazu anhalten, daß sie dem Vater freundlich und mit Achtung entgegentreten. Dann wird sich auch bei dem Vater die Zuneigung zu den Kindern einstellen. Sie sollten ferner auch nicht immer die Partei der Kinder ergreifen, wenn es zu Auseinandersetzungen kommt. Wenn Sie Bedenken gegen Maßnahmen Ihres Mannes haben, so sagen Sie es ihm freundlich und liebevoll in Abwesenheit der Kinder. Sprechen Sie mit Ihrem Mann über Ihre Sorgen, fragen Sie ihn um Rat, denn Sie müssen auf jeden Fall vermeiden, daß Ihr Mann das Gefühl hat, ein Fremder in seiner Familie zu sein, der alle drei gegen sich hat. Es ist anzunehmen, daß die Ursache seiner Ausfälle gegen Sie und die Kinder in seiner Verbitterung zu suchen ist.

Die Frau von heute 14–1950, S. 20

»Eine vollwertige Arbeitskraft« (»NBl« 27/1949)

»Die Frau von heute« 6/1946

gigkeit unterworfen, dem Leben außerhalb des Militärs entfremdet. Selbst wenn sich dort manches in Analogie oder Gewohnheit zum Berufsleben vollzogen hatte. Durch die Einberufung herausgerissen aus der Berufsarbeit, gelang vielen Männern der Wiedereinstieg in den für sie wesentlichsten Lebensbereich nur unter Schwierigkeiten – mit Abstrichen oder – z.B. als Kriegsversehrter – gar nicht mehr. Das Gefühl, durch die Kriegsniederlage betrogen worden zu sein, Gefühle des Mißtrauens gegenüber den Frauen in bezug auf deren sexuelle Treue oder Enthaltsamkeit, aber auch Schuld- und Schamgefühle konnten das Selbstbewußtsein der Männer darüber hinaus untergraben, ließen sie aber zugleich auch egozentrischer werden.

Die Frauen blieben – zumindest bis zur Ausbombung, Evakuierung, Flucht oder Umsiedlung, in ihrer vertrauten unmittelbaren sozialen Umgebung, auf alle Fälle blieben sie in ihren gewohnten Tätigkeiten und Zuständigkeiten, also in der Familie, aber auch in der Erwerbsarbeit. Sie hatten beides jedoch unter immer extremer werdenden Belastungen zu meistern. Dabei waren sie auf sich selbst gestellt bzw. gezwungen, den familiären Verband anders zu strukturieren (zum Beispiel als Gemeinschaft zwischen Mutter, Tochter und deren Kindern). Die Frauen entwickelten unter diesen Bedingungen größere Selbständigkeit, mehr Entscheidungsfähigkeit und veränderte Bezüge innerhalb des Familienverbandes.« [11]

Die Verständigung zwischen den Ehepartnern über ihre Erlebnisse war recht begrenzt. Die Männer waren oft nicht auf die Veränderungen, die mit den Frauen vorgegangen waren, vorbereitet. Sie kamen mit hohen Erwartungen aus der Gefangenschaft heim. Ausgezehrt, ausgehungert, krank hofften sie auf die ungebrochene Liebe und Fürsorglichkeit ihrer Frauen. »Heim zu Muttern« – hieß es. Die Umstellung auf ein friedfertiges, aufbauendes Leben fiel nach den jahrelang gelebten soldatischen Verhaltensweisen schwer. Der Verlust der weltanschaulichen Orientierungen, mit denen sie mehr oder minder willig in den Krieg gezogen waren, löste weitgehende politische Verhaltensunsicherheit aus. Den ideologischen Angeboten der Sieger stand man skeptisch und abwehrend gegenüber. Handlungsunfähigkeit angesichts der zusammengebrochenen Verhältnisse oder verzweifeltes Beharren auf dem einmal eingeübten soldatisch bestimmten Verhalten kollidierten mit den Erwartungsmustern in ihren Familien, welche auf einen starken Beschützer und Ernährer, auf einen der sagt, wo es langgeht, gewartet hatten.

Doch gerade ihre alte Rolle als Ernährer konnten viele Männer nicht so schnell wieder aufnehmen. Nicht nur wegen physischer Schwächen, Verwundungen oder Verkrüppelung, auch aufgrund der hohen Arbeitslosigkeit verzögerte sich der Wiedereinstieg. Dafür mußten sie hilflos und oft auch tatenlos mit ansehen, wie sich ihre Frauen abmühten, um wenigstens das tägliche Überleben zu sichern. Die beengten Wohnverhältnisse, eine miserable Ernährungslage waren kaum geeignet, die Kräfte schnell wiederherzustellen.

Die Frauen machten ihrerseits aus ihren Enttäuschungen keinen Hehl. Statt der erhofften Entlastung nun der verstärkte Druck, der auf ihrem Leben lastete. Die Konflikte blieben nicht aus. Die Männer äußerten ihren Unmut über die engen Beziehungen der Frauen zu mitlebenden Verwandten oder Freundinnen, auf deren Solidarität die Frauen wiederum nicht verzichten konnten und wollten. Väter wurden mit der Entfremdung von ihren Kindern nicht fertig, von denen sie militärischen Gehorsam verlangten oder Anhänglichkeit erwarteten. Kinder lehnten die ihnen fast unbekannten Väter instinktiv ab als »Eindringlinge« in die enge Beziehung zur Mutter. Irritationen der Männer über das Verhalten der Frauen, die sich »nichts mehr sagen lassen wollten« – und der Frauen über das der Männer, die sich Rechte anmaßten, die ihnen nicht mehr zustanden... beide Parteien brachten manchmal nicht mehr die notwendige Geduld und Kraft auf, zu vermitteln oder aufeinander zuzugehen. Ein hohes Ansteigen der Scheidungsrate oder jahrelang geführte Auseinandersetzungen und Streitigkeiten waren die häufige Folge.

Dennoch blieben in der Öffentlichkeit die gewohnten Bilder des reinen ungetrübten Familienglücks, überquellender Liebe und väterlicher Freuden die bestimmenden. Wenn sich hier überhaupt Veränderungen ablesen lassen, dann vielleicht in der stärkeren Hinwendung zur Kameradschaftsehe und zu pragmatischen Formen der Arbeitsteilung in der Hauswirtschaft.

Ordnung ist alles

Der angestrebte Eindruck von Normalität und Ordnung orientierte sich am Muster der vollständigen Vater-Mutter-Kind-Familie, selbst wenn es diese nicht mehr gab. Auch wenn der Vater fort war und vielleicht nie wiederkehrte, sollte alles so bleiben, wie er es verlassen hatte. Die Bilder sind so gebaut, daß der Eindruck entsteht, er würde jeden Augenblick ins Bild hinzutreten. Zweifellos haben sie eine suggestive Wirkung: wenn alles erst wieder in der alten Ordnung wäre, wenn man nur immer dafür sorgte, daß alles wieder so würde, wie es einmal war, dann käme auch der Mann wieder nach Hause. Die Frauenbilder täuschen so über eine zerbrochene Wirklichkeit hinweg. In der Gewohnheit bei allem Ungewohnten ringsumher, in der Tradition bei allem Umbruch, in der Ordnung bei aller Unordnung liegt die Macht und Stärke der traditionellen Frauenbilder begründet. Aber waren sie darin auch hilfreich für die vielen Frauen, die sich gezwungenermaßen auf ein neues Leben umorientieren mußten?

Schließlich waren vier Millionen deutsche Soldaten im Krieg gefallen, elf Millionen befanden sich in Kriegsgefangenschaft. Für viele Frauen zwischen 20 und 40 Jahren würde die Hoffnung auf ein normales Frauenleben in einer geborgenen Familie nicht mehr in Erfüllung gehen. Dieses Problem wird zwar stark in Rechnung gestellt, wenn es um die Berufstätigkeit der Frauen geht. Auf ihre Lebensweise bezogen scheint dies jedoch eher bedeutungslos zu sein, denn wir erfahren aus den Zeitschriften so gut wie nichts darüber. Wie aber lebt

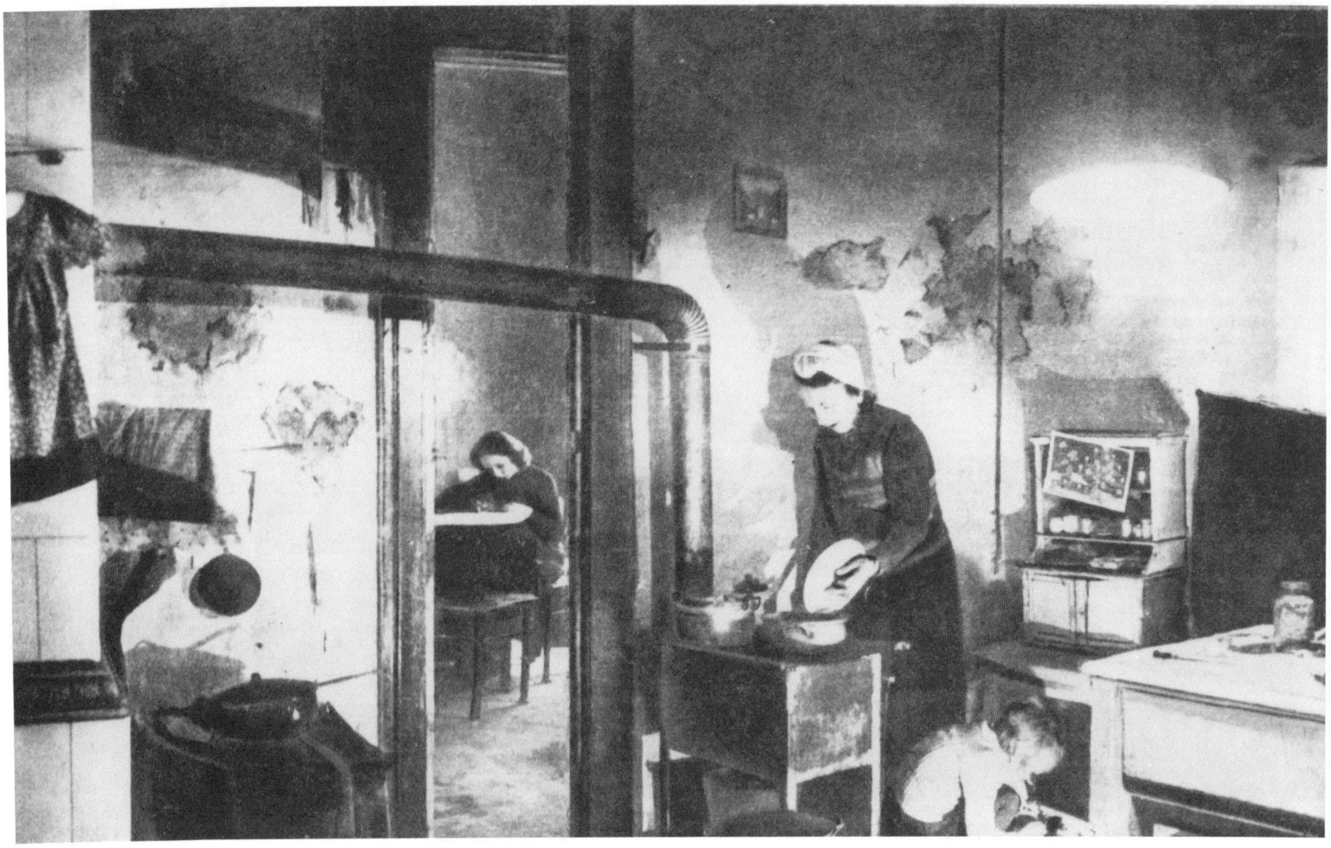

»NBI« 48/1952

„Wadenhosen", nach Bedarf und Wärmegraden an- oder abzumontieren (an Gummibändern über dem Knie!) *Aufn.: IFK/Peters(5), AP, UP*

»NBI« 49/1950

eigentlich eine Witwe mit mehreren Kindern? Wie behilft sich eine Ausgebombte allein, ohne jeden Beistand? Was tut eine zurückgebliebene Braut, die schon monatelang nichts mehr von ihrem Bräutigam erfahren hat? Warten sie endlos in Treue ergeben auf den ehemaligen Geliebten? Wie kommen die Frauen mit der ihnen übertragenen alleinigen Verantwortung zurecht? Fragen, auf die die Illustrierten-Bilder keine Antwort geben. Nur indirekt, wenn in einem neu eröffneten Lokal viele Frauen eng miteinander tanzen, wenn zwei, drei Frauen gemeinsam um den Kaffeetisch sitzen, wenn sich die jungen Mädchen in Bücher vertiefen, kommt einem die Ahnung, daß Frauen vielleicht auch ganz gut alleine mit sich zurecht kommen oder daß Frauenfreundschaften entstehen könnten, die auch mit Fröhlichkeit gelebt werden. Die Verzweiflung aber, das Aufgeben-wollen, das Sich-gehen-lassen oder auch nur das einfache Unglück wird aus der Bilderwirklichkeit gänzlich ausgeklammert.

Das Wärmenest im Bücherschrank

Kissen und Decken in einem leeren Fach sind bei Raum- oder Materialmangel Ersatz für die Kochkiste und helfen beim Garkochen und Warmhalten des Suppentopfes. Ein möglichst dickes Federkissen besorgt das luftdichte Abschließen des Topfes, der vorsorglich noch dick in Zeitungspapier eingehüllt werden kann.

»NBI« 1/1946

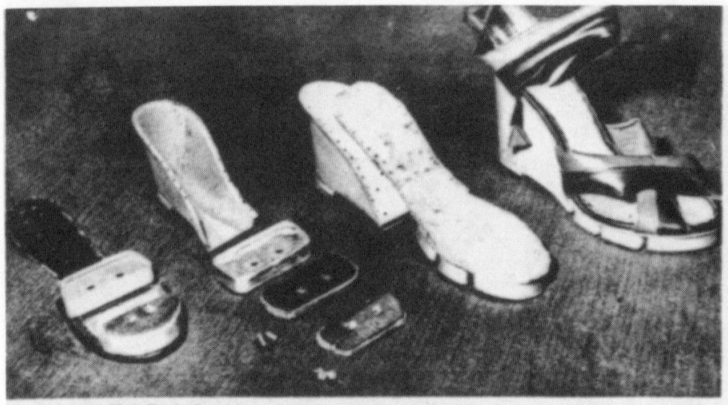

Der heizbare Metallschuh. Zwei Berliner haben ihn erfunden. Das Material, Aluminium und Stahl, liefern ihnen die großen Schrottplätze. Die Sohle ist geteilt, hohl wie der Absatz, und beide werden mit wärmendem Thermit gefüllt

»NBI« 48/1950

Hausfrau und Schuhmacherin dazu: Im Handumdrehen sind die auswechselbaren, „fertig nach Maß" gelieferten Sohlenteile festgeschraubt

Rechts: »NBI« 6/1946

Wasche mit Asche!

Wenn Seife fehlt, wirkt Holzasche schmutzlösend auf Strümpfe und farbige Wäsche. Empfehlenswert ist aber nur die helle Asche von Laub-, nicht von Nadelhölzern. Die Holzasche ist ein uraltes, erprobtes Waschmittel. Nachdem sie von allen Rückständen befreit ist, wird sie in einem Topf überbrüht, durch einen Mulllappen oder ein feines Sieb geschüttet und vor dem Gebrauch tüchtig geschlagen.

AUFNAHMEN: CÜRLIS (1) HARTMANN (3)

Reinlichkeit ist eine Zier...

außerdem das Allernötigste, wenn man gesund, jung und itsfähig bleiben will. Wasser allein tut's freilich nicht! Was , wenn Seife, Waschpulver und Brennstoff knapp sind?

„Das Bad am Samstagabend" — zeitgemäß

Wenn der Badeofen „eingefroren" ist und die Warmwasserleitung hartnäckig kalt bleibt, ersetzt der Waschzuber die Badewanne und eine aufgehängte Gießkanne die stillgelegte Dusche. Man kommt bei dieser gründlichen Körperreinigung mit verhältnismäßig wenig heißem Wasser aus.

Selbstgemachte Seife

Kastanien ergeben ein vorzügliches, schäumendes Waschmittel. Sie werden geschält und zerkleinert. Entweder dreht man sie durch die Semmelreibe oder sie werden pulverfein zwischen Feldsteinen zerrieben. Je feiner das Pulver, um so stärker die Schaumbildung und die Reinigungsfähigkeit. Auf einen Eimer Wasser gehören 2—3 Tassenköpfe mit Kastanienpulver. In der Waschwanne wird es mit kochendem Wasser überbrüht und dann mit der Kelle geschlagen, damit die gut vorgeweichte Wäsche gleich in die schäumende Flüssigkeit und schnell zum Kochen kommt. Wasserstoff zum Bleichen ins Spülwasser geben, wenn die liebe Sonne es nicht tut. Blütenweiße Wäsche ist der Erfolg!

Wäschemangeln ohne zu frieren!

Eine Leserin (Frau Gümmel, Thalheim, Erzgeb.) schreibt: „In den ungeheizten Mangelräumen bekommt man steife Finger, wenn man die eiskalte Wäsche auf die Mangel bringt. Darum lege ich eine heiße Wärmflasche in den

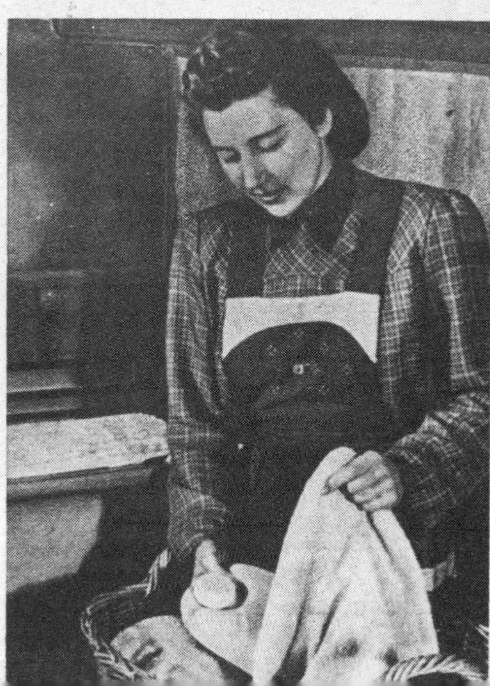

PRAKTISCHE HILFE

VITAMINE spenden Lebenskraft!

Was die Wissenschaft erdacht — heute selbstgemacht!

Der Frühstückstisch für die Vitaminkur

Wildgemüse am Stadtrand gefunden

Bei unserer heutigen Ernährungslage müssen wir immer wieder versuchen, neue Quellen zu erschließen, und es ist eigentlich zu verwundern, daß die Wildgemüse, die uns markenfrei und ohne Bezahlung zuwachsen, noch so wenig Beachtung finden.

Auf jedem Spaziergang, draußen in Wald und Feld, aber auch in unseren Ruinenstraßen können wir sie finden. Wir wollen aber möglichst nicht zu dicht an belebten Wegen sammeln, weil dort die Gefahr der Beschmutzung zu groß war.

Für Gemüsegerichte und Suppen wollen wir möglichst fünf bis sechs verschiedene Sorten nehmen, je verschiedener, um so würziger; Disteln, Ackersenf (falscher Hederich), Brennessel, Fuchsschwanz, Gänseblümchenblätter, Huflattich, Melde, Breitwegerich (entfasern!), sie alle können wir verwenden. Ein Drittel der Gesamtmenge seien möglichst nicht zu alte Distelblätter, sie geben einen besonders milden Geschmack. Löwenzahn verwenden wir jetzt nicht mehr zu gekochten Gerichten, da er jetzt schon zu bitter ist. Auch bei Sauerampfer denken wir daran, daß er seine Säure gekocht stärker zeigt als roh.

Wir verwenden die Pflanzen möglichst frisch, waschen sie gut und pflücken die Blätter von den Stielen. Dann tun wir sie in kochendes Salzwasser, lassen 10 Minuten kochen, schütten die Gemüse auf ein Sieb und lassen abtropfen. Inzwischen kosten wir das Kochwasser. Ist es zu bitter, so verwenden wir nur einen Teil und füllen mit frischem Wasser auf. Den übriggebliebenen Teil schütten wir aber ja nicht weg, denn in ihm sind Mineralsalze gelöst, die unser Körper dringend braucht. Wir verwenden ihn am nächsten Tag zu Suppe oder zum Gemüsekochen. Ist das Kochwasser nicht bitter, so brauchen wir es natürlich sofort auf. Wir wiegen unser Gemüse fein und dicken mit dem, was wir gerade haben, eine Mehlschwitze, mit kalt angerührtem Mehl, mit Grütze, Schrot, Kartoffeln. Ein Tellerchen des Gemüses haben wir roh zurückbehalten und fügen es nach dem Kochen, unmittelbar vor dem Anrichten feingewiegt bei und geben so dem Körper die kostbaren Vitamine. Disteln und Brennesseln verwenden wir nicht roh.

Nach diesem Rezept bereiten wir Suppe, Gemüse und Soße, sie unterscheiden sich nur in der Konsistenz.

Zu Salat verwenden wir besonders Löwenzahn, Sauerampfer, Scharbockskraut, Kresse, Rapunzel, Gänseblümchen, Hirtentäschel und würzen mit Gundermann, Boretsch oder Schafgarbe. Hierzu werden die Blätter gut gereinigt, große Blätter zerschnitten und wie jeder Gartensalat angemacht mit dem, was man gerade hat: Essig, Molke, Rhabarbermost und dergleichen.

Die besonders würzigen Wildkräuter, wie Schafgarbe, Sauerampfer, Kerbel usw., können roh gewiegt auf Brot gegessen werden, sie sind auch eine gute Würze für jede Art von Brotaufstrich oder für Kartoffelsalat.

Für den, der sich noch näher unterrichten will, sei das im Deutschen Bauernverlag erschienene Heft von Kurt Krause: ›Wir sammeln Wildgemüse‹ empfohlen, das uns die Pflanzen auch in Abbildungen zeigt.

Wochenküchenzettel für Dich

Der Küchenzettel ist aufgestellt für 2 Erwachsene (beide mit Karte 3) und 2 Kinder von 5 und 8 Jahren. Die täglich zur Verfügung stehenden Mengen sind 120 g Fleisch, 63 g Fett, 105 g Zucker, 145 g Nährmittel. In dieser Woche gab es keine Fleischzuteilung, von der Vorwoche hatten wir noch 2 Heringe. Dafür gingen wir bei den Nährmitteln etwas über die Rationen hinaus, das müssen wir in der kommenden Woche natürlich einsparen. Wir hatten es in dieser Woche aber dadurch sehr gut, daß wir 2 Pfund Äpfel, 3 Pfund Tomaten, 2 Pfund Gurkenkürbisse und 2 Pfund Pilze bekamen; eine überraschend große Menge, in der jetzigen Haupterntezeit aber erklärlich. Das Wildgemüse für Montag sammelten wir auf dem Sonntagsspaziergang, die kleine Menge für den Salat am Sonnabend stammt aus den Ruinen.

	Mittags	*Abends*
Montag:	Gebratene Heringsfilets, Wildsalat Kaffeeflammeri von Grieß	Wildkräutersuppe Brot mit Tomaten
Dienstag:	Haferflockensuppe mit Tomaten Gerstenmehlplinsen	Suppe von rohen Kartoffeln, Brot
Mittwoch:	Je 1 Apfel pro Person Pilze, Kartoffeln	Pilzsuppe, Brot
Donnerstag:	Geschmorte Tomaten auf Brot Bratkartoffeln, süße Nudeln	Brot mit Tomatenaufstrich, Kaffee
Freitag:	Kartoffelsuppe mit Petersilie und gerösteten Semmelbröckchen falsche Pfannkuchen	Brotsuppe mit Kümmel Pfannkuchen (kalt)
Sonnabend:	Semmelklöße mit Majoransauce Wildsalat	Suppe mit Nudeln Röstbrot mit Zucker
Sonntag:	Gefüllter Gurkenkürbis Auflauf von Weißbrot mit Äpfeln	Suppe aus restlichem Gemüse Brot mit Kräuteraufstrich

Für Dich, 7–1946, S. 11

DRITTER JAHRGANG · VERLAGSORT BERLIN

erliner Illustrierte

Im Gefolge des Krieges leben in Deutschland etwa 7 Mill. Frauen mehr als Männer.

Zur Rolle der Frau in der Geschichte der DDR. 1945–1981. Eine Chronik, Leipzig 1986, S. 11

Schwarzmarkt 1947

Eine neue alte Frau

Nachdem das Dritte Reich sein endgültiges Ende gefunden hatte, bildeten Überlebensstrategien und ein gewisser individueller Pragmatismus die einzige Möglichkeit, mit der Notsituation fertig zu werden. Der Wille zu überleben verlangte von den Frauen, sich durchzusetzen. Die zu versorgenden Kinder und ältere hilfsbedürftige Angehörige zwangen sie unter bestimmten Umständen auch zu Härte und Rücksichtslosigkeit gegen andere. Durch den Krieg und die Not wurden nicht zuletzt auch weibliche Verhaltensweisen radikalisiert. Frauen handelten entsprechend ihrer sozialen Lage – die Wohnungsinhaberin verteidigte ihre »Rechte« gegenüber der zugewiesenen Ausgebombten. Die Bäuerin nutzte die Notlage der hamsternden Städterin aus, die Schwarzmarkthändlerin übervorteilte die Hungernde. Die idealische Vorstellung von der Solidargemeinschaft aller Frauen, die oftmals das Bild bis in unsere Zeit hinein wesentlich bestimmt, ist höchst zwiespältig und schließt den solidarischen Zusammenschluß zu kommuneartigen Frauenlebensgemeinschaften nur als eine unter vielen anderen Möglichkeiten ein.

Die Handlungsweisen von Frauen reichten vom bloßen Mittun bis zu solidarischem Handeln, von der Verzweiflung bis zu tatkräftigem, politisch bewußtem Eintreten für eine demokratische Neuordnung. Die Verarbeitungsweisen waren so verschieden wie die sozialen Erfahrungen, mit denen Frauen damals zurecht kommen mußten. In einer Hinsicht schienen sich insbesondere die älteren Frauen bei allen Unterschieden einig zu sein: Sie selbst müßten bis zum Lebensende für sich selber sorgen können und auch für die Zukunft ihrer Töchter würde es wichtig sein, einen Beruf zu erlernen und sich nicht darauf zu verlassen, später von einem Mann ernährt zu werden. Für bestimmte soziale Schichten war die Vorstellung von dauerhafter und lebenslanger Erwerbsarbeit bereits in der zweiten Generation gelebte Selbstverständlichkeit.

Dennoch bleibt die Frage, ob das Bild von der Frau im Mittelpunkt einer heilen Familie von diesen neuen Lebensformen, von den vielen geschiedenen Ehen, den alleinerziehenden Müttern und den ledigen Frauen wirklich so gänzlich unberührt blieb. Für die alleingebliebenen Frauen war ein angemessener praktischer Sinn für Realitäten überlebensnotwendig. Wo es notwendig war, verzichteten sie auf die eingeübten weiblichen Verhaltensmuster und Präsentationsformen und griffen zu Hose und Stiefeln, machten sich mit schweren Rucksäcken auf die Hamstertour und erkämpften sich einen Platz auf den übervollen Zügen. Sie schlugen sich mit anderen um die Kartoffeln oder Ähren auf dem Stoppelfeld und feilschten mit Geschick auf dem Schwarzmarkt. Doch die jahrhundertelang eingeübten patriarchalischen Grundmuster wurden davon nur tangiert.

Die alleingebliebenen Frauen begriffen ihre Situation vor allem als eine dem Krieg geschuldete Notlage. Vielleicht konnten sie deshalb in dieser Lebensform keine wirkliche Alternative sehen, keine Perspektive für die zwar autonome, dafür aber auch sehr anstrengende und in bezug auf die Verbesserung des Lebensstandards nahezu aussichtslose Art zu leben. Die Veränderungen in ihrer Lebensweise mußten sie als ihnen aufgezwungene Kompromisse, als unerwünschte Begleiterscheinungen eines Lebens ohne Männer empfinden und nicht etwa als subjektiv veranlaßte, selbstgewählte Lebensformen. Wohl auch aus diesem Grunde hielten beide Seiten an den traditionellen Verhaltensweisen weitgehend fest. In dem Bemühen um weiblichen Charme, mütterliche Ausstrahlung und frauliche Schönheit – das den Frauen allenthalben in den Illustrierten abverlangt wird – vermittelt sich den Frauen die erforderliche Verhaltenssicherheit im Umgang mit den neuen Anforderungen an die Frau von heute.

Es scheint paradox: Das neue emanzipatorische Potential verschafft sich in den alten Präsentationsformen von Weiblichkeit Geltung. Die »neue« Frau, die »Frau von heute« ist stets bemüht zu zeigen, daß sie »ganz die alte« geblieben ist. So gewinnen die neuartigen Verhaltensweisen allerdings die notwendige gesellschaftliche Akzeptanz, um sich allmählich – in der historischen Tendenz schließlich zwingend – durchsetzen zu können.

Die begrabene Zeit – eine unvollendete Vergangenheit

Mit jedem noch so kleinen Fortschritt, jeder noch so kleinen Verbesserung des Alltagslebens entfernte man sich ein Stück von der Vergangenheit, von der Not und dem Zusammenbruch. Die fünfziger Jahre sind davon erfüllt, daß man diese Zeit so schnell wie möglich hinter sich bringen und vergessen will. Im Nachhinein erscheint das damalige Leben als unzumutbar, kaum will man glauben, was man alles ertragen und ausgehalten hat, wie man sich über die Not hinweghalf. Vergessen will man auch die eigene Schuld, die Mitläuferschaft, die Mittäterschaft.

Auch darin drückt sich eine sehr zögerliche Auseinandersetzung mit dem alltäglichen Faschismus, mit der Ästhetik und der politischen Kultur des Dritten Reichs aus. Allzu schnell werden die »einfachen Menschen« von ihrer Schuld freigesprochen, sind sie als die »Verführten« fast schon wieder Opfer der nationalsozialistischen Propaganda. Der Antifaschismus verschmilzt untrennbar mit einem rigiden Antikapitalismus, als dessen Ausgeburt der Faschismus erscheint. Damit ist auch die Täterphysiognomie klar umrissen: Faschisten gleich Kapitalisten, Großgrundbesitzer und Kleinbürgertum. Die Arbeiter und Bauern hingegen macht man so systematisch zu verhinderten, aber eigentlichen Antifaschisten. Durch die Aufteilung der Deutschen in Opfer und Täter je nach ihrer sozialen Lage wird das Phänomen des Faschismus unzulässig vereinfacht. Sie behinderte über Jahrzehnte seine wirkliche Aufarbeitung. Dieser generelle Freispruch von der Mittäterschaft verpflichtete das Volk zugleich auf neue Weise zur Unterordnung unter ein Gemeinwesen, unter den Arbeiter- und Bauern-Staat und seine Ideologie.

Einerseits der radikale ideologische Bruch mit der Vergangenheit – das »Fort mit den Trümmern« galt auch für die Köpfe, in denen nun aufgeräumt wurde – und andererseits das bruchlose Anknüpfen an die gewohnten Formen der Unterordnung und Einordnung in eine imaginierte Gemeinschaft. Der suggerierte Neubeginn, die Stunde Null, der Beginn einer neuen Zeitrechnung beinhaltete eben auch das Abschließen mit einer noch nicht aufgearbeiteten Vergangenheit. Zugleich stülpte die sowjetische Siegermacht gemeinsam mit den zurückgekehrten Antifaschisten ein stalinistisch geprägtes System dem besetzten Ostteil Deutschlands über. Und dieses war in seiner Ideologiezentriertheit und in den Formen der politischen Kultur durchaus geeignet, in manchen Elementen an die unter faschistischer Herrschaft eingeübten Verhaltensmuster anzuknüpfen, wenngleich zweifellos andere Inhalte zum Tragen kamen.

Vermutlich liegt hier einer der Geburtsfehler der neuen deutschen demokratischen Republik. Durch die staatliche Teilung Deutschlands wird der mühsam begonnene, zaghafte Auseinandersetzungs- und Selbstfindungsprozeß der mittleren und älteren Generation – in beiden Teilen auf je verschiedene Weise – abgebrochen. An deren Stelle tritt – frisch und unbelastet – eine neue Generation. Die Zukunftsvisionen

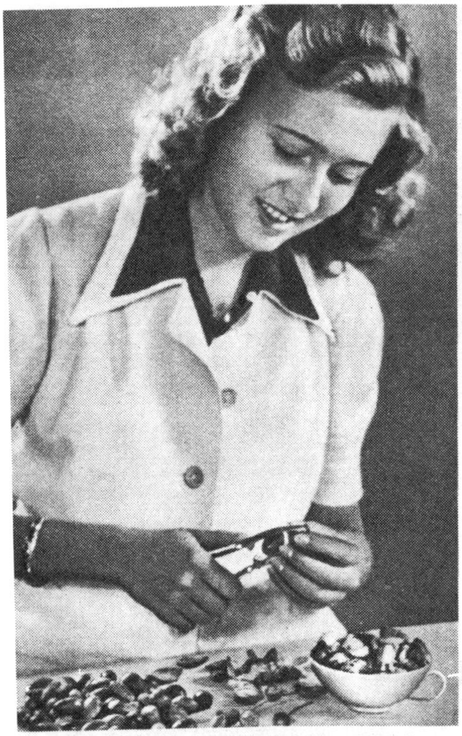

Was aßen wir? „Köstliches Konfekt aus Eicheln" empfahl die NBJ 1946 ihren an Süßstoff und „Karo einfach" gewöhnten, unterernährten Lesern als Delikatesse. Heute steht die Abschaffung eines wesentlichen Teils der Rationierung bevor, sobald die neue Friedensernte eingebracht ist

Wie kleideten wir uns? Vaters umgearbeiteter Uniformrock – damals letzter Schick – beendete nach Einführung der allmählich überflüssig werdenden Textilien-Punktkarte längst sein überaltertes Dasein als Aufwischlappen

Womit wuschen wir uns? Zwischen Steinen zerriebene Kastanien galten als empfehlenswertes Waschmittel, denn es gab auf Karte nur ab und zu gepreßten Ton mit 3% Fettzusatz. Welche Hausfrau, die sich heute ihr FEWA-Paket im Laden holt, denkt noch an die Wäsche-Qualen von damals?

»NBI« 30/1950

orientieren sich sehr bald fast ausschließlich an der Jugend. Sie verspricht, eine neue Zeit und eine neue, ganz andere Welt aufzubauen.

Die Aufbaujugend

Es sind die Töchter und Söhne der arbeitenden Klasse, die es einmal besser haben sollen und die dafür wiederum ihren Beitrag leisten. Siegesgewiß, zukunftssicher und leistungsbewußt versinnbildlichen sie den »Neuen Menschen«. Sie sind das Versprechen auf eine schöne Zukunft, für die es sich zu arbeiten lohnt. Gerade diese Jugend soll zugleich das Ideal der Gleichberechtigung zwischen Mann und Frau verkörpern. Die Mädchen packen genauso zu wie die Jungen, sie haben das gleiche Recht auf Ausbildung und Studium, die Kameradschaft zwischen beiden wird groß geschrieben. Es verbindet sie ein höheres Ziel als die Liebe: das ist der Aufbau des Sozialismus in dem östlichen, dem ärmeren Teil Deutschlands.

Das wenigstens ist die Botschaft der Bilder: Diese neue deutsche (freie) Jugend vertut ihre Zeit nicht mit wilden Tänzen und sinnlosen Vergnügungen, sie ist arbeitsam und besessen von einer Utopie, die sie in die Wirklichkeit umsetzen will. Das Abenteuer ihres Lebens sind die »Großbaustellen der Jugend«, Talsperre Sosa, »Max braucht Wasser«, Trockenlegung der Wische, von Aktion zu Aktion, von Kampagne zu Kampagne ziehen sie mit immer gleichem Elan.

Doch da klingt auch schon wieder der fanatische Eifer an, mit dem die soldatische Hitlerjugend noch vor kurzem in die Schlachtfelder des zweiten Weltkrieges zog und die opferbereiten Mädchen ins Pflichtjahr. Die Vergleiche drängen sich förmlich auf, denn die Semantik der Bilder ist verblüffend ähnlich, wenn es auch diesmal die »Leunajugend« ist, die da in Reih und Glied Gymnastik treibt oder der »Fackelträger des Friedens«, der da seltsam starr in die Zukunft schaut. Wenn es sich wirklich um neue gesellschaftliche Inhalte handelt, warum wird in der politischen Kultur dann nicht auch zu neuen Formen gegriffen? Wozu die Fackelumzüge, die Uniformisierung und latente Militanz der Jugendgruppen? Warum wird der Übergang zu den neuen Inhalten in den Formen fast bruchlos vollzogen?

Die Jugend soll zwischen Vergangenheit und Zukunft, zwischen altem Denken und neuem Dasein, zwischen einer zerrissenen Generation vermitteln. Sie wird zur Avantgarde bei der Umgestaltung der alten in eine neue Gesellschaft. Sie verkörpert nicht nur das Neue schlechthin, sondern trägt auch Elemente des Alten mit sich herum, tradiert zugleich die Denk- und Wahrnehmungsgewohnheiten vorangegangener Generationen. Die Jugend als neuerungsfähige Kraft kämpft um einen neuen Geist in der Arbeit, gegen altgewohnte Verhaltensweisen und Vorbehalte.

Unter umgekehrten politischen Vorzeichen setzen sich dabei unter der Hand wieder Formen der Selbstdisziplinierung und Ausgrenzung Andersdenkender durch. Denn wer

FÜR DICH

Frauen-Zeitung

Nummer 16 • Jahrgang 2 • Berlin, 20. April 1947 • Preis 30 Pfg.

AUS DEM INHALT: Geschorene Frauen — ungeschorene Frauen • Heimarbeit — unter die Lupe genommen • Frauen, auf die man in der Sowjetunion stolz ist • Von Acht bis Acht • Lebewesen, die wir nicht lieben • Edith Crocker band uns keinen Bären auf!

Der Staat bist Du!

Wir wissen, daß die Frauen müde sind, müde von der Vergangenheit, müde von der Gegenwart; so müde, daß die Müdigkeit oft droht, die Hoffnung auf die Zukunft zu beschatten. Jeder Tag verlangt soviel, mehr fast, als die Kräfte leisten können. Deshalb ist es begreiflich, daß die Frauen jede zusätzliche und überflüssige Belastung ablehnen. Und überflüssig finden viele von ihnen die Politik. Am meisten Verständnis für sie zeigt noch die unverheiratete und kinderlose Frau, weil sie durch den Beruf stärker mit der Umwelt in Verbindung kommt. Aber die Mütter finden sich mehr als ausgefüllt durch Mann und Kinder und glauben daher, die Politik mit gutem Gewissen den Männern überlassen zu können. Sie meinen, ihr eigener Wirkungskreis stünde so außerhalb jeder Politik, daß ihr Leben in nichts davon berührt wird: hier das private Familienleben, — dort der Staat. Staat ist Politik, und welches Recht hätte diese, sich in ihr persönlichstes Reich als Mutter, Gattin, Hausfrau einzumischen? Sie verbitten sich solche Einmischung und sind sozusagen als Gegenleistung „bereit", sich ihrerseits nicht um die Geschäfte des Staates zu kümmern.

Es gibt für die Frauen keinen verhängnisvolleren Irrtum als diesen, denn er entspringt einer Einstellung, die nicht den wahren Gegebenheiten des Lebens entspricht; die Wahrheiten des Lebens fordern aber so lange ihre Anerkennung, bis man ihnen Rechnung trägt. Niemals werden diese Gesetze des Lebens sich nach den Menschen richten, sondern immer haben sich die Menschen nach ihnen zu richten.

Politik aber ist nicht Sache von Männern oder Frauen, so wenig wie das Leben Sache von Männern oder Frauen ist; Politik ist auch nicht eine Frage des Geschmacks oder der Begabung von Einzelnen, man kann sich nicht für oder gegen sie entscheiden; Politik ist weder etwas Gutes noch etwas Schlechtes, für das man sich interessiert oder nicht interessiert, wie man Menschen ablehnen oder bejahen kann: Politik ist das Leben selbst! Auch das Leben ist weder gut noch schlecht, auch das Leben ist nicht Geschmacksache des Einzelnen. Es steht als Aufgabe vor jedem von uns, fordernd, gebend und nehmend, heute so — morgen so. Und davon, wie wir diese Aufgabe anpacken und zu guter Lösung bringen, hängt es ab, ob wir glückliche Menschen werden oder nicht. Und so wenig wie das Leben nicht nur in Ministerien, Parlamenten und Behörden sitzt, so wenig tut es die Politik. Das gilt es, zu erkennen, auch für die Mütter! Ist es wirklich ihre private Angelegenheit, wenn ihr Kind erkrankt, weil es mit nassen Füßen in der Schule sitzen mußte und zu Hause fror, weil keine Feuerung da war? Der Schmerz um den gefallenen Sohn ist gewiß ihr allerpersönlichstes Leid, aber daß sie ihr Liebstes verlor, war das die Folge eines privaten Handelns oder einer staatlichen Initiative? Wer aber war und ist dieser Staat?

Die Frauen müssen sich einmal klarmachen, daß er aus Menschen besteht, die zu wählen ihr Recht und ihre Pflicht war. Vom Wahlrecht wissen sie allenfalls etwas, kennen sie aber auch die Pflicht, die Verantwortung, den ungeheuren Einfluß, der gerade ihnen als Frauen mit diesem Recht gegeben wurde, besonders heute, da die Frauen die Mehrzahl der Bevölkerung ausmachen? Gewiß, mit dieser neuen Pflicht wurde eine neue Bürde auf ihre ohnehin schwer belasteten Schultern gelegt. Aber sie müssen sie auf sich nehmen, denn nur die Erfüllung der neu-
politischen Pflichten verhilft ihnen zu neuen Rechten, die ihre Leben
erleichtern können. Die Frauen wissen am besten um ihre u
Kinder Nöte. Werden sie leichter durch Klagen oder
Kritisieren oder Besserwissen? Wahrscheinlich weiß die
vieles besser als die Männer am grünen Tisch Das aber
der Nachbarin von nebenan, sondern jenen Männern
Was heißt das praktisch? Sie nehme nicht allen
unabänderlich hin, betrachte nicht den Staat
Lebens Stehendes, auf das sie keinen Ein
einmal, warum ihr Sohn sterben muß
hat, warum der Brotbelag fehl
Muße, einen Blick in die
Es kann nicht aus
Gegenwart
heit

sich anders verhält als von ihm erwartet, sich vor der Arbeit »drückt« oder es an politischem Bewußtsein fehlen läßt und mit dem Westen liebäugelt, der gehört auch nicht mehr zur Gemeinschaft aller Jugendlichen und stellt sich damit außerhalb der neuen Chancen, die dieser Jugend tatsächlich vom sozialistischen Vater Staat eingeräumt werden.

Die widerständigen oder vielleicht auch nur widersetzigen Verhaltensweisen, die reale Pluralität und Vielfalt jugendlichen Lebens damals, die Attraktivität der westlichen Moderne mit rock'n'roll und Petticoat, zu dem der gemeinsame Gesang des Aufbauliedes in seltsamem Kontrast steht, werden in der damaligen Öffentlichkeit entweder verleugnet oder in Bausch und Bogen verdammt. Auf den von der Jugend auszuhaltenden und zu lebenden Widerspruch zwischen der Anziehungskraft eines neuen Ideals, der sozialistischen Utopie und der asketischen Strenge und dogmatischen Form seiner Realisierung wollen die Bilder nicht eingehen. Sie unterstützen die Verdrängung alles Andersseienden aus dem Bildbewußtsein und tragen so unwillkürlich zur allgemeinen Normierung und Disziplinierung bei.

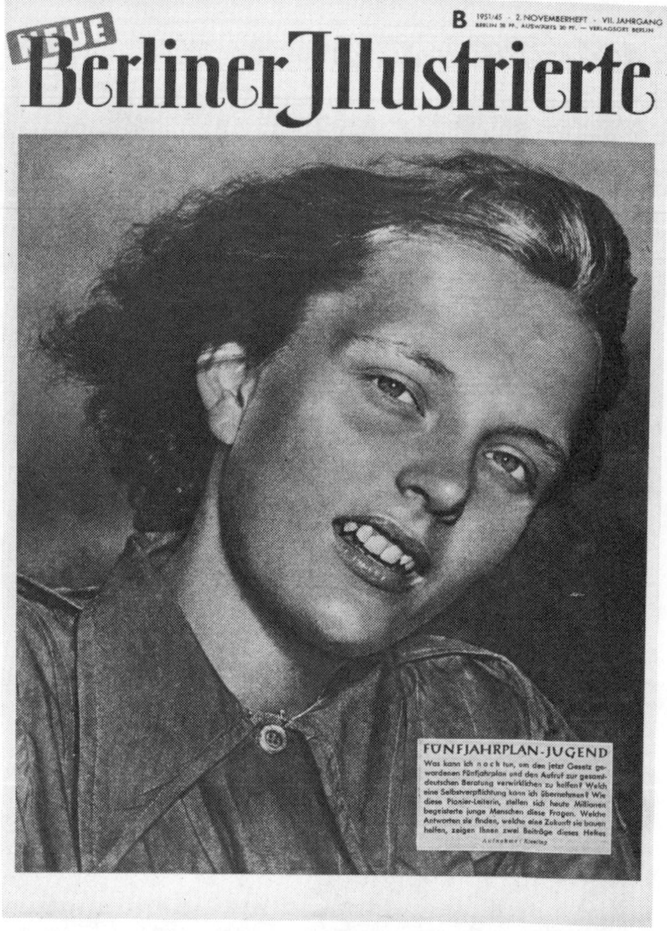

Alle Tore stehen offen

Die jungen Frauen spielen dabei eine nicht zu übersehende zentrale Rolle. Ihre Instrumentalisierung für ökonomische oder politische Zwecke spiegelt sich besonders auf den Titelseiten. Immer wieder strahlen hier junge Mädchengesichter hoffnungsfroh und optimistisch die Betrachter an. Aber auf diesen Bildern geht es keineswegs nur um die Mädchen und ihre Zukunft als gleichberechtigte Partnerinnen etwa. Überschriften wie: »Fünfjahrplan-Jugend«, »Aufwärts«, »Optimismus vor Ruinen« u.a. deuten auf dahinter liegende Bedeutungen. Die jungen arbeitenden Frauen stehen symbolisch für den in Angriff genommenen Wiederaufbau des Landes und für den Aufbau einer neuen Gesellschaft, des Arbeiter- und Bauernstaates DDR. Als Frauen und als Jugendliche sind sie doppelt befreit von der Schuld an Krieg und Verbrechen. Sie sollen auch frei sein von Ausbeutung und Unterdrückung. Und noch sind sie frei von Ehe, Haushalts- und Mutterpflichten und können sich deshalb ganz und gar verausgaben für das Gemeinschaftswerk, die »dritte Sache«.

Dazu gehören – bei aller Gleichberechtigung der Frauen – auch rigide Rollenmuster für weibliche Unterordnung, Bescheidenheit und Zurückhaltung. Die ideologische Gleichstellung von Frau und Mann hat ihre Entsexualisierung in Arbeit und Politik zur Voraussetzung. Nur als geschlechtsloses Wesen, als Kameradin und Kumpeline ist die junge Frau wirklich gleich-berechtigt. Jeder Hinweis auf ihre Spezifik als Frau führt automatisch zu ihrer Abwertung. Die attraktiv aufgemachten oder in naiver Begeisterung gezeigten, meist fröhlich lachenden Mädchen wirken daher im Unterschied zu ihren ernsthaften männlichen Gegenspielern auch nicht recht politikfähig. Hieran wird erkennbar, daß eine formal-juristische Gleichberechtigung nicht automatisch zur Aufhebung geschlechtsspezifischer Hierarchien und Unterschiede führt. Die patriarchalischen Muster werden auf eine subtile, für viele kaum durchschaubare Weise reproduziert und nur in wenigen Elementen wirklich aufgebrochen.

Am Ende erscheint daher auch diese Jugend wieder zweigeschlechtlich – die Mädchen spielen den Part der unermüdlichen Helferin, der wißbegierig Lernenden und der politischen Weggefährtin – während die Jungen den Ton angeben, die Richtung weisen, voranmarschieren und immer zu wissen scheinen, worum es geht. Die Männer als die bewußten Denker und politisch Handelnden, denen die Frauen am Ende der bestandenen Produktionsschlachten schon wieder als Siegestrophäen winken? Welche Chancen hatten die Mädchen wirklich, um aus dem ewigen Kreislauf von ideologischer Aufwertung und realer Unterbewertung auszubrechen? Standen ihnen alle Tore offen, wie uns die Bilder gerne suggerieren wollen?

Der Hochofen I, Schwerpunkt des riesigen Bauplatzes, wird bald seine endgültige Höhe von 32 m erreichen. Mit dem 40 m langen Ausleger des großen Derricks werden die 4½ cm starken Stahlplatten des Ofenpanzers in die Höhe gehoben und dort von Fachleuten zusammengeschweißt. Aber der für den 1. Oktober 1951 vorgesehene Anstich genügt nicht den wachsenden Anforderungen unserer Friedensindustrie. Deswegen wird auch der Hochofen II – er sollte ursprünglich am 1. Juni 1952 den ersten Ausstoß liefern – bereits in diesem Jahr fertiggestellt sein. Dieses überaus schnelle Aufbautempo ist vor allem dem Eifer und der Arbeitsdisziplin der Belegschaft zu danken, der auch die 17jährige Herta Hoffmann (vorn) angehört. Sie ist die beste Arbeiterin ihrer Ausschachtbrigade und wurde zum 1. Mai für die Auszeichnung als Aktivistin vorgeschlagen. Das junge Mädchen vollbrachte ihre vorbildliche Leistung im Bewußtsein, daß der Erfolg des Volkswirtschaftsplans 1951 mit dazu beiträgt, einen noch viel wichtigeren Erfolg herbeizuführen: die Sicherung des Friedens

Nächste Seite: »NBI« 18/1952

Was soll ich werden?

»Etwa Elektromaschinenbauerin, Meisterin der Drähte, Spulen und Kontakte?«, wie die NBI 1952 fragt oder lieber Lehrerin, Postangestellte, Damenschneiderin und Friseuse?[12] Trotz polytechnischer Ausbildung und Koeduaktion ist die Antwort der jungen Mädchen damals wie heute dieselbe: sie tendieren zugunsten der eher »weiblich« erscheinenden Berufe und lehnen »technische« Berufe in der Mehrheit ab. Dabei werden sie »so gebraucht«.

»Die Mädel von heute haben durch den Aufbau eines neuen Deutschland zum ersten Male eine wirkliche Chance, sich ein glücklicheres Leben als ihre Vorfahren zu sichern. Einmal, indem ihnen der Weg ins Berufsleben ungehindert offensteht. Zum anderen, indem sie bei Ausübung eines Berufes gegenüber ihren männlichen Kollegen nicht wie früher benachteiligt werden...

Die Berufsarbeit der Mädel und Frauen bedeutet nicht nur wirtschaftliche Sicherheit und Unabhängigkeit, sondern sie führt auch zur tatsächlichen Gleichberechtigung im gesellschaftlichen und politischen Leben.« Mit dieser, in dem Vorwort zur Broschüre »Frohes Schaffen. Alte und neue Mädelberufe« von 1946 geäußerten, Auffassung gab es damals weithin Übereinstimmung.[13]

In dem Bändchen selbst werden dann schließlich folgende

Die II. Parteikonferenz der Sozialistischen Einheitspartei Deutschlands eröffnet der deutschen Jugend die Perspektive eines glücklichen Lebens im Sozialismus. Die Jugend braucht nicht mehr wie einst ihre Väter vom Sozialismus zu träumen, sie kann ihn selbst mit aufbauen und das hohe Ziel, für das Generationen der Besten der Arbeiterklasse aufopferungsvoll kämpften, verwirklichen helfen...

Für die Freie Deutsche Jugend ergibt sich in Verwirklichung der Beschlüsse ihres IV. Parlaments die ehrenvolle Aufgabe, der Partei der Arbeiterklasse ein treuer und zuverlässiger Helfer beim Aufbau des Sozialismus zu sein und die Jugend zur Begeisterung und Hingabe für das große nationale Aufbauwerk zu erziehen.

Junge Welt, 19. August 1952

Eisenschiffbauer: Wie ein „Alter" paßt der künftige Meister mit sicherem Griff die Laschen ein, die die Platten des Schiffes zusammenhalten. Der Aufbau unserer Handels- und Fischereiflotte eröffnet zahlreiche Berufsmöglichkeiten

Kalkbrenner: Wer Lust hat umzusatteln, mache es wie Hilfsschlosser Kulicke, der es in zwei Jahren zu einem fähigen Brenner brachte. Da die Zementindustrie keine Jugendlichen unter 18 Jahren beschäftigt, fehlt Nachwuchs

Bleilöter: Er ist der wichtigste Mann im Schwefelsäurebetrieb und beseitigt alle Schäden an den Bleikammern. Auch in den Betrieben der Grundchemie fehlt Nachwuchs, da Jugendliche unter 21 Jahren nicht in diesen Berufen arbeiten dürfen

Bergbauingenieur: Sport erhält g sund! Deshalb gehört er in der Zweijahre schule für Bergbau zu den Hauptfächer Nach bestandener Prüfung steht den frisc gebackenen Häuern und Geräteführern c Besuch der Bergingenieurschule off

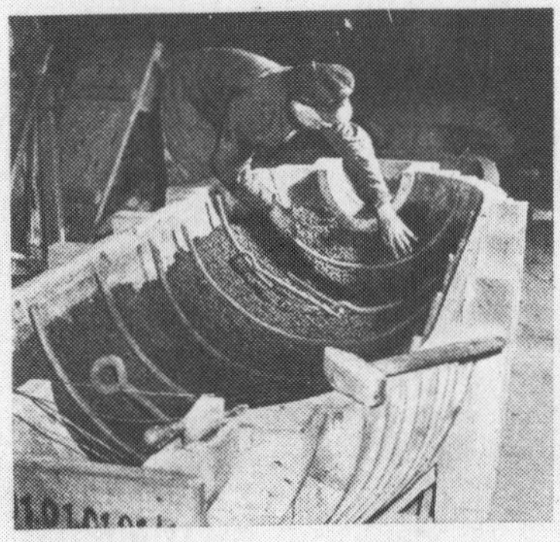

Kernmacherin: Angst vor schmutzigen Händen scheint viele Mädchen davon abzuhalten, diesen für unsere Stahlerzeugung unentbehrlichen Beruf zu erlernen. Dabei ist die Arbeit sehr interessant und Schmutz läßt sich ja abwaschen

Holzbootbauerin: Auf sicheren Planken steht auch dieser einträgliche Beruf. Da gerade er Sorgfalt und Genauigkeit erfordert, ist er für Mädchen wie geschaffen. Bis jetzt haben sich leider viel zu wenig weibliche Lehrlinge dafür gemeldet

Agronom einer MAS: „Bauer und Apotheker zugleich" muß man sein. Denn chemische Bodenuntersuchungen gehören auch zu den Aufgaben. Die Kenntnisse erwirbt man durch 2 Jahre Lehrzeit, 1 Jahr Landwirtschafts- und 2 Jahre Fachschule

Betonbauer: Ein gutes Fundame zu legen gehört zu seiner Tätigkeit. Na dreijähriger Ausbildungszeit führt man d Arbeiten des Eisenflechters und Zement rers perfekt aus und hat bei unserem A bautempo stets alle Hände voll zu t

BERUFE *mit* ZUKUNFT

Erfüllter Leserwunsch

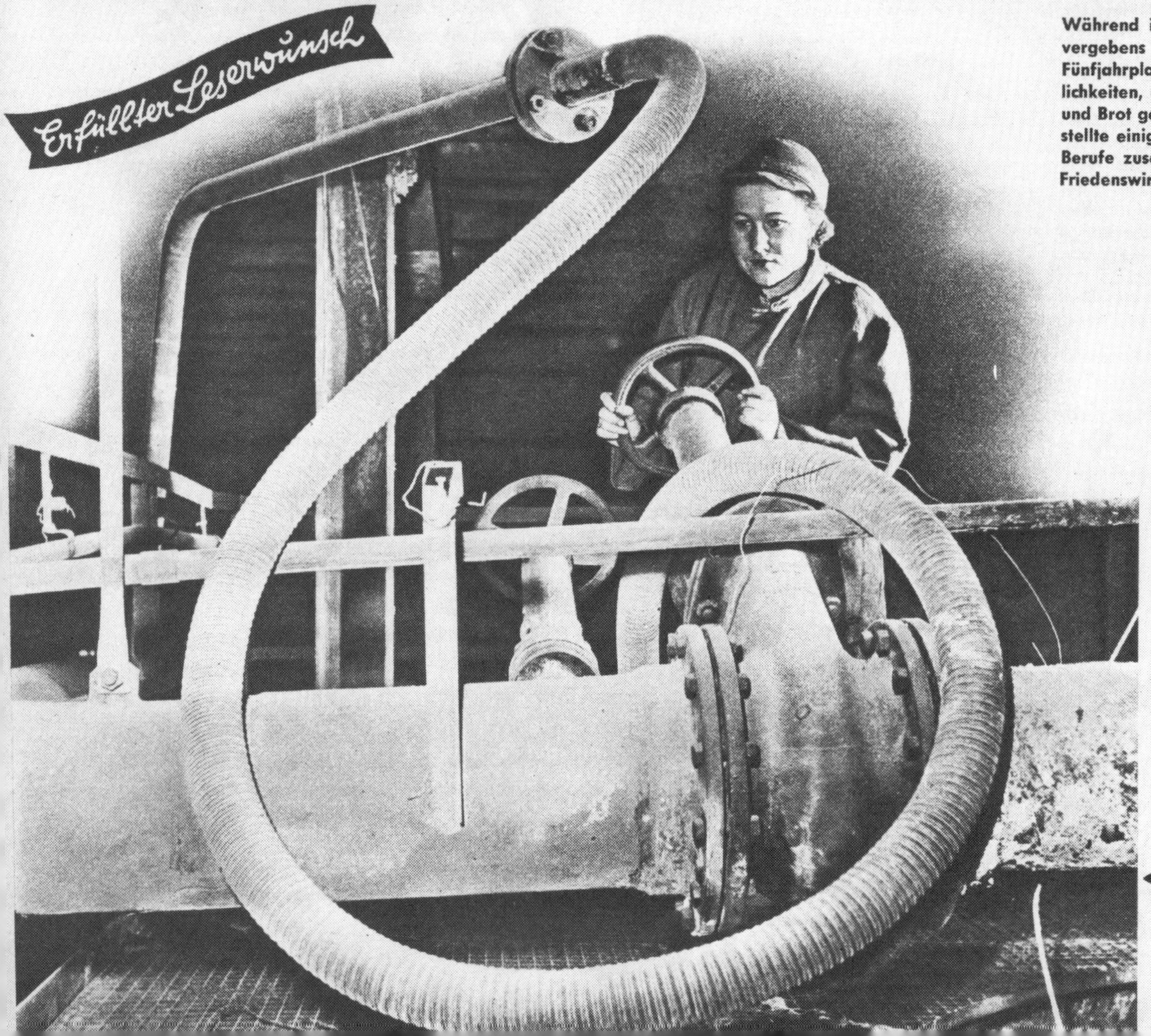

Während in Westdeutschland 600 000 Schulentlasser vergebens auf eine Lehrstelle warten, bescherte de Fünfjahrplan in der DDR zahlreiche neue Arbeitsmö lichkeiten, die jedem Jugendlichen Ausbildung, Arbe und Brot garantieren. Unser Reporter Gerhard Kieslin stellte einige der wesentlichsten und aussichtsreichste Berufe zusammen, für die unsere schnell erstarkend Friedenswirtschaft Nachwuchs noch und noch benötig

Maschinen dröhnen, Werkzeuge lärme im Wettbewerb des friedlichen Aufbau Ob in riesigen Werkhallen oder in kleine Handwerksbetrieben, überall schaffe Menschen mit größerem Eifer als je zuv für die Erfüllung des Fünfjahrplans ur eine glückliche Zukunft: das ist i h r e Ar wort, i h r Kampf gegen den drohende Generalkriegsvertrag. Um eine glücklich Zukunft des Wohlstandes aus eigene Kraft zu bauen, brauchen wir Facharbeite Meister, Ingenieure, muß der schulentla senen Jugend jede Entwicklungsmöglic keit offen stehen. Nur dann vermögen s ihre Fähigkeiten wirklich auszuschöpfe und durch ihre Arbeit mit größtmögliche Nutzen für das Wohl aller zu wirke Eine sorgfältige praktische und theoretisc Ausbildung, die aufeinander abgestimr ist, und sich meistens über zwei Jahre e streckt, ist Grundlage für das jedem B gabten zugesicherte Studium an ein Universität oder einer höheren tec nischen Lehranstalt. Neue Betriebsberuf schulen, Lehrlingswohnheime und Leh werkstätten entstehen. Alle diese Ma nahmen lassen jene Sorge spüren, d unsere Republik ihren jungen Bürgern a gedeihen läßt, um ihnen Aufstiegsmöglic keiten zu gewähren, wie sie noch n zuvor der deutschen Jugend gewäh worden sind. U.

Diesen Beitrag regten Frau Pempel aus Berlin-Adlershof und Christa Schulze aus Hainichen an. Sie erhalten das Ideenhonorar von je DM 30,—

◀ **Chemiefacharbeiterin:** Hier fehlen c Mädchen! Dabei stehen ihnen in den Betrieben c Grundchemie, vor allen Dingen der Schwefelsäu herstellung, alle Wege offen. Bei ausgezeic neten Leistungen ist es ohne weiteres möglich, s zum Betriebsassistenten auszubilden oder s über die Arbeiter- und Bauernfakultät zum Studi an eine Universität zu delegieren

Kann man Lehrlingen das Schminken verbieten?

Landwirtschaftslehrling Marlies G. aus D. schreibt: »Hat die Natur die Schönheit nicht gegeben, dann greift man eben zur Schminke. Auffälliges Schminken solle man lassen. Man braucht sich aber nicht zu schminken, um einem Mann zu gefallen.«

Die Lehrlinge des Textilwerkes in B.: »Wir sind entschieden dagegen, daß sich Lehrlinge pudern und schminken. Ein junger Mensch, der Sport treibt und viel schläft, wird immer frisch und munter aussehen.«

Berufsschullehrerin Ruth Sch. aus F.: »Ich bin kein Feind vom Schminken. Aber alles zu seiner Zeit! Am Arbeitsplatz wird gearbeitet und gelernt, da hat man keine Zeit nachzuziehen und frisch aufzulegen. Es soll auch schon vorgekommen sein, daß jemand über dem Schminken vergessen hat, sich den Hals zu waschen ...«

Kaderleiter im Schuh-Lehrkombinat Ernst K. aus W.: »Grundsätzlich bin ich gegen ein Verbot, denn ich halte mehr vom Aufklären. Mädchen von 15 bis 16 Jahren haben es nicht nötig, sich künstlich aufzufrischen. Unsere Jugend soll sich in ihrer Lehrzeit durch nichts vom Lernen ablenken lassen, auch nicht durch Schminken und Pudern ...«

Frau Traudel F. aus G.: »Ich bin der Meinung, daß außer den Eltern niemand das Recht hat, den Lehrlingen das Schminken zu verbieten. Zweckmäßiges Schminken hebt den Charme der Frau ...«

Frau Herta Sch. aus K.: »Man sollte es verbieten! Eine Lehrwerkstatt ist doch schließlich keine Vergnügungstätte.«

Die Frau von heute 7–1955, S. 22

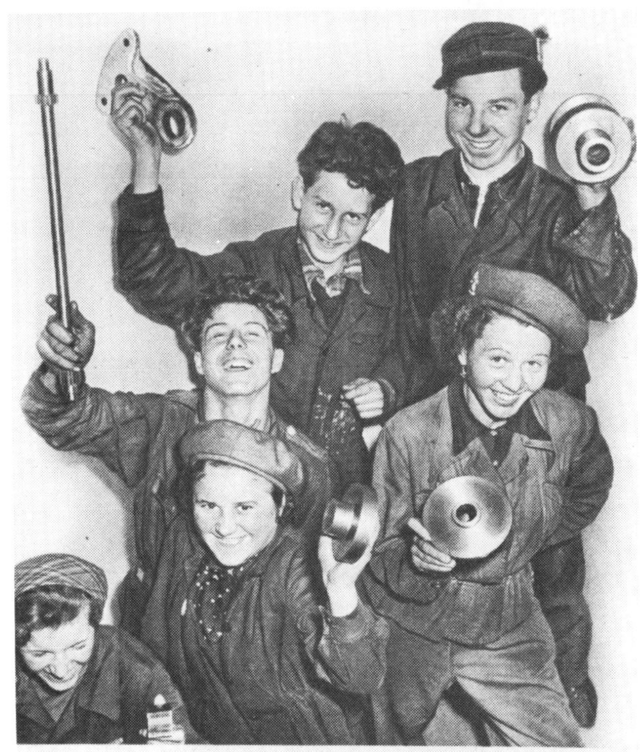

»NBI« 20/1953

Berufe vorgestellt: Postassistentin, Buchbinderin, Damenschneiderin, Handschuhmacherin, Wäschenäherin, Strumpfwirkerin, Maschinenstickerin, Wollhutmacherin, Kachelformerin, Uhrmacherin, Orthopädiemechanikerin, Feinoptikerin, Rundfunkinstandsetzerin, Feinmechanikerin, Werkstoffprüferin, technische Angestellte, Halbtonphotographin, Korbmacherin, Bürstenmacherin, Glasmalerin, Täschnerin, Schriftzeichnerin, Goldschmiedin, Musikinstrumentenbauerin, Neulehrerin, Dolmetscherin, Privatsekretärin, kaufmännische Angestellte, Kosmetikerin, Masseuse, Friseuse, Verkäuferin, Krankenschwester, Kindergärtnerin, Hortnerin, Hauswirtschaftslehrerin, Geflügelzüchterin, Gärtnerin, Kellnerin, Handplätterin.

Zweifellos erweitern sich aufgrund des Männermangels die Zugriffsmöglichkeiten für Mädchen zugunsten einer soliden Berufsausbildung. Dennoch kommen industrielle Maschinenarbeit, Bauberufe, Berufe, die den Umgang mit schwerer Technik erfordern, in den Berufsbildern nicht vor. Es sind die handwerklichen Fähigkeiten, künstlerischen Ambitionen und Fingerfertigkeiten gefragt. Und es sind in der Mehrzahl Berufe, die erst in den vergangenen Jahrzehnten aus den Haushalten ausgegliedert wurden, in denen sie selbstverständlich zum normalen Pflichtenkreis der Ehefrauen und Mütter zählten – wie: Pflegen, Ernähren, Erziehen, Säubern, Bekleiden. Die Dienst-Leistung aber, die Arbeit für die Familie, den Mann, die sich ständig wiederholenden »unproduktiven« Tätigkeiten, wie die konsumtiven Bedürfnisse überhaupt, stehen in der Werteskala der neuen sozialistischen Gesellschaft ebensoweit hinten wie anderswo und werden entsprechend gering geschätzt und bezahlt. Aber weil sie den traditionellen Rollenmustern entsprechen, werden sie von Frauen immer wieder bevorzugt gewählt.

Öffentlich wurde damals wie heute das Wahlverhalten der Mädchen immer wieder beklagt. Die Mädchen »wollten ja nur nicht«, wo sie doch könnten und ihnen alle Möglichkeiten offenstünden. Ist es aber wirklich der Lärm und der Schmutz, die Mädchen davon abhalten, in technische Berufe zu gehen, wie immer wieder behauptet wird?

Qualifizierte Facharbeit von Männern zählt traditionell zu den gut bezahlten Jobs in einer Gesellschaft. Um die attraktiven Berufe wie Automechaniker, Klempner, Tischler, Dreher usw. drängeln sich daher die Jungen und konkurrieren untereinander um Lehrstellen. Daher werden diese Berufe den Mädchen weder geöffnet noch schmackhaft gemacht. Sie sollen vielmehr in die auch von den Jungen nur ungern genommenen, geringer wertigen Industrieberufe gehen. Die reale Erfahrung, die Frauen dort machen, spricht für sich: Die Männer sind die Maschineneinrichter, Vorarbeiter und Meister, die Schichtleiter, Technologen und Ingenieure. In der Industrie gibt es nur sehr selten gemischte Brigaden. Entweder handelt es sich um reine Männerarbeit: Bergbau, Schwerindustrie usw. oder um reine Frauenarbeit, am Fließband, in der Montage oder Verpackung. Den Frauenbrigaden steht dann allemal ein männlicher Kollege vor. Industrielle Frauenarbeit ist denkbar unattraktiv, sie ist oftmals monoton und mechanisch. Diese Form der Frauenarbeit funktioniert als Lückenbüßer für die noch nicht automatisierten und mechanisierten Momente der Produktion. Die enge Kopplung an die Zwänge der Maschinen, die den Rhythmus und die Pausen bestimmen, aber auch die einseitigen Handgriffe vorschreiben, läßt am Ende wenig Spielraum.

Dagegen scheinen die typischen Frauenberufe ein stückweit mehr mit selbstbestimmter, kreativer Arbeit zu tun zu haben. Friseusen, Lehrerinnen, selbst Sekretärinnen sind freier in der Organisation von Arbeitsabläufen, sie können sich kleine Pausen verschaffen und zum Teil die Inhalte ihrer Arbeit wenigstens modifizieren. Zugleich verschaffen diese Berufe den Frauen von vornherein eine gewisse Sicherheit, akzeptiert und in ihrer Arbeit anerkannt zu werden.

So bleibt festzustellen, daß trotz des enorm gewachsenen Frauenanteils die althergebrachten Formen der geschlechtsspezifischen Arbeitsteilung auf einer anderen Ebene wieder reproduziert wurden. Es kam nicht zum entscheidenden Umbau bei der Aufteilung der Tätigkeitsfelder zwischen Männern und Frauen. Letztlich wurde den traditionellen Rollenmustern immer wieder entsprochen. In Bereichen, wo dieses Grundmuster tendenziell durchbrochen wurde, weil sich Frauen diese Berufsgruppen geradezu »eroberten« – wie bei den Oberschullehrern oder den Journalisten – fällt daher bezeichnenderweise mit wachsendem Frauenanteil systematisch der soziale Status des Berufs. Die in diesen Berufen verbleibenden Männer versuchen dann, wenigstens die attraktiveren Positionen und höheren Stellungen auszufüllen: Wie selbstverständlich sind in der Mehrzahl die Männer die Fachberater, die Direktoren, die Abteilungsleiter, die Chefredakteure und Auslandskorrespondenten.

2

Frauenarbeit zwischen Vorurteilen und Anerkennung

Eine Frau bleibt immer eine Frau

Auf diesen Bildern stimmt was nicht. So sieht kein Klempner aus. Auch ein Dachdecker nicht oder ein Schlosser: Da hantiert eine Frau, so um die 40 Jahre alt, mit einer Zange am Wasserhahn. Eine andere sitzt mit dem Hammer in der Hand auf einem halbgedeckten Dach und eine dritte wiederum montiert Reifen an einen Lastkraftwagen. Sie tragen das Haar nach hinten zum Knoten festgesteckt oder verbannen es unter ein fest gebundenes Kopftuch. Sie haben einen grauen Kittel an oder eine gepunktete Schürze über das Kleid gezogen. Das sind doch Hausfrauen, die scheinbar zufällig in eine andere Welt geraten sind. Zwischen den Maschinen, in den riesigen Werkhallen, auf dem Bau oder auf dem Dach wirken sie fremd und unpassend. Frauen in Männerberufen: das ist wie eine verkehrte Welt.

Dabei erzählen die nebenstehenden Texte eine andere Geschichte als die Bilder. Sie sprechen von der Ausbildung dieser Frauen, von ihrer langjährigen Erfahrung in diesen Berufen. Sie weisen uns darauf hin, daß hier Fachfrauen ihrem Beruf nachgehen und daß sie hierin genauso geschickt, sicher und erfolgreich sind wie Männer. Doch diese Bildunterschriften beißen sich mit dem Bild. Sie versprechen mehr, als das Bild zu halten vermag.

Wenn es die erläuternden Bildunterschriften nicht gäbe, ich würde die Bilder anders deuten. Das Außergewöhnliche: die weibliche Berufstätigkeit in einem ausgesprochenen Männerberuf, käme mir nicht in den Sinn. Ich würde vielmehr denken, hier greifen Hausfrauen zur Selbsthilfe. Der Wasserhahn tropft und kein Klempner weit und breit? – da muß frau sich eben selbst zu helfen wissen. Eine Erfahrung, die Frauen in diesen Zeiten massenhaft gemacht haben.

Ihre fast sprichwörtliche Improvisationsgabe, die Fähigkeit, aus nichts noch etwas zu zaubern und das praktische Talent der Hausfrauen, mit mißlichen Situationen zurecht zu kommen, ist aus der Not geboren. Die Abwesenheit der Männer, bedingt durch den Krieg, hat die Frauen in die Selbstständigkeit gezwungen. In dieser Notsituation entfalten sie ungeahnte Fähigkeiten. Übergangslos verknüpft sich nun in der Wahrnehmung die Situation in einem männerlosen Haushalt mit dem Männermangel in der vom Kriege zerstörten Wirtschaft.

Doch in Wirklichkeit bedeuten die Bilder etwas ganz anderes, denn es handelt sich um ausgebildete Handwerksmeisterinnen mit langjähriger Berufserfahrung. Hier werden die wenigen weiblichen Ausnahmen vorgeführt, die es zu etwas gebracht haben. Sie stehen für die Fähigkeit der Frauen, an sich genausogut wie Männer sein zu können. Sie sollen den lebendigen Beweis für die handwerkliche Begabung und das technische Vermögen von Frauen abgeben und damit andere, jüngere Frauen motivieren und darin bestärken, sich mehr zuzutrauen.

Der Typ der älteren, erfahrenen Frau eignet sich besonders gut für den angestrebten Effekt. Man glaubt ihr nicht nur die fachlichen Qualitäten, zugleich ist deutlich zu sehen, daß sie trotz ihrer ungewöhnlichen Arbeit eine Frau geblieben ist. Mütterlichkeit und Fraulichkeit werden zudem durch die Bildunterschriften hervorgehoben. Ja, sie stehen manchmal fast als einzige Information im Zentrum des Textes. Geradezu kurios wird es bei der »einzigen Gießereimeisterin Berlins«, deren Arbeit nicht mal mehr im Bild erscheint, statt dessen: »Auch als Köchin ist Frau Sänger Meisterin. Sie bereitet ihrem Mann und Jungen ein gutes Essen.« Und: »Stricken ist eine Liebhaberei von Frau Sänger und ihre wenige freie Zeit opfert sie dafür. Auch ihr Kleid hat sie selbst gestrickt.«

Das Vorurteil: »Das ist keine Frauenarbeit, das schaffen die nie«, wird jedoch durch die Anerkennung: »Trotz allem ist sie eine gute Hausfrau geblieben«, nicht aufgehoben. Der eigentlichen Leistung im Beruf bleibt die Anerkennung versagt. Diese besondere Frau hat es zwar geschafft, aber das bestätigt nur ihre Besonderheit und bricht nicht mit dem Vorurteil, daß dies keine Arbeit für Frauen sei. Die einmalige Leistung ist nicht zu verallgemeinern. Sie bleibt eine Ausnahme.

Dem privaten Handwerk wurde damals noch eine große Achtung entgegengebracht, bevor es später als kleinbürgerlich und kleinkapitalistisch denunziert und zum Aufgeben gedrängt wurde. Dennoch gab es hier immer nur eine geringe Zahl an Ausbildungs- und Arbeitsplätzen, die in guter Familientradition an die eigenen Kinder oder Verwandte weitergegeben wurden. Männlichen Bewerbern wurde natürlich der Vorrang gegeben. Nur wenige Bereiche öffneten sich den Frauen. Aber ob es nun die Maßschneiderei auch für Herrenbekleidung war, die Feinmechanik, Optik oder Buchbinderei,

»Schwere Reifen – leichte Hände. Frau Liedig, die wohl einzige Frau, die eine Vulkanisierwerkstatt leitet... Frauen wünschen sich, daß die Zukunft den leichten Frauenhänden auch wieder leichte Arbeit schenken möge.«

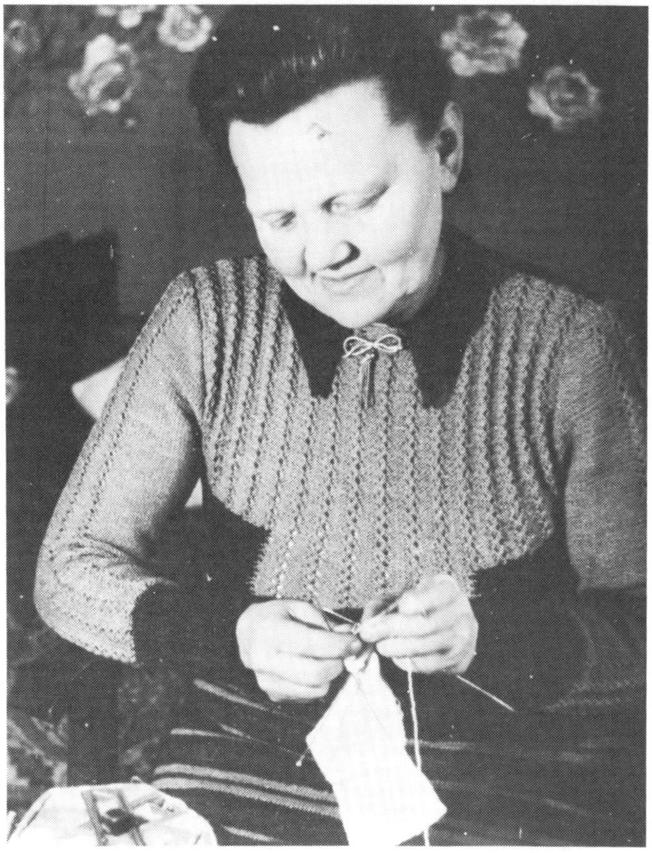

»Die einzige Gießereimeisterin Berlins. Stricken ist eine Liebhaberei von Frau Sänger und ihre wenige freie Zeit opfertr sie dafür.«

Lederverarbeitung, Goldschmiede oder Musikinstrumentenbau – in irgendeiner Form ließen sich diese Gewerbe dann mit dem traditionellen Pflichtenkreis der Frauen, mit reproduktiven Tätigkeiten in Beziehung setzen. Hier waren Geschick und Fingerfertigkeit, künstlerische Ambitionen und Geschmack, Geduld und Ausdauer gefragt, Eigenschaften, die von jeher eher Frauen als Männern zugeschrieben werden. Dennoch bedeuteten selbst solche Handwerksberufe für Frauen eine kleine Revolution – eröffneten sie ihnen doch das Feld der professionellen Berufsarbeit verbunden mit weiteren Qualifikationsmöglichkeiten und Aufstiegschancen. Doch an der geringen Zahl der Lehrstellen und der vergleichsweise langen Ausbildungszeit von zwei bis drei Jahren, die sich nicht jede Familie und schon gar nicht eine verwitwete oder geschiedene Mutter leisten konnten, zerschlug sich vermutlich so mancher Mädchenwunsch.

Zugleich täuschen die Bilder oftmals über den wirklichen Charakter der Tätigkeit hinweg und idealisieren die angeblichen Freiräume für die Entfaltung von Kreativität und Selbständigkeit, die vielleicht am Endpunkt einer Karriere stehen mochten. Gerade die handwerkliche Produktion war oftmals mit veralteten Maschinen ausgerüstet und niedriger Lohn oder schlechte Arbeitsbedingungen waren an der Tagesordnung. Monotone Arbeit, womöglich im Akkord, war bei Kleinproduzenten nicht unüblich. Die alten Hierarchien zwischen Lehrmeistern und Lehrlingen, zwischen Besitzern und Angestellten funktionierten nach wie vor. Neue gesetzliche Bestimmungen zum Haushaltstag für Frauen oder gleichen Lohn für gleiche Arbeit waren nur gegen Widerstände durchsetzbar.

Mit wenig Geld richtig wirtschaften

Eine Bitte an die Leserinnen richtet Hertha K. aus H. Sie schreibt:
»Ich komme mit meinem Geld nicht zurecht. Welche tüchtige Hausfrau stellt mir einen Haushaltsplan auf? Mir stehen im Monat 128 DM zur Verfügung. Davon muß ich noch meine beiden Jungen im Alter von 9 und 10 Jahren ernähren und bekleiden. Die ständigen Ausgaben im Monat sind:

Miete	14,– DM
Lichtgeld	3,50 DM
Volksstimme	3,– DM
»Frau von heute«	1,60 DM
Haarschneiden	1,40 DM
Spargeld für die Kinder	2,40 DM
	27,90 DM

Meine Kinder bekommen jede Woche 30 Pfennige Taschengeld. Davon müssen sie ihre Schreibhefte, Pionierzeitungen usw. bestreiten, und dabei auch für gelegentliche Geschenke sparen. Die Volksstimme möchte ich gern behalten, da ich keinen Rundfunk habe. Auf die ›Frau von heute‹ verzichte ich auf keinen Fall! Bis jetzt war es mir unmöglich, etwas auf die ›hohe Kante‹ zu legen für notwendige Anschaffungen.«

Die Frau von heute 4–1953, S. 22

Die Unermüdlichen

Im Unterschied zur individualisierenden Einzeldarstellung der Frauen im Handwerk werden Industriearbeiterinnen eher bei gemeinsamer Arbeit gezeigt. Aufgereiht stehen sie nebeneinander an Schraubstöcken, hinter ihnen an der kahlen Wand eine Losung: »Versagt Euch niemals der Kleinarbeit, denn mit dem Kleinen wird das Grosse geschaffen!« Sie arbeiten an hintereinander stehenden Stanzmaschinen oder sitzen sich in zwei Reihen an Nähmaschinen gegenüber.

Industrielle Maschinenarbeit erscheint in den Stereotypen von monotoner, standardisierter und einförmiger Fließbandarbeit mit augenscheinlich geringen Anforderungen an die Qualifikation oder an technischen Verstand. Da die Köpfe der Arbeitenden über der Arbeit gesenkt sind, bleibt das Gesicht verborgen. Die Frauen lächeln nicht und heben sich in keiner Weise als Personen aus der Gruppe heraus. Dadurch werden typisch weibliche Tugenden wie Bescheidenheit, Uneigennützigkeit, das Aufgehen im Großen und Ganzen besonders betont.

Die Bilder riechen förmlich nach der Not, in der sie entstanden sind. Vom emanzipatorischen Aufbruch der Frauen in ein neues Leben ist hierbei wenig zu spüren, bei allem Bemühen, den Wert ihrer Arbeit gesellschaftlich anzuerkennen und die Mühen als Opfertaten ideell zu belobigen – nicht etwa finanziell zu belohnen. So spannt sich denn auch ein weites Feld zwischen Neigung und Pflicht.

Um das Überleben zu sichern, mußten Frauen notgedrungen die Funktionsbereiche der Männer mitübernehmen. In den Familien war es die Ernährerrolle, die Ausübung der Finanzhoheit und die Wahrnehmung sämtlicher Entscheidungsbefugnisse. Und in der Wirtschaft füllten sie die leer gewordenen Plätze an den Maschinen, in den Werkstätten, auf dem Bau und in den öffentlichen Diensten aus. Doch die veränderten Anforderungen an Frauen schlagen sich noch nicht erkennbar in ihrem Äußeren nieder. Nach außen hin bleiben sie die, die sie immer waren: mütterlich, fleißig, bescheiden und sich unterordnend. Ruhig und offenbar sachkundig gehen sie ihrer Arbeit nach. Für sie ein unspektakulärer Vorgang, nicht des Aufhebens wert. Der Blick ist konzentriert auf die Hände gerichtet. Die Frauen sind ganz in die Arbeit versunken. Wir erfahren nichts über ihr Temperament, ihren Charakter, ihre Vergangenheit oder ihre Zukunft. Gesichts- und körperlos ordnen sie sich ein in das Heer der Fabrikarbeiterinnen.

Die männliche (Industrie-)Arbeit entspricht wohl kaum den Neigungen und Talenten dieser Frauen, sondern ist zunächst blanke Überlebens-Notwendigkeit. Deshalb scheint es zunächst auch nicht weiter wichtig zu sein, ob sich in der männlichen Arbeit eine neue weibliche Identität herausbildet.

Frauen bei Männerarbeiten waren nur als Not- und Übergangslösung gesellschaftlich sanktioniert. Denn es schien klar zu sein, daß sie nicht von Dauer sein würde. Sobald die Männer aus dem Kriege heimkehrten, würden die Frauen wieder an den Kochtopf zurückkehren müssen. Kittelschürze und Kopftuch verbleiben so als letzte Requisiten der Weiblichkeit. Sowohl die BetrachterInnen, wie die Frauen selbst, werden so stets an ihre eigentliche Bestimmung erinnert: Hausfrauen zu sein und Hausfrauen zu bleiben. Die Frauen-

48 Wochenstunden

Aus dem »Gesetz der Arbeit zur Förderung und Pflege der Arbeitskräfte, zur Steigerung der Arbeitsproduktivität und zur weiteren Verbesserung der materiellen und kulturellen Lage der Arbeiter und Angestellten« (1. Mai 1950)

Die tägliche Arbeitszeit beträgt acht Stunden, die wöchentliche Arbeitszeit 48 Stunden, für Jugendliche von 16 bis 18 Jahren 7½ Stunden täglich oder 45 Stunden wöchentlich, für Jugendliche von 14 bis 16 Jahren 7 Stunden täglich oder 42 Stunden wöchentlich...

Die Wirtschaftspläne sind auf der Grundlage der 48-Stunden-Woche berechnet. Der Produktionsablauf muß in jedem Betrieb so organisiert werden, daß er in der gesetzlichen Arbeitszeit bewältigt werden kann. Überschreitungen der 48-Stunden-Woche sind nur in Ausnahmefällen zulässig nach Zustimmung der Betriebsgewerkschaftsleitung und nach Einholung der Genehmigung des zuständigen Arbeitsamts. Für Überstunden wird ein Zuschlag, in der Regel 25 Prozent gezahlt.

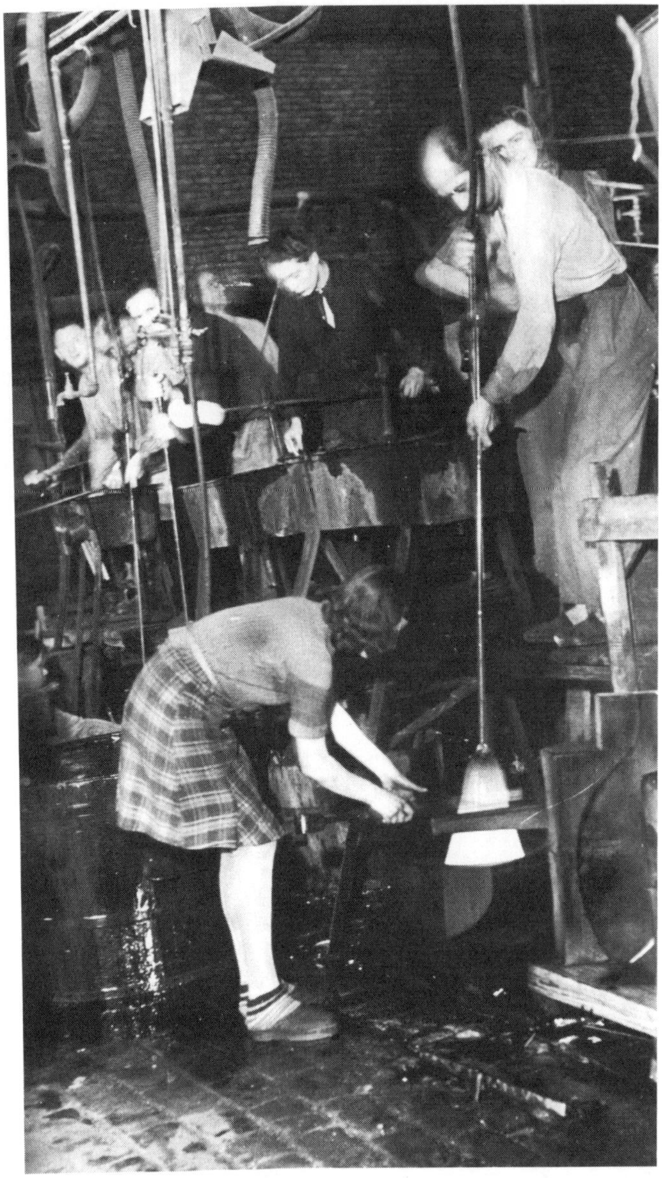

1949. VE Glasfabrik »Ostglas« in Senffenberg

(Selbst)-Bilder leben in dem Zwiespalt, eine neue Realität zeigen zu wollen und zugleich traditionelle Wahrnehmungsgewohnheiten bedienen zu müssen, um ein Mindestmaß an gesellschaftlicher Akzeptanz bei den Betrachtern zu erzeugen.

Es sind die Bilder einer Übergangszeit. In der Sprache drückt sich die Spannung, die diese Frauen in sich aushalten und leben mußten, als Widerspruch aus, wie z.B. in dem bis heute immer wieder zu hörenden Satz: Frauen stehen ihren Mann.

Von Kopf bis Fuß auf Arbeit eingestellt

Obwohl Hilfs- und Anlernarbeiten in der Industrie, im Bergbau und in der noch weitgehend unmechanisierten Landwirtschaft die damals verbreitetsten Bereiche der weiblichen Produktionsarbeit sind, erscheinen die Frauen, die sie ausführen, mit den Jahren immer seltener im Bild. Vermutlich auch deshalb, weil diese Bilder wenig geeignet sind, weibliche Berufstätigkeit attraktiv erscheinen zu lassen.

Recht deutlich wird die Diskrepanz zwischen zahlenmäßiger Übermacht und bildlicher Unterrepräsentation, wenn man bedenkt, daß nicht nur die weibliche Industrie- und Landarbeit, sondern auch traditionelle Frauenarbeit im Textilgewerbe, Handel und Gesundheitswesen, im Dienstleistungsbereich und Verkehr, aus dem öffentlichen Bewußtsein weitgehend ausgeblendet bleiben. Waren die ersten weiblichen Postboten oder Straßenbahnfahrerinnen noch eine Sensation, sind sie, nachdem sich Frauen hier durchgesetzt haben, nicht mehr erwähnenswert. Frauenarbeit gilt schlechthin als reproduktiv. Sie sei zwar notwendig, um das Leben in der Gesellschaft aufrecht zu erhalten, aber sie bringe sie nicht vorwärts. Frauenarbeit bediene die konsumtiven Bedürfnisse, aber sie leiste keinen Beitrag zum Fortschritt der Menschheit.

Daß dies kein allgemein gültiges Wertkriterium ist, das generell an menschliche Arbeit angelegt wird, sondern ein ideologisch verbrämtes Grundmuster, das dazu dient, die weibliche Unterordnung unter männliche Dominanz zu erhalten und erneut zu bestätigen, zeigt sich recht deutlich am Wertwandel ganzer Berufsgruppen infolge ihrer Feminisierung. Seit sich Anfang der fünfziger Jahre Frauen ehemalige Männerdomänen wie den Handel, die Volksbildung, die Presse und das Gesundheitswesen erobert haben, sinkt der soziale Status eben dieser Berufe. Männerarbeit ist auch dem sozialistischen Staat allemal mehr wert, als eine Frau je zu leisten vermag.

Und so wird Frauenarbeit unsichtbar gemacht. Insbesondere verschwindet die ältere Frauengeneration mehr und mehr aus dem Bildbewußtsein. Dabei dürften doch gerade sie als Vor-Bilder weiblicher Berufsarbeit gegolten haben, die den nachfolgenden Generationen den Weg bereiteten. In manchen Bildern, vor allem in Frauenzeitschriften wie der »Frau von heute« und »Für Dich«, klingt dies noch an. Vereinzelt finden sich Einzeldarstellungen von älteren Facharbeiterinnen, die einen Frauentyp repräsentieren, der auf den ersten Blick mütterlich, fürsorglich und vertrauenerweckend wirkt. Es sind vor allem kräftige, lebenserfahrene Frauen, arbeitsam

Aufruf der Weberin Frida Hockauf

Wie schnell das Tempo der Verwirklichung des neuen Kurses sein wird, hängt von uns Arbeitern, Angestellten und Angehörigen der technischen Intelligenz ab. So wie wir Werktätigen heute arbeiten, wird morgen unser Leben sein. So wie wir Werktätigen durch unserer Hände Arbeit die Voraussetzungen schaffen, wird unsere Regierung morgen mehr und bessere Waren verteilen und die Politik der Preissenkungen fortsetzen können…

Unsere Bevölkerung braucht mehr, bessere und billigere Textilien, Schuhe, Bekleidungsgegenstände, Nahrungsmittel und Gebrauchsgüter.

Niemand anders als wir Arbeiter, Angestellten und Vertreter der Intelligenz können diesen natürlichen Wunsch nach erhöhter Bereitstellung von Konsumgütern erfüllen. Laßt uns deshalb im patriotischen Wettbewerb darum kämpfen, unserem Volk mehr zu geben, als der Plan von jedem einzelnen fordert.

Ich verpflichte mich, bis Ende des Jahres zu meiner bisherigen erreichten Leistung 45 laufende Meter Stoff von bester Qualität zu produzieren, und rufe alle Textilarbeiter der Deutschen Demokratischen Republik auf, meinem Beispiel zu folgen, meine Verpflichtung zu überbieten und im innerbetrieblichen, patriotischen Wettbewerb zur erfolgreichen Durchführung des neuen Kurses zu kämpfen unter der Losung: »Dem Volk mehr, bessere und billigere Textilien!

Tribüne, 1. Oktober 1953

In allen Kampfplänen der Frauen auf den einzelnen Hütten und Schächten ist der Kampf um eine atomwaffenfreie Zone und die Aneignung der Grundlagen unserer Weltanschauung, des dialektischen und historischen Materialismus, ein besonderer Schwerpunkt, erfahren wir von der Ausschlägefahrerin Ingeborg Gräbe (links), die ebenfalls Mitglied des Frauenausschusses ist. Sie selbst verpflichtet sich zu 25 Aufbaustunden im Betrieb. Margot Hempel (rechts) wurde im vorigen Jahr als Abgeordnete für den Kreistag vorgeschlagen und gewählt. Alle Frauen betrachten den bevorstehenden V. Parteitag der SED als ihre Sache, die sie vorbereiten und fördern Fotos: Puhlmann

Frau Emma Andre war bis Ende 1949 Hausfrau. Jetzt ist sie Hilfsarbeiterin der Galvanischen Anstalt in der Waggonfabrik Ammendorf, erfüllt ihre Norm ständig mit 125 Prozent und beteiligt sich außerdem unermüdlich an der gesellschaftlichen Arbeit. Der Lohn für ihren Fleiß bleibt nicht aus, am 13. Oktober wird sie mit dem Titel „Aktivistin" ausgezeichnet.

Auch Frau Julia Wagner, Isoliererin in der Waggonfabrik Ammendorf, wird am 13. Oktober eine der vielen Glücklichen sein, die in diesem Jahr als Aktivistinnen anerkannt werden. Durch verbesserte Arbeitsorganisation war es ihr möglich, ihre Norm ständig zu steigern, die sie jetzt mit 130 Prozent erfüllt. *Fotos: Schmiljun*

Mit sicherer Hand liniert die frühere Hausfrau und jetzige Aktivistin in der volkseigenen Fahrradfabrik Mifa, Sangerhausen, Frau Martha Neumann, die Schutzbleche, wobei sie ihre Norm laufend mit 120 Prozent übererfüllt

Brief an eine Fr

Aus den vielen Zuschriften an unsere Briefredaktion ha
uns zur Veröffentlichung zur Verfügung gestelltes Antw
einer Leserin aus Halle an ihre schwedische Bekannte her
Das in diesem Brief angeschnittene Problem der Aktiviste
geht uns heute alle an! — Wir schickten unsere Fotor
Betriebe, um diesen Brief durch die Vorstellung einiger A
in Bild und Wort zu bereichern, und gleichzeitig — als D
Korrespondenz — die Briefschreiberin zu überraschen. Fre
Frau Felicitas? (Red. Frau von heute.)

Liebste Ethel,
in Ihrem letzten Brief fragen Sie mich, was eigentlich unsere
bewegung sei, und ob es die denn bei uns schon immer gegeben
Lassen Sie mich mit der zweiten Frage beginnen: die Aktiviste
feiert am 13. Oktober 1950 die dritte Wiederkehr ihres Geburt
13. Oktober 1948 gelang es erstmalig einem Berghäuer, dessen
von allen arbeitenden Menschen mit Stolz und Dank genannt wi
Adolf Hennecke, ein richtunggebendes Beispiel durch eine bi
Tag bei uns nie dagewesene Tat zu schaffen. Mit großer Kü
er eine bis dahin unwahrscheinlich anmutende Aufgabe, die e
gestellt hatte: er durchbrach die technische Norm und schuf
Normerhöhung auf 400 Prozent ein in der Geschichte der deutsc
vorher nie geahntes Beispiel; seine exakte Beobachtung des Arbe
die genaue Materialkenntnis, seine richtige Analyse der Arb
gepaart mit der Arbeitserfahrung und seiner fortschrittlichen
am Aufbau helfen zu wollen: das waren die Voraussetzungen, d
Normerhöhung führten, ohne — und das sei besonders beto
dieses Ergebnis an seine physischen Körperkräfte größere An
gestellt hätte als die alte Arbeitsweise. Hennecke folgte damit d
der in der Sowjet-Union schon im Jahre 1935 vorbildlich e
Stachanow-Bewegung.
Damals, im Oktober 1948, gab es viele Diskussionen, die um
Hennecke und seine Leistung gingen. Offene Gegner gab es, die
alten Normen wie an Strohhalme klammerten und den alten No
bauten, Skeptiker gab es, die meinten, erst müsse man sehr viel b
um mehr produzieren zu können, Pessimisten gab es, die mit fins
jeden Eid abzulegen bereit waren, das Beispiel Hennecke werd
nahme" bleiben.
Aber es gab auch etwas anderes: es gab bei einem Teil der
Menschen den entschlossenen Willen zum Aufbau aus eigener
sich gegen die Gefahr der Marshall-Plan-Hörigkeit, der Arb
und Verschuldung, gegen die Gefahr der nationalen Abhängigk
und mit kühner Hand eingriff in das Rad der Geschic
Millionen aufbaubereiter Hände griffen, um es bergan zu sto
den Weg des Erfolges.
Der Name Hennecke wurde zu einem Begriff. Seinem Beispiel
wachsendem Maße die fortschrittlichsten und aufbaufreudigster
der damaligen „Ostzone", die als eine der wesentlichen Vora
für die Einheit Deutschlands und den Abschluß des uns von

»Die Frau von heute« 34/1950

Das „WIR" steht vor dem „ICH"

...lt diese Maschine auch ist, so
...Friebel dem Stanzen der Anker-
...ch ihre volle Aufmerksamkeit
...
...t Neubürgerin, nahm 1946 als
...eiterin den ihr in der Uhren-
... Ruhla/Thüringen, angebotenen
...n und ist heute eine der tüch-
...innen des Betriebes.

...in Schweden

...orenthaltenen Friedensvertrages erkannt hatten: „Wir — hier
... Deutschlands — müssen Modellarbeit für den Westen unseres
...s leisten!" —
...ie Hennecke-Bewegung nicht auf den Schacht begrenzt, sondern
... verhältnismäßig kurzer Zeit mit ihrer jungen Kraft Frauen und
... allen Produktionszweigen. Das aber war gerade der rechte Auf-
...unseren Zweijahrplan, der, dank dem Arbeitsenthusiasmus aller
...n, vorfristig — stellen Sie sich vor: um volle 6 Monate vor
...sten Termin! — erfüllt worden ist.
... wir nicht vom Juli bis Dezember 1950 auf unseren Lorbeeren
... beabsichtigten, sondern mit den neuen Methoden, mit noch
...Freudigkeit, an unseren Zusatzplan, den Volkswirtschaftsplan
...ngegangen sind, der uns wiederum eine zusätzliche Verbesserung
...benshaltung sichert.
... liebste Ethel, das wäre nicht möglich gewesen ohne unsere Akti-
... Frauen wie Männer, Jugendliche und Ältere. Deshalb lieben wir
...tivisten und Aktivistinnen, deshalb verehren wir sie, — besonders
...rem Ehrentag, am 13. Oktober!
..., passen Sie bitte genau auf, hat sich zu allem etwas gesellt, was
...neiner Bedeutung ist: der Erfolg! Sehen Sie, wir leben jetzt
... als früher; wir leben dank der Erfolge aber auch froher als
...d deshalb arbeiten wir alle auch viel lieber als früher. Das
...ch ein, ohne daß man darüber angestrengt nachzudenken braucht.
...penst der Arbeitslosigkeit geht bei uns in der jungen Deutschen
...schen Republik um wie im Westen unseres Vaterlandes, um nach
...Menschen zu greifen, die Schlange vor den Arbeitsämtern
...eine Krise weist — wie im Westen Deutschlands — mit dürren
...ngern auf den scheinbar einzigen Ausweg aus dem Elend: auf die
...gion, auf die Kaserne, um für die Interessen übler Kriegsbrand-
... an Rüstungsproduktion verdienen, auf fremden Schlachtfeldern zu

...sche Demokratische Republik hat — Dank der vorbildlichen
...dank dem Arbeitsenthusiasmus aller Schaffenden, Dank der Akti-
...egung und der Qualitätsbrigaden, dank dem neuen Bewußtsein
...tätigen zur Arbeit — das Tor zur Zeit der Erfolge aufge-

...Frauen lernen immer besser, mit der Kostbarkeit jeder Sekunde,
...mms Material, jeden Pfennigs umzugehen, weil wir begreifen,
...icht mehr für das private Bankkonto eines „Finanzgewaltigen"
...üssen, sondern daß wir für uns selbst schaffen und arbeiten.
...rauen ist der Zweijahrplan die Lehrzeit gewesen, im Volkswirt-
... legen wir unser Gesellenstück ab, und im Fünfjahrplan werden
... Meisterstück machen. Das Meisterstück, das aus eigener Kraft
...en großartigen Verbesserung unserer Lebenshaltung dient und
... unserer Kinder und den Frieden sichern hilft. Worauf Sie sich
...können!

Bis zum nächsten Mal und sehr herzlich

Ihre getreue Felicitas

Frau Erika Wilhelm half 1945 bei der Enttrümmerung ihres Betriebes, damit die Venag Kaffee-Ersatz-Werke in Halle wieder produzieren konnten. Heute ist sie eine tüchtige Maschinenführerin, die ständig 2000 Pakete über ihre Norm fertigt. Die gebührende Auszeichnung am diesjährigen „Tag der Aktivisten" ist ihr sicher.

Die Dreherin und Jungaktivistin im Reichsbahnausbesserungswerk Halle, Frau Elfriede Grosse, erfüllt die ihr gestellte Norm täglich mit 130 Prozent. Sie ist bei den Volkswahlen am 15. Oktober als Kandidatin der Nationalen Front des demokratischen Deutschland für das Stadtparlament in Halle aufgestellt und will als Stadtverordnete besonders für die weitere Verbesserung des Gesundheitswesens in den Betrieben eintreten.

und bescheiden – aber auch nicht auf den Mund gefallen. Sie schauen offensiv aus dem Bild und verleugnen nicht ein gewisses Selbstvertrauen und Durchsetzungsvermögen.

Im Bild ist diese Frau von Kopf bis Fuß auf Arbeit eingestellt. Die Körperformen verlieren sich fast bis zur Geschlechtslosigkeit in der kompakten Arbeitskleidung – dicken Wattejacken, unförmigen Mänteln oder Arbeitsanzügen. Manchmal sind sie nur noch am obligaten Kopftuch und am Gesicht als Frauen zu erkennen. Im Ganzen zielt die optische Präsentation auf den Ausdruck ausgeprägter Mütterlichkeit, ohne zugleich den Eindruck ausgemachter Häuslichkeit oder Unbedarftheit zu vermitteln. Warmherzig, aber resolut erscheint das leichte Lächeln.

Ohne Zweifel ist die Arbeit der wesentliche Lebensinhalt dieser Frauen. Die eigenen Kinder sind dem Hause bereits entwachsen, der Ehemann vielleicht im Krieg geblieben. Die Jugend und die Schönheit sind dahin. Alle Fraulichkeit wird nun auf den Ausdruck der Mütterlichkeit gelegt. Und diese Mütterlichkeit erstreckt sich nun auf die Arbeit, die Kolleginnen, das Kollektiv. In der Gemeinschaft fühlen sich diese im Leben vereinzelten und isolierten Frauen wieder aufgehoben. Deshalb wird alle Kraft für die gemeinsame Sache, den Wiederaufbau des Landes eingesetzt. Wenigstens die nachfolgenden Generationen sollen es einmal besser haben. Die Bereitschaft, sich aufzuopfern und die eigenen Belange zurückzustellen, ist jedoch nicht mit Demut oder Unterwürfigkeit zu verwechseln. Aus der gemeinsamen Sache, dem solidarischen Verhalten, dem Leben in der und für die Gemeinschaft erwachsen neue Kompetenzen, kämpferischer Mut und Durchsetzungswille gegenüber den alltäglichen Ungerechtigkeiten

„Wo bleibt die Gleichberechtigung der Frau?" fragte Kollegin Maria Witzke. „Immer heißt es: Die Frau kann dieses nicht, die Frau kann jenes nicht. Ich weiß jedoch aus meiner langjährigen Arbeitserfahrung, daß die Frau alles das kann und beherrscht, was man sie lehrt!"

»Die Frau von heute« 48/1952

Das »Jahr der großen Initiative« 1954

Gewerkschaftsaktivtagung in der Tuchfabrik Werdau

Der Weber Paul Simon, der sich im Mai 1952 verpflichtete, nur Waren erster Qualität zu weben, berichtete, daß er seine Verpflichtung entgegen den Widerständen und Zweifeln vieler Kollegen erfüllt hat. Die wahrhaft bahnbrechende Leistung, die nicht nur für die Textilindustrie Bedeutung hat, liegt darin, daß Kollege Simon die Frage der Qualität der Arbeit gelöst hat, während Frida Hockauf die Frage der Mehrproduktion stellte und die Kollegin Lotte Steinbach die Verbilligung der Erzeugnisse. 32 Kolleginnen und Kollegen verpflichteten sich, wie Kollege Simon ein halbes Jahr Tuche hundertprozentiger Qualität zu liefern.

Neues Deutschland (B), 15. Juni 1954

gegen die arbeitenden Frauen. Diese Generation tritt zugleich als Anwalt für weibliche Rechte auf. Sie kann dies mit der jahrzehntelangen Erfahrung der Unterbewertung, Unterschätzung und Unterbezahlung im Hintergrund. Diese Generation weiß, was ein Frauenleben wirklich wert ist, und sie führt den Kampf um die Anerkennung dieser Werte, setzt sich vehement für die Verbesserung der Bedingungen für weibliche Berufstätigkeit ein.

So gut wie nie werden diese Frauen in der Gegenwart von Männern abgebildet. Vermutlich waren sie wegen ihres kämpferischen und fordernden Auftretens und ihrer unversöhnlichen Haltung bei Betriebsleitern und Gewerkschaftsfunktionären, bei Parteisekretären und Vorgesetzen nicht unbedingt beliebt. Vor diesem Typ Frau gehen Männer lieber auf Distanz. Dabei wirken sie auf den Bildern eher versöhnlich denn streitbar, eher zurückhaltend als fordernd. Der Kampf gegen männliche Vorurteile scheint mit echt weiblicher Diplomatie geführt zu werden.

Die fast geschlechtslose »Kumpeline« aus der Nachkriegszeit, die uns in der Realität als ein bestimmter Frauentyp noch heute massenhaft begegnet, die nach wie vor in den Betrieben, Kaufhallen oder auf dem Lande wichtige Aufgabenbereiche wahrnimmt, verschwindet allmählich aus den Bilderwelten. Wenn überhaupt, so wird sie zur »Betriebsnudel«, »Brigademutter« oder »Seele vom Ganzen« stilisiert und damit auch ein stückweit verkleinert. Als eine wichtige gesellschaftliche Kraft, in ihrer Bedeutung für die Aufbauphase wird sie heute kaum noch identifiziert. Dabei spielten gerade die mittleren und älteren Frauengenerationen immer wieder eine entscheidende Rolle beim letztlichen Durchbruch zur massenhaften und dauerhaften Vollbeschäftigung von Frauen. Und diese Generation war es schließlich auch, die bei den sozialpolitischen Maßnahmen immer zu spät kam, aber aufgefordert wurde, den beispielsweise durch das Babyjahr entstehenden Arbeitskräfteausfall durch ihre Anstrengungen auszugleichen.

Eine Kommission kontrolliert die Löhne

»Dieser Befehl kommt für uns nicht in Frage« – erklärt mit Überlegenheit der Herr Betriebsführer. Dröhnender Maschinenlärm schlägt uns entgegen, als wir das Fabrikgebäude betreten. Willisch, Papierveredelung, Plaue im Erzgebirge, lesen wir auf dem Firmenschild. Dann stellen wir uns vor: eine Kommission aus Berlin mit Vertreterinnen der SED, der Gewerkschaft und der Deutschen Zentralverwaltung für Arbeit und Sozialfürsorge. »Wir sind gekommen, um die Durchführung des Befehls 253 zu überprüfen. Was ist in Ihrem Betrieb bereits geschehen?«

Die Herren Treuhänder, Betriebsführer und Betriebsrat sind sichtlich etwas peinlich berührt, als wir zu sprechen anfangen. Doch im Verlauf der Erklärung hellen sich ihre Gesichter auf. Freundlich werden wir gebeten, Platz zu nehmen.

»Dieser Befehl kommt für uns gar nicht in Frage«, erklärt mit Überlegenheit der Betriebsführer, »wir haben meist Akkordlöhne, da erhalten alle den gleichen Grundlohn von 0,49 RM die Stunde.«

»Im übrigen haben wir keine gleiche Arbeit von Frauen und Männern«, sagt der Betriebsführer. Und die anderen nicken zustimmend.

»Bei uns ist bereits alles durchgeführt!«

»So, so! Aber alle Arbeiten Ihres Betriebes sind doch gleich wichtig, ob sie von Frauen oder Männern durchgeführt werden?«

»Das allerdings!« – sagt der Betriebsführer, sein freundliches Lächeln weicht einem bekümmerten Ausdruck. Auch die anderen Männer ahnen neue Schwierigkeiten.

»Das beste ist, wir machen einen Gang durch den Betrieb!« wünscht die Kommission.

Nun stehen wir an einer Papierschneidemaschine. Mit jedem Atemzug schleudert die Maschine einen metergroßen Bogen auf einen Rahmentisch. Mit einer flinken, geschickten Handbewegung muß der Bogen an den Rahmen geschoben werden, damit alle Bogen glatt übereinander liegen. Jeder hundertste Bogen – von einem Zähler an der Maschine angezeigt – muß mit einem Bundstreifen markiert werden. Die Bedienung der Maschine erfordert ständige, vielseitige Aufmerksamkeit.

»Wie hoch ist die Leistung der Maschine?« fragen wir die Arbeiterin.

»15 000 Blatt im Tag.«

»Fünfzehntausendmal täglich heben Sie die Hand hoch, greifen den Bogen, schieben ihn mit einem Ruck in die richtige Lage – machen sie die gleiche Kopfbewegung nach rechts und überprüfen den Zähler, und alle hundert Blatt schieben Sie einen Buntstreifen zwischen die Bogen. Und zum Schluß nehmen Sie die Hundertlagen und tragen Sie auf diesen nebenstehenden Papierberg?«

»Ja, so ist es.«

»Und was verdienen Sie die Stunde?«

»60 Pfennig!«

Jetzt schaltet sich der Betriebsführer ein. »Sehen Sie, das ist unsere beste Arbeiterin. Fast unersetzlich ist sie in unserem Betrieb. Sie kann alle Maschinen bedienen. Sie sehen hier z.B. die Spezialmaschine, die die verschiedensten Bänder für den Telegraphendienst schneidet und eine ganz besondere Geschicklichkeit erfordert. Ich muß sagen: wenn uns diese Arbeiterin einmal verlorengeht, wird es uns sehr schwerfallen, eine Ersatzkraft zu finden.«

»Warum machen Männer nicht diese Arbeit?«

»Männer können wir an diese Arbeit nicht setzen, weil sie nicht geschickt genug sind und nicht ein so feines Fingerspitzengefühl haben.«

»Also ist der Wert dieser Arbeit und Leistung gleichzusetzen der Muskelarbeit eines Mannes?«

»Ja, das kann man wohl sagen«, bestätigt der Betriebsführer, und auch der Betriebsrat und der Treuhänder sind der gleichen Meinung.

»Und dann zahlen Sie dieser hochqualifizierten Spezialarbeiterin nur 60 Pfennig die Stunde? Das ist doch weniger als der niedrigste Männerlohn!« sagt ein Mitglied der Kommission.

»Ja, das sind halt Frauenlöhne, die lagen immer tiefer als die untersten Männerlöhne.«

»Daß es so war, das wissen wir. Weil es endlich anders werden soll, darum hat Maschall Sokolowski den Befehl 253 erlassen und gleichen Lohn für gleiche Arbeit veranlaßt. Der Befehl ist nachdrücklich erfolgt ›zum Zwecke der Beseitigung des Unterschiedes in der Entlohnung nach Geschlecht und Alter und gleichfalls zur Schaffung günstigerer Bedingungen bei der Verwendung der Arbeitskraft der Frauen und Jugendlichen in der Industrie, im Transportwesen, im Handel, in Landwirtschaft und Behörden.‹

Es muß eine Neubewertung der sogenannten Frauenlöhne erfolgen, in der die Geschicklichkeit, Aufmerksamkeit und Flinkheit der Frauen für bestimmte Arbeiten der Muskelkraft der Männer gleichgesetzt und gleichgewertet wird. Um Ihnen bei der raschen Lösung dieser Aufgaben zu helfen, sind wir hierher gekommen. Wir werden uns nun gemeinsam dafür einsetzen, unseren Frauen im Betrieb so schnell wie möglich zu helfen, in den Genuß jener Rechte zu kommen, die ihnen durch den Befehl 253 gegeben sind.«

Lisa Ullrich, *Für Dich* 15–1946, S. 2

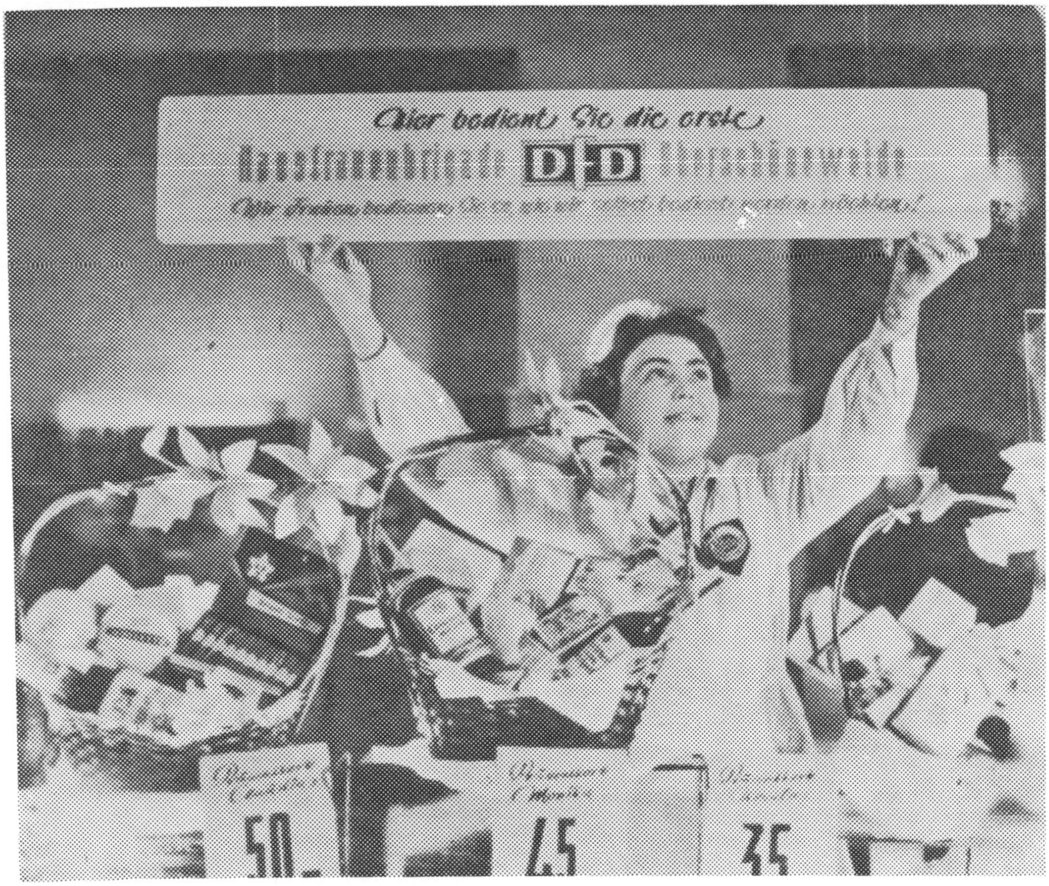

»Nett und gefällig soll hier alles aussehen, wie zu Hause, sagt uns Anneliese Schwabe (32). Bis zum 17. November war sie Hausfrau.« (»Die Fau von heute« 50/1960)

Die Hausfrauenbrigade

In der DDR gab es stets eine angespannte ökonomische Lage. Demontage und Reparationszahlungen lasteten allein auf dem Ostteil Deutschlands. Die Politik des Kalten Krieges zielte auf die Störung des Produktionsablaufs. Boykottierung von Rohstofflieferungen aus dem Westen, Sabotage, gezielte Abwerbung von Arbeitskräften kennzeichneten die angespannte ökonomische Situation. Aber auch der uneffektive Stil der zentralistischen Planung und Leitung der Volkswirtschaft, die sich eher nach ideologischen Vorgaben denn nach praktischen Erfordernissen richteten und deshalb oftmals unsinnige Entscheidungen hervorbrachten, erzwang die Einbeziehung aller verfügbaren Arbeitskräfte.

»Im Rahmen dieser Mobilisierung aller Arbeitskräftereserven wurde 1952 vom Staat und von der SED auch einiges unternommen, um besonders die Anerkennung der Frauenarbeit und ihrer Qualifizierung voranzutreiben. Die Feststellung des damaligen Ministers für Arbeit, Roman Chwalek, daß die Betriebsleitungen und Arbeitsämter und nicht die Frauen von der Notwendigkeit weiblicher Berufstätigkeit überzeugt werden müßten, da ›die sich ja in großer Anzahl um eine Arbeit bewerben‹ charakterisiert die Situation.« [14]

Die forcierte Einbeziehung von Frauen in die Betriebe in regelrechten Kampagnen war für die damalige Zeit typisch. In besonderer Weise erstreckte sie sich auf die Rekrutierung von Hausfrauen in sogenannten Hausfrauenbrigaden. Zunächst sollten sie für eine bestimmte, begrenzte Zeit eine Art Einsatz in der Produktion oder im Handel und Diensleistungssystem leisten. Mit Angeboten zur verkürzten Arbeitszeit in einer Schicht nach Wunsch kam man den Bedürfnissen der Frauen entgegen. Zugleich erbrachten sie einen überschaubaren Beitrag zugunsten der Verbesserung des Lebens der »Gemeinschaft«. Gebraucht zu werden, war durchaus ein motivierendes Moment.

Mit Hilfe der Hausfrauenbrigaden wurde die Konsumgüterproduktion angekurbelt, aber auch die mangelhaft funktionierenden Dienstleistungsbereiche wie Wäschedienst, Reparaturleistungen und Kinderbeaufsichtigung merklich unterstützt. Es gab Sondereinsätze in Verkaufsstellen, auf dem Lande bei der Ernte oder für den Fall, daß ein Betrieb mit dem Plan hinterherhinkte. Mit Anerkennung und Lob wurde nicht gespart, ein kleiner Zuverdienst machte das Leben angenehmer und die eigentlichen Pflichten einer Hausfrau wurden so auch nicht vernachlässigt. Eigentlich eine ideale Lösung.

Diese Form der zeitweiligen Mobilisierung von Arbeitskräftereserven zeitigte jedoch eine Reihe von Nachteilen. In Hau-Ruck-Aktionen konnte man vielleicht einen akuten Rückstand aufholen, aber keine kontinuierliche Produktion sichern.

Dienstleistungsbrigade

Rechts: »NBl« 31/1959

Die begrenzte Auslastung von Maschinen für einen halben Tag war ökonomisch auf Dauer nicht zu vertreten. Und auch die Frauen selbst waren bestrebt, in dauerhafte Arbeitsverhältnisse mit entsprechenden Rentenansprüchen und Sozialleistungen übernommen zu werden. Gegen Ende der fünfziger Jahre entwickelten sich daher aus den Hausfrauenbrigaden Brigaden von Vollzeit-Berufstätigen.

Dennoch blieb ein großer Teil von Frauen weiterhin zu Hause. Ihre Vorstellungen von einer Teilzeitbeschäftigung beispielweise scheiterten letztlich an dem niedrigen Stand der Konsumgüterproduktion und der geringen Entwicklung des Dienstleistungssystems, das den Frauen einen hohen Anteil an Subsistenzproduktion in der Hausarbeit abverlangte. Es war bis in die siebziger Jahre hinein in vielen Haushalten üblich, selbst zu schneidern und Mann und Kinder zu bestrikken und zu benähen. In den Sommermonaten wurde auf »Teufel-komm-raus« eingeweckt und so ein Wintervorrat an Vitaminen produziert. Aber auch die tägliche gewöhnliche Hausarbeit fraß eine Menge Kraft und Zeit. Waschen kostete gewöhnlich einen ganzen Tag – den Waschtag. Die Möglichkeiten, seine Kinder in Kindergärten und Schulhorts unterzubringen, waren begrenzt. Die alleinerziehenden Mütter hatten hier notwendigerweise gewisse Vorrechte. Und auch die Ehemänner dürften gegen eine Vollbeschäftigung ihr Veto eingelegt haben. Eine stundenweise Beschäftigung mochte ja noch angehen, aber ein regelrechtes Arbeitsverhältnis – das ging zu weit. Dennoch sind die Hausfrauenbrigaden ein Symbol für das Ende des Nur-Hausfrauendaseins. Auch sie spiegeln in besonderer Weise den Übergangscharakter jener Jahre wider.

Nur eine Hausfrau…

Seien wir berufstätige Frauen doch einmal ganz ehrlich: Sehen wir nicht oft etwas geringschätzig auf die Hausfrauen herab? Ärgern wir uns bei den abendlichen Einkäufen nicht darüber, daß viele von ihnen ausgerechnet dann einkaufen gehen, wenn wir es so eilig haben? Zugegeben, manche Hausfrau könnte uns das Leben etwas erleichtern, wenn sie die Vormittagsstunden für ihre Besorgungen nutzen würde. Aber haben wir uns schon einmal Gedanken darüber gemacht, ob wir nicht vielen Frauen mit unserer vorgefaßten Meinung Unrecht tun? Nur eine Hausfrau –, und doch gibt es unzählige unter ihnen, die ihre Kraft in den Dienst einer guten Sache stellen, sei es in der Arbeit für eine der demokratisdhen Organisationen, für die Volkssolidarität oder für das Deutsche Rote Kreuz…

Die Frau von heute 42–1955, S. 9

Gestern noch Hausfrauen – heute am fließenden Band

Magdalena Häusler (31)
Zwei Kinder. Ihr Mann: Parteifunktionär. Ihre Meinung: Immer zu Hause sitzen? Wir werden in der Produktion gebraucht.

Bandplatz 1:
Schalter an das Gehäuse schrauben und den Motor prüfen.

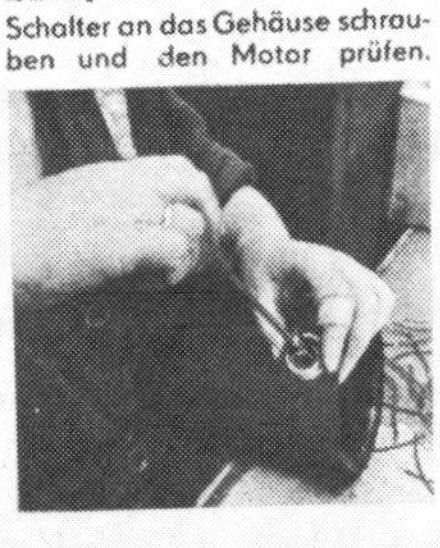

Eva Merkel (42)
Fünf Kinder. (22 bis 5 J.). Ihr Mann: Kraftfahrer. Ihre Meinung: Kinder sind 'raus. Haushalt kann man trotz der Arbeit ordnen.

Bandplatz 2:
Kabel an das Gehäuse schrauben und dann den Motor einsetzen.

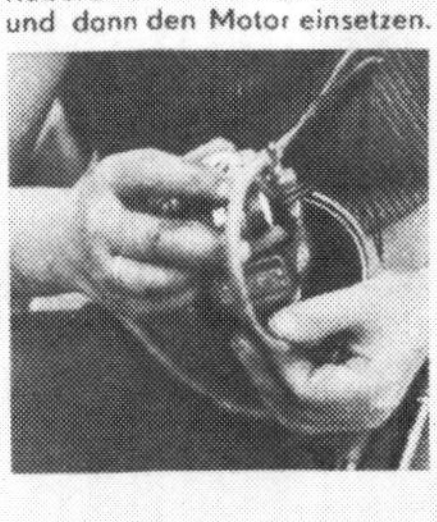

Ingeborg Leuschner (27)
Zwei Kinder. Ihr Mann: Dreher. Ihre Meinung: Hätte es mit der Halbtagsarbeit nicht geklappt, wäre ich nicht hierhergekommen.

Bandplatz 3:
Die zwei Verbindungen vom Kabel zu dem Schalter löten.

Erna Wathsack (39)
Ein Kind. Ihr Mann: Parteifunktionär. Ihre Meinung: Für das Kind und den Haushalt bleibt nachmittags noch genügend Zeit.

Bandplatz 4:
Elektrisches Anschrauben des Universal-Motors an den Becher.

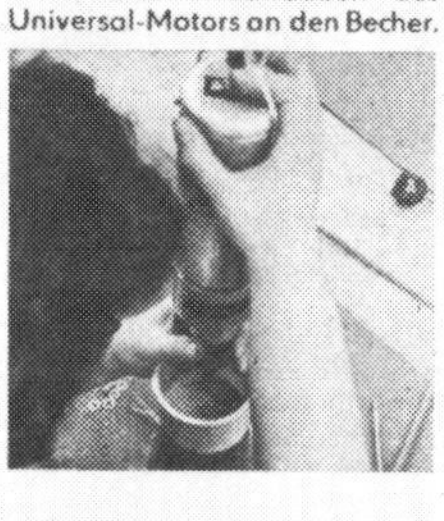

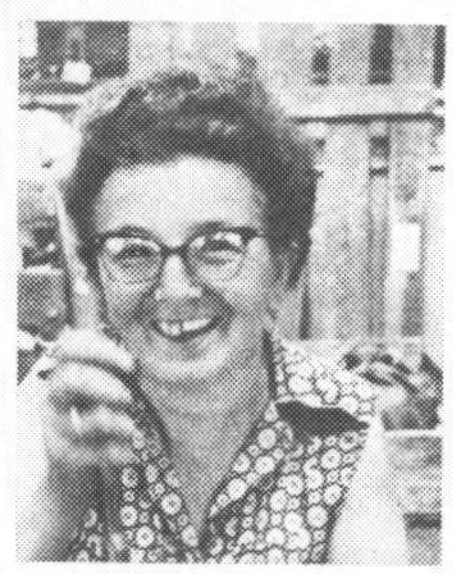

Margarete Weise (51)
Ein Kind. Ihr Mann: Elektro-Maschinenbauer. Ihre Meinung: Ich wollte mal wissen, wie es in der Produktion ist. Mir gefällt's.

Bandplatz 5:
Anlöten der Anschlüsse vom Motor an den Kontaktschalter.

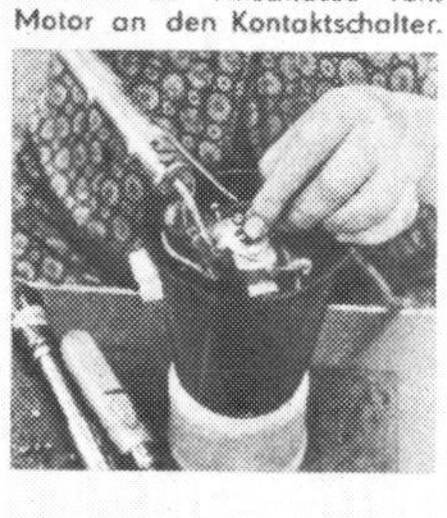

Toni Dornemann (51)
Vier Kinder (zwei verh.). Ihr Mann: Zimmermann. Ihre Meinung: Wer möchte jetzt nicht gern mithelfen. Halbe Tage geht es doch.

Bandplatz 6:
Mahlflügel der Pirouette mit Schraubvorrichtung befestigen.

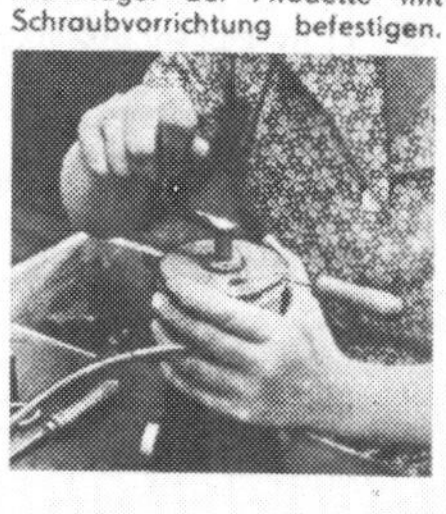

Mitglieder des Ausschusses: Fünf Frauen mit Herz und Zunge auf dem rechten Fleck

Berta Hennig, 54, arbeitet in der Magazinabteilung. Sie hat sich fest vorgenommen, die Gleichberechtigung der Frau durchzusetzen

Anni Dietrich, 42, früher Hausfrau, begann 1949 als Transportarbeiterin und ist heute als Lagerarbeiterin auf der Elbewerft tätig

Anna Ziehlke, das „Küken" des Ausschusses, leistet hauptamtlich FDJ-Arbeit und besucht einen Volkskorrespondentenlehrgang

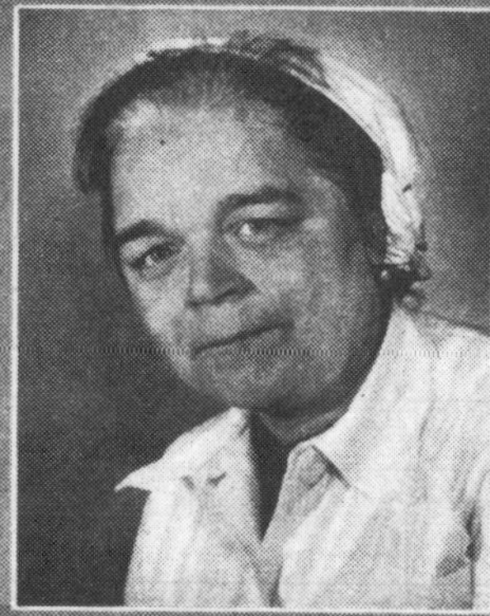

Hedwig Wolf, 45, seit 1938 auf der Werft, ist Küchenbrigadier und könnte die Küchenleitung gut und gern allein besorgen

Anneliese Menke, früher Steno-typistin, heute einzige Abteilungsleiterin der Volkswerft; sie leit[et] die Terminabteilung

Zum Internationalen Frauentag

Schluss mit den letzten Vorurteilen

Die Kolleginnen der Elbewerft Boizenburg ergriffen die Initiative und wählten einen Frauenausschuß, der die letzten ihrer vollen Gleichberechtigung entgegenstehenden Hemmnisse beiseite räumen will

Der von der internationalen Frauenbewegung seit Jahrzehnten geführte Kampf für die Gleichberechtigung der Frau ist in der Deutschen Demokratischen Republik noch nicht zu Ende. Es gibt zwar ein Gesetz, das alle Forderungen der deutschen Frauen restlos erfüllt. Seine Verwirklichung scheitert jedoch oft an den zwar tausendfach widerlegten, aber zählebigen Vorurteilen der Männer an den Werkbänken, in den Betriebs- und Organisationsleitungen. Wie in manchen Produktionsstätten gibt es auch in der Elbewerft Boizenburg einen Meister, der mit der Stoppuhr in der Hand die Arbeit der Frauen überwacht, um zu „beweisen", daß sie mit den Männern nicht mitkommen. Da gibt es die „Kollegen" Kranführer, die der einzigen Kranführerin Leben und Arbeit zur Hölle machten, bis sie „freiwillig" den Kran verließ. BGL, Betriebs- und Parteileitung griffen nicht ein — vielleicht schien es ihnen unter ihrer männlichen Würde. Es gibt noch mehr solcher Beispiele in diesem Betrieb. Der Frauenausschuß will jetzt jenen Männern, die es bisher nicht lernen wollten, gründlich nachhelfen, damit die Kolleginnen entsprechend ihrer großen Leistungen beim Aufbau und bei der Erfüllung unseres Volkswirtschaftsplanes geachtet und gefördert werden. Offene Aussprachen sollen den berechtigten Beschwerden und Forderungen endlich Gehör verschaffen. Der Fünfjahrplan sieht vor, daß hunderttausend und mehr Frauen die Berufsarbeit aufnehmen. Er ist nur zu verwirklichen, wenn gleichzeitig das „Gesetz über den Mutter- und Kinderschutz und die Rechte der Frau" bis ins Letzte verwirklicht wird.

Falsch denkende Männer

◄ „Geh mir weg mit den Frauen", sagt der Schlosser Schwarz aus der Fahrabteilung. In Worten erkennt er zwar die Gleichberechtigung der Kolleginnen an; eine Frau soll ihm aber „nichts zu sagen haben"

„Eine Frau versteht eben nichts von technischen Dingen. Um Himmelswillen keine Leiterin der Fahrabteilung", unkt ausgerechnet der Gewerkschaftsorganisator und kommt sich dabei noch wunder wie fortschrittlich vor ►

Richtig handelnde Frauen. Mädchen für alles ist die Sekretärin der Fahrabteilung, Maria Fiedler. Fast alle Arbeiten, die eigentlich Aufgabe des Fahrdienstleiters wären, erledigt sie selbständig. Aber der Betrieb gab ihr nicht die Chance. Der Frauenausschuß schlägt sie nun für die neue Aufgabe vor und wird dabei von fast allen

„Starke Bedenken" hatten die Kollegen der Elbewerft auch bei M[ar]garete Wollmar. Trotzdem hat sie sich zu einer tüchtigen Elektroschweiß[erin] herangebildet. Der Frauenausschuß ermöglicht ihr, um sie weiter zu [...]

Schluß mit den letzten Vorurteilen!

In den fünfziger Jahren greifen die Arbeiterinnen zur Selbsthilfe und organisieren Betriebsfrauenausschüsse, in denen sie das Thema Gleichberechtigung der Frauen endlich öffentlich aufs Tapet bringen. Warum erst jetzt, mag man sich heute fragen. Die Antwort ist einfach – wegen der drohenden Rückkehr der Männer.

Durch die Heimkehrer aus Kriegsgefangenschaft und Arbeitslagern wurden Frauen wieder von ihren inzwischen angestammten Arbeitsplätzen verdrängt. Andererseits wurden aufgrund der einsetzenden Mechanisierung und Technisierung in Bereichen, in denen bisher Frauen Schwer- und Schwerstarbeit geleistet hatten, die alten Arbeitsplätze überflüssig. Mit der Lösung dieses Problems machten es sich die Betriebe manchmal zu einfach: Sie erklärten die schweren Arbeiten für zu schädlich für den weiblichen Organismus, die Frauen für schutzbedürftig und gaben bei der Qualifizierung für die neue Technik eindeutig den Familienvätern und Ernährern den Vorzug. Frauen wurden in die geringer bezahlten Verwaltungsbereiche, in die Küchen- oder Putzfrauenbrigaden abgedrängt. Dies war nach Jahren körperlich schwerer Arbeit und permanenter Überanstrengung nicht nur einfach undankbar, sondern vor allem ungerecht, weil es mit hohen finanziellen Einbußen für die Frauen verbunden war. Die Erleichterung der Arbeit konnte nur dann wünschenswert sein, wenn sie für die Frauen nicht zugleich den beruflichen oder sozialen Abstieg bedeutete.

Dies wurde bei der Umverteilung der Arbeit auf Männer seitens der Leiter aber nicht bedacht. Über die Köpfe der Frauen hinweg wurde oftmals gegen ihre Interessen entschieden.

Gegen diese Praxis setzten sich die Frauenausschüsse zur Wehr. Sie protestierten gegen die neuerliche Abwertung weiblicher Leistungsfähigkeit und gegen die permanente Unterbezahlung sogenannter weiblicher Arbeitsbereiche. Aber das Hauptthema war der Kampf um Aus- und Weiterbildungsmöglichkeiten an der neuen Technik.

»Der massenhafte Eintritt von Frauen ins Berufsleben und vor allem in traditionelle Männerberufszweige schuf tiefgreifende soziale Probleme, zuallererst für die unmittelbar Betroffenen selbst, die Frauen, die sich die Anerkennung ihrer Leistungsfähigkeit und die notwendigen sozialen und individuellen Vorraussetzungen ihrer Berufstätigkeit erst ›erarbeiten‹ und oft vor Ort erkämpfen mußten. Aber auch die Männer... sahen sich mit Anforderungen konfrontiert, die neu und ungewohnt waren... In ›milden‹ Formen äußerte sich diese Haltung in ständigem Räsonieren männlicher Kollegen über die Leistungsfähigkeit der Frauen: ›Die schaffen das ja sowieso nicht!‹ Schon drastischer war die Praxis, bei knapper und stockender Produktion die Arbeit so zu organisieren, daß ›zuerst die Männer auf ihr Geld kamen‹ oder wenn in metallverarbeitenden Betrieben bei gleicher Qualifikation den männlichen Kollegen die Maschinenbedienung bevorzugt zugewiesen wurde.« [15]

In der Öffentlichkeit wurden diese Auseinandersetzungen jedoch kaum geführt. Nur zu besonderen Anlässen, wie dem

Links: »NBl« 10/1952

Frauenförderungspläne

Aus dem Beschluß der II. Tagung des Bundesvorstandes des FDGB »Die Verbesserung der Gewerkschaftsarbeit unter den Frauen« vom 3./4. Oktober 1952

Die in den Betrieben beschäftigten Frauen und Mädchen sind ein wesentlicher Teil der Arbeiterklasse, die die Mitverantwortung beim Aufbau des Sozialismus tragen. Die Entfaltung ihrer schöpferischen Kräfte und Fähigkeiten stärkt und festigt die Arbeiterklasse. Die hervorragenden Leistungen der Frauen im wirtschaftlichen, politischen und kulturellen Leben, besonders die der Arbeiterinnen in der Produktion, haben in erheblichem Maße zu unseren Aufbauerfolgen in der Deutschen Demokratischen Republik und im Kampf für die Erhaltung des Friedens und die Einheit unseres Vaterlandes beigetragen. Tausende Frauen stehen heute in den Reihen der Volkspolizei und leisten damit einen aktiven Beitrag zur Verteidigung unserer Heimat...

Die Gewerkschaftsarbeit unter den Frauen kann nur dann verbessert werden, wenn die Entwicklung, Förderung und Qualifizierung sowie die verstärkte Sorge um die werktätigen Frauen zur Gesamtaufgabe der Gewerkschaften wird. Dabei ist es unerläßlich, daß die Frauen zur Durchsetzung ihrer berechtigten Forderungen stärker in den Gewerkschaftsleitungen vertreten sind, sich mit Hilfe und Unterstützung aller Funktionäre in der Gewerkschaftsarbeit qualifizieren und für leitende Gewerkschaftsfunktionen entwickeln. Gleichzeitig muß das Selbstvertrauen der Frauen in ihre eigene Kraft gestärkt werden, damit sie die noch vorhandenen Hemmungen vor der Übernahme verantwortlicher Funktionen überwinden...

Die Frauenförderungspläne müssen konkrete Maßnahmen mit genauen Zahlen enthalten, und zwar: zur Einbeziehung von Frauen in die Produktion, zur fachlichen Qualifizierung von Ungelernten zu Angelernten, von Angelernten zu Facharbeiterinnen, von Facharbeiterinnen zu Meisterinnen und auf das Niveau der technischen Intelligenz, zur gesellschaftspolitischen Qualifizierung, zur Entlastung der werktätigen Frauen ... Planmäßige Entwicklung von Frauen und Mädchen für leitende Funktionen in Staat und Wirtschaft durch Delegierung an die Arbeiter- und Bauern-Fakultät sowie an Fach- und technische Hochschulen, der eine systematische Vorbereitung in Fachkursen vorangehen soll, durch die Betriebsleitungen...

Konsequente Durchsetzung des Prinzips – gleicher Lohn für gleiche Arbeit.

Dazu gehört:

a) ständige Überprüfung der Einstufung jeder einzelnen Arbeiterin durch die Lohnkommission der Betriebsgewerkschaftsleitungen, der Abteilungsgewerkschaftsleitungen und Kontrolle der richtigen Festsetzung der Löhne sowie der technisch begründeten Arbeitsnormen.

b) Ausarbeitung einer Analyse über den Anteil der Frauen in den einzelnen Lohngruppen zur Kontrolle der Maßnahmen der Betriebsleitungen für die Qualifizierung der Frauen,

c) unnachsichtige Bestrafung der Verantwortlichen bei Verletzung des Prinzips gleicher Lohn für gleiche Arbeit...

Dank des erfolgreichen Kampfes der Arbeiter, Angestellten und der technischen Intelligenz zur Erfüllung unserer Wirtschaftspläne konnten in vielen Betrieben soziale Einrichtungen, wie Kindertagesstätten, Kinderkrippen und -wochenheime, Frauenruheräume und Frauenstillstuben, Wäschereien, HO- und Konsum-Verkaufsstellen, geschaffen werden, die den werktätigen Frauen ihre Aufgaben als Hausfrauen und Mütter erleichtern. Diese Einrichtungen sind zu erweitern, vor allem in den für unseren sozialistischen Aufbau wichtigsten Betrieben.

Geschäftsbericht des Bundesvorstandes des FDGB zum 4. FDGB-Kongreß, 1950–1954. Hrsg. vom FDGB, Bundesvorstand, Berlin o.J., S. 335 ff

Frauentag z.B., wird der Widerspruch zwischen den gewachsenen Ansprüchen der Frauen und den sich beharrlich haltenden Vorurteilen der Männer in den Illustrierten thematisiert.

Die Ebene, auf der die Auseinandersetzung geführt wurde, ging dem sich haltenden männlichen Widerstand jedoch nicht auf den Grund. Denn hinter den sogenannten Vorurteilen standen handfeste Vorrechte und männliche Privilegien, die bei fortschreitender weiblicher Qualifikation in Gefahr geraten konnten. Gestritten wurde am Ende um die Besetzung attraktiver Positionen und Stellungen durch Frauen. In der Auseinandersetzung um das »falsche Denken« der Männer, das frau nur durch ihre Tat – und dies hieß allemal besondere Leistung – entkräften konnte, blieben Forderungen nach qualifikationsgerechtem Einsatz, nach Chancengleichheit beim Aufstieg in höhere Positionen oder nach angemessener Belohnung oftmals auf der Strecke, wenn sie nicht gesetzlich und damit für Betriebsleiter verbindlich verankert wurden.

Moralisch waren die Frauen jedoch unzweifelhaft im Recht. Und dieses Recht konnten sie auch politisch ins Spiel bringen. Denn hatte sich die neue Gesellschaft nicht die Gleichberechtigung der Frauen auf die Fahne geschrieben? Nun wurde sie beim Wort genommen. Auf Parteitagungen und in Ministerratsbeschlüssen wurden den Betrieben Verpflichtungen auferlegt. Insbesondere der Frauenförderungsplan war eine Maßnahme, die von den Frauenausschüssen gefordert und durchgesetzt wurde. Wenn es nicht zur gleichen Zeit einen zunehmenden Bedarf an Arbeitskräften gegeben hätte, der für die Zukunft die volle Berufstätigkeit der Frauen erforderlich machte, bliebe es wohl zweifelhaft, ob sich das Problem der Frauenarbeit dann derselben Beachtung erfreut hätte.

Vom Kollegen Möser, dem Barraston und dem zarten Geschlecht

»... Nun hat der Frauenausschuß ›gewagt‹, dem BGL-Vorsitzenden durch Kritik in seiner Arbeit zu helfen«, heißt es in einem Brief, den uns eine Kollegin aus dem Werk schrieb. Lesen wir einmal, was der Frauenausschuß an der Wandzeitung sagte:

»Hier spricht die Frau:

Punkt 1: Von den Kolleginnen ist bemängelt worden, daß die letzte Verteilung der Schwellen nicht gerecht erfolgt ist. Wir bitten deshalb, bei weiteren Verteilungen von Schwellen eine Kollegin des Frauenausschusses mit hinzuzuziehen, damit die jetzt aufgetretenen Mängel nicht wieder zu verzeichnen sind.

Punkt 2: Auf die bisher eingegangenen Anfragen bezüglich der Weihnachtsfeier der Kinder geben wir hiermit bekannt, daß diese am Sonntag, dem 19. Dezember 1954, stattfindet.

Punkt 3: Die Kolleginnen der Werkküche bitten die Essenteilnehmer, doch mit sauberen Händen zum Essen zu kommen, denn erstens ist es für alle Essenteilnehmer appetitlicher und zweitens werden die Tischtücher und weiteres Küchenmaterial geschont.

Punkt 4: Da die Frauen nun einmal das zartere Geschlecht sind, bitten wir den Kollegen BGL-Vorsitzenden, einen höflicheren Ton den Frauen gegenüber anzuschlagen und nicht in dem ehemaligen Barraston von, vor und mit den Frauen zu reden.«

Der Frauenausschuß (Unterschriften)

Der BGL-Vorsitzende antwortet dem Frauenausschuß:

»Die Zeit der Entwicklung brachte es mit sich, daß man vom Schwarzen Brett überging zu einer Wandzeitung, die das politische und betriebliche Geschehen innerhalb eines Betriebes durch Schrift und Bild zum Ausdruck bringen soll und nicht, wie es im Bw.Wgde. den Anschein hat, daß diese Wandzeitung zu einem Ausschmierkasten einer kleinen Gruppe von Menschen wird, die durch persönliche Eigenbrötelei in ihrer Kritik ihrem Herzen Luft machen wollen. Kritik soll und muß sein, aber nicht so, wie es hier der Frauenausschuß getan hat. Wie sachlich richtig ist die Kritik der Kollegen Kirchner und Dube. Diese Kollegen zeigen die Fehler und Mängel auf, bringen aber gleich zum Ausdruck, wie es besser gemacht werden kann.

Zu Punkt 1 der Kritik des Frauenausschusses möchte ich sagen: Zugegeben, es konnte eine Frau bei der Verteilung der Brennschwellen mit hinzugezogen werden, was allerdings auch *kein* anderes Ergebnis gebracht hätte. Solange im Bw. Wgde. kein arbeitsfähiger Frauenausschuß besteht, denkt die BGL, und besonders ihr Vorsitzender gar nicht daran, sich in ihrer Arbeit von einer kleinen Gruppe Meckerer stören zu lassen. Erstens bin ich davon überzeugt, daß die Kollegin Lipinsky als Vorsitzende des Frauenausschusses nicht richtig am Platz ist, was in ihrer Arbeit zur Kinderweihnachtsfeier deutlich zum Ausdruck kam. Hätte die BGL dem Frauenausschuß nicht immer helfend zur Seite gestanden, wäre so manches daneben gegangen.

Zweitens: Der Kollegin Kühner möchte ich sagen, wenn sie jemand kritisiert, dann muß sie in der Lage sein, es besser machen zu können. Wir sind alle nur Menschen, die alle einmal Fehler machen. Aber niemals soll man seinen persönlichen Ärger an anderen Menschen auslassen. Darum, Kollegin Kühner, arbeite Du erst einmal an Deinen eigenen Fehlern, dann wirst Du der Betriebsleitung und der BGL manchen Ärger ersparen. Ich möchte von Deinen Fehlern hier nicht sprechen, weil sie dem Zweck unserer Wandzeitung nicht dienen, sondern nur schaden.

Zu Punkt 4. Das schwache Geschlecht hat bei den Kollegen im Betrieb nur ein allgemeines Gelächter ausgelöst. Hier zeigt der Frauenausschuß so richtig„ wie rückschrittlich er in seiner politischen, ökonomischen Einstellung zum Staat und zur Regierung ist. Auf der einen Seite verlangen unsere Kolleginnen ihre von der Regierung gegebene Gleichberechtigung der Frau. Sie wollen bei gleicher Leistung dasselbe Geld wie ihre männlichen Kollegen haben, aber auf der anderen Seite wollen sie mit Glacèhandschuhen angefaßt werden. So nicht, Kollegin Pulst; wo gehobelt wird, fallen Späne (manchmal sehr grobe), denn diesen Barraston hat der BGL-Vorsitzende schon gehabt, als er vom Barras noch gar keine Vorstellung hatte. Sei davon überzeugt, wenn ich einmal zu Dir im Barraston sprechen sollte, fällst Du bestimmt in Ohnmacht. Mir sind jedenfalls solche Menschen angenehmer, die laut und ehrlich ihre Meinung äußern, als jene, die hinter dem Rücken zischeln, von, vor und über Menschen sprechen, nach außen aber den Mantel eines Biedermanns tragen. Zu den drei anderen Unterschriften möchte ich nichts sagen, sie dienten doch nur als Mittel zum Zweck.«

H. Möser, BGL-Vorsitzender

Unsere Leserinnen werden mit uns der Überzeugung sein, daß die Kolleginnen vom Frauenausschuß hier eine bescheidene Bitte vorbrachten, wo es ihr Recht war, zu fordern. Das versteht anscheinend der Kollege Möser nicht, denn im ersten Absatz seiner Antwort versucht er die Kolleginnen zu diffamieren und die Werktätigen in zur Kritik berechtigte und unberechtigte Gruppen einzuteilen... Wir würden es merkwürdig finden, wenn nicht auch die Kollegen des Reichsbahnwerkes Wernigerode zu ihrem BGL-Vorsitzenden etwas zu sagen hätten. Darum stellen wir hiermit dieses Thema zur Diskussion und bitten auch unsere Leserinnen, uns ihre Meinung darüber mitzuteilen. Sicher gibt es noch hier und da Betriebe, wo männliche Kollegen nicht ganz begriffen haben, welche Rolle die werktätige Frau in unserem Staat inne hat, und die versuchen (wenn auch unbewußt), ihre Entwicklung und Entfaltung zu hemmen.

Die Frau von heute 4–1955, S. 22

Achtung HIER SPRICHT DER FRAUENAUSSCHUSS

Eine Frau kann keine Elektro-Lok fahren! Das hat es noch nie gegeben", sagten Werkleitung und BGL. Die artei setzte durch, daß die zweifache Aktivistin Gertrud Lindner ihre E-Lok fahren durfte. Seit einem Jahr macht ie den Männern noch etwas vor. Bis zum 8. März kommenden Jahres will sie eine ganze Frauenbrigade (7) als -Lokführerinnen ausgebildet haben. Sie selbst will sich als Schachtmeisterin und später zur Abteilungsleiterin ualifizieren.

»Die Frau von heute« 35/1952

Fahrerin Irmgard Wilke erzählt

Was die im Westsektor alles ausbrüten, sowas ist mir noch nicht vorgekommen! Seit Jahren stehe ich am Fahrerstand und befördere die Berliner durch unsere Stadt. Noch nie ist mein Wagenzug ausgefallen, noch nie gab es Bruch, und alle meine Kolleginnen fahren genauso gut und sicher, wie zum Beispiel mein Mann, der auch Straßenbahnfahrer bei der BVG ist. Also neulich kletterte ich auf meinen 95er Wagenzug, und los geht's von Köpenick nach Berlin rein. Wie ich ein Stückchen über die Sektorengrenze bin, stehen da mehrere Männer quer über den Gleisen und halten den Wagen an. Es sind drei Verkehrsmeister und ein paar Stummpolizisten. »Hier im Westsektor dürfen keine Frauen am Fahrerstand stehen, wir können Sie nicht durchlassen«, sagt der eine Verkehrsmeister und ein anderer fügt hinzu: »Es ist wegen der Verkehrssicherheit!« Da war ich erst mal sprachlos. Aber jetzt fingen die Fahrgäste an zu meutern: »Macht man keenen Wind! Wat denn für 'ne Fahrsicherheit?! Die Frau hat uns prima von Köpenick bis herher gefahren und wird uns auch noch gesund bis zum Attilaplatz bringen!« »Warum laßt Ihr denn die Frau nicht durchfahren? Bei euch jondeln doch so viel Frauen mit Privatautos rum! Die jefährden wohl nich die Fahrsicherheit? Die Frau muß sich jenau so ihr Brot verdienen wie andere ooch!« Mittlerweile zog ich meinen Fahrausweis aus der Tasche, der mich berechtigt, Straßenbahnen zu führen. Ich konnte mich auch nicht entsinnen, daß es in den BVG-Bestimmungen oder in Westberliner Gesetzen einen Passus gibt, der es Frauen verbietet, sich als Fahrerinnen zu betätigen. Ganz im Gegenteil heißt es doch, daß auch der Frau in Westberlin angeblich die volle Gleichberechtigung verfassungsmäßig garantiert sei. Aber weder Fahrausweis noch Argumente nutzten etwas, man ließ mich nicht weiterfahren. »Ihr seid die Richtigen«, rief eine Frau empört, »wenn Krieg ist, da dürfen Frauen alles machen! Dürfen Tag und Nacht Granaten drehen, dürfen auch ohne ›Verkehrssicherheit‹ 20 Stunden am Tag die Straßenbahn führen und jetzt soll's auf einmal nicht gehen?« In diesen 30 Minuten bekamen die Westberliner Verkehrsmeister und die Stupos allerhand zu hören, bis sie schließlich erklärten, daß sie auch nichts dafür könnten, denn die Anordnung käme von ›oben‹. Trotz Protestes und Unterstützung der Fahrgäste blieb weiter nichts übrig, als den Wagen umzurangieren und zurückzufahren. Später, auf dem Straßenbahnhof diskutierten wir lange über das Vorgefallene. Klar, die Westberliner Arbeitslosen würden sagen: Seht mal, im demokratischen Sektor kann sogar jede Frau die Arbeit bekommen, die ihr gefällt, da gibt es genug Arbeit für alle. Unsere West-BVG plant dagegen, alle Frauen wieder zu entlassen, weil es so viele Arbeitslose gibt, daß sogar die Fahrer als Schaffner gehen und trotzdem noch eine Menge ohne Arbeit sind. Jedem würde es klar werden, wie die Reuter-Clique immer tiefer in den Strudel ihrer Katastrophenmusik hineingerät, genauso, wie es jetzt jedem klar wurde, daß auf Reuters Befehl nun auch die BVG in Berlin gespalten wurde, und damit die Bevölkerung neue Belastungen und Schwierigkeiten zu tragen hat. Die Absicht, auch dieses gesamtberliner Verkehrsmittel zu spalten, bestand schon lange und wurde von den Frontstadtstrategen sorgfältig vorbereitet, indem seit längerer Zeit für die verschiedensten Straßenbahnlinien unter großem Kostenaufwand Kehranlagen im Westsektor eingebaut wurden.

Für uns Frauen auf dem Straßenbahnhof – und das sind nicht wenige, nämlich 70 Prozent der Gesamtbelegschaft – konnte es kein besseres Beispiel dafür geben, was die Spalter unserer Hauptstadt unter der Gleichberechtigung in ihrer Verfassung verstehen. Fragt sich nur, wie lange die Westberliner Bevölkerung diesen Spuk noch mit ansehen wird, bis sie Reuter und Konsorten zum Teufel jagen. Wir Frauen aber werden uns nicht von diesen Agenten und Brückenkopfstrategen von unserer Bahn zerren lassen, wir werden sehr bald wieder unsere Straßenbahn durch das ganze Berlin fahren.

Die Frau von heute 5–1953, S. 7

Im Taucherhelm: einen „schweren Brocken" im Arm, die Last der Ausrüstung auf den Schultern, entsteigt Fräulein Ingeborg schweratmend den trüben Fluten des Teltowkanals: dort taucht sie nach Munition, die in den letzten Kriegstagen versenkt wurde und seitdem den Schiffsverkehr gefährdet. Die Eiserne Jungfrau 1949 ist ein quicklebendiges Mädel unserer Zeit – mit eiserner Energie und eiserner Gesundheit. Sie beweist, daß auch in den männlichsten Berufen das weibliche Geschlecht eisern seine Frau steht. Rechts: sogar der eigenartige Rollkragen-Pullover hindert Ingeborg nicht, einer Schwäche des schwachen Geschlechts nachzugeben – dem Hang zur Schönheitspflege im ungeeigneten Moment

Die EISERNE JUNGFRAU von Berlin

»NBI« 11/1949

Abenteuer Arbeit

In dem Maße, wie Frauenarbeit in allen Bereichen mehr und mehr gewohnheitsmäßig wahrgenommen und damit auch wieder ausgeblendet wurde, bedurfte es des Besonderen, der Sensation, des Exklusiven, um Frauenarbeit wieder bildwürdig erscheinen zu lassen. Frauen müssen besonders gut sein in ihrem Fach, mit einer Meisterleistung glänzen, verdiente Aktivistin oder Neuerin sein, um in die Presse zu gelangen. Oder aber sie fallen so extrem aus der Frauenrolle, daß es schon wieder erwähnenswert wird. So schwanken die Bilder zwischen »Superfrauen«, die einfach alles können und dem »Spitzenmädel von nebenan«, einer »Frau wie Du und Ich«.

Das Leit-Bild der arbeitenden Frau verändert sich dabei grundlegend: An die Stelle der mütterlichen Fachfrau tritt ein engagiertes junges Mädchen. Sie trägt auch nicht mehr die Kittelschürze, sondern Blaumann und Wattejacke. Die jungen Mädchen sind zwar auch sehr ernsthaft bei der Arbeit, doch ihre Gesichter strahlen den Betrachter in optimistischem Selbstvertrauen und jugendlichem Überschwang an. Durch die offen getragenen Haare, die auch manchmal unter der kokett aufgesetzten Mütze hervorquellen, die Bewegtheit der Körper, die eng anliegende Kleidung wird der Eindruck des Mädchenhaften noch verstärkt. Diesen jungenhaften Mädchen ist scheinbar einfach alles erlaubt.

Ob als Fotografin, die breitbeinig und in Hosen auf dem Sozius hinter einem lederbekleideten Motorradfahrer sitzt oder als »Eiserne Jungfrau von Berlin«, die aus den Fluten aufsteigt und sich mal kurz die Lippen nachmalt, ob als die »Ruth vom ›Kran 61‹«, die sich aus gewagter Höhe fröhlich herablehnt oder als »Fräulein Maurer«, das selbstbewußt lachend eine ganze Männerbande in Schach hält – die jungen Mädchen verkörpern einen vollkommen neuen Typ von Frau der auch für heutige Zeiten noch ungeheuer modern wirkt.

Die Arbeit erscheint als Abenteuer, als alltägliche Herausforderung, etwas Besonderes zu leisten und Großes zu vollbringen. Manche Bilder wirken fast ein wenig zu frech.

Da springen die Mädchen mit den Männern um wie mit Ihresgleichen. Sie lassen sich von ihnen den Eimer mit Mörtel heraufreichen oder aus dem Wasser heraushelfen. Männer halten den Spiegel, wenn sich die Taucherin schminken will und sie hängen ihr hinten am Rockzipfel, wenn es in wilder Fahrt mit dem Traktor über den Acker geht. Und den Männern scheint das noch Spaß zu machen. Die Frau als einzelnes »Huhn im Korbe«, als der Liebling reiner Männergesellschaften, als der umschwärmte hinreißende Star der Bauplätze und Fabriken? Außergewöhnliche Frauen, die etwas gewagt haben, dabei aufs Ganze gingen und am Ende die Männer für sich gewonnen haben? Diese wunderschönen Stories erinnern denn doch sehr an Kintopp.

Der Weg der Frau

Wie schön ist das Leben im Arbeiterstaat
für uns gleichberechtigte Frauen,
an jedem Arbeitsplatz stehen wir,
lernen – studieren und bauen.

Wir haben doch schon viel geschafft
auf Bauten, in Fabriken und Kontoren,
täglich beweisen wir unsere Kraft
als wären wir neu geboren.

Du kannst uns an der Werkbank sehn,
besuche die Trümmerfrauen,
hier als Arzt, dort als Wachtmeister,
in jedem Beruf stehn zielbewußte Frauen.

Wir schaffen für der Zukunft Glück,
uns danken strahlende Augen,
wir kämpfen für unserer Kinder Glück
und grüßen die Friedenstauben.

Schlafe, mein Kind, und träume von morgen,
auch Mutti steht auf Friedenswacht.
Du sollst glücklich leben, ohne Sorgen,
wir schützen unsere Errungenschaft.

Maria Hille
Die Frau von heute 17–1955, S. 21

Huhn im Korbe. Heute kann das waschecht gewordene „Frl. Maurer" nicht mehr begreifen, daß es sich anfangs nicht getraute, in die Baubude zu den vielen Männern zu gehen. Und auch die anderen haben etwas zugelernt: im Leben zählt nicht, ob man Hosen oder Röcke trägt, sondern nur die Leistung. Auch in diesem Handwerk, das bei der Erfüllung des Fünfjahrplans besondere Bedeutung besitzt und deshalb zu den aussichtsreichsten Berufen zählt, stehen kräftige und gesunde Frauen den Männern in keiner Weise nach

Sonderbericht für die NBJ von Lenka v. Koerber

NEUE Berliner Illustrierte

B 1951/27 – 1. JULIHEFT – VII. JAHRGANG
BERLIN 20 PF., AUSWÄRTS 30 PF. — VERLAGSORT BERLIN

DIE RUTH VOM „KRAN 61"

Aufnahme: Gerhard Kiesling

So nennen auch die alten Stahlwerker die 18jährige Ruth Notzon mit anerkennender Hochachtung. Vor zehn Wochen saß sie noch im Büro. Dann meldete sie sich freiwillig für den Jugendkran im Stahlbau I. Fünf Tage wurde sie angelernt. Nach weiteren drei Tagen fuhr sie allein, und jetzt dirigiert sie von hoch oben mit sicherer Hand Lasten bis zu 17500 Kilo. Ruth übernahm die Selbstverpflichtung, sich bis Jahresende zur „Springerin" zu qualifizieren, so daß sie an allen Krantypen des Stahl- und Walzwerks Riesa, über das wir im Innern des Blattes berichten, eingesetzt werden kann

Die Kranführerin

Sie, die vor kurzem noch gedacht,
daß Männer nur ein Werk vollbringen,
indes die Frau'n ihr Kind einsingen,
ein Mädchen nur den Haushalt macht,

ist nun befreit vom alten Wahn
und hat sich selber eingeschaltet
ins große Werk, in dem sie waltet
als Führerin auf einem Kran.

Mit sicherer und fester Hand
hebt und bewegt sie schwere Lasten,
sie läßt die Augen niemals rasten
in stillem Stolz auf ihren Stand.

Als Führerin auf einem Kran
hat alle Frau'n sie angesprochen,
sie hat den engen Kreis durchbrochen
und hilft erfüllen unsern Plan!

Johanna Kraeger

Die Frau von heute 7–1955, S. 10

Kluge Frauen – helle Mädchen

Fünfzig, hundert, tausend Frauen
sind am Werk und helfen mit,
eine beßre Welt zu bauen,
vorwärts geht es Schritt um Schritt.
Sie packen alle heut mit an,
weil eine neue Zeit begann.
Wer noch im Zweifel war,
dem wird nun klar:
Frauen stehen ihren Mann.

Kluge Frauen, helle Mädchen,
in den Morgen klingt ihr Lied.
Was sie tun in Dorf und Städtchen,
für sie selber mit geschieht.
Drum packen alle heut mit an,
weil eine neue Zeit begann.
Wer noch im Zweifel war,
dem wird nun klar:
Alle Mädchen,
alle Frauen,
alle stehen ihren Mann.

Johanna Kraeger

Die Frau von heute 18–1960, S. 31

Das Spitzenmädel von nebenan

Da sind die fleißigen Jung-Aktivistinnen und Neuererinnen freilich glaubhafter. Das unverheiratete Mädchen verkörpert den Typ der neuen Frau, einer »Frau von heute«, wie sogar der Name einer Frauenzeitschrift lautet. Weibliche Berufstätigkeit erscheint hier in der Gestalt eines jungen und zufrieden lachenden Mädchens, das fest mit beiden Beinen im Leben steht. Das sind keine verwöhnte Luxusweibchen, die darauf aus sind, sich den Mann des Lebens zu angeln und sich derweil das Leben mit Vergnügung und Unterhaltung versüßen. Die jungen Frauen von heute verstehen zu arbeiten. Es entsteht das Idealbild von der gleichberechtigten Lebensgefährtin, der Kameradin, auf die man sich verlassen und mit der man Pferde stehlen kann. Diese jungen Frauen beherrschen ihre Arbeit »wie ein Mann«, sie sind nicht nur sehr tüchtig, sondern auch erfinderisch und klug.

Dennoch vermitteln die Bilder nicht den Eindruck, als ob die Mädchen in den von ihnen vorgeführten Berufen alt werden würden. Die Arbeit in der Fabrik, auf dem Feld oder auf der Baustelle erscheint als Durchgangsstation zum wirklichen Leben, als eine Art Dienst am Volk. Die Bilder verweisen auf eine dahinter liegende schönere Zukunft, die entweder in die Ehe oder in einen höheren Beruf mündet.

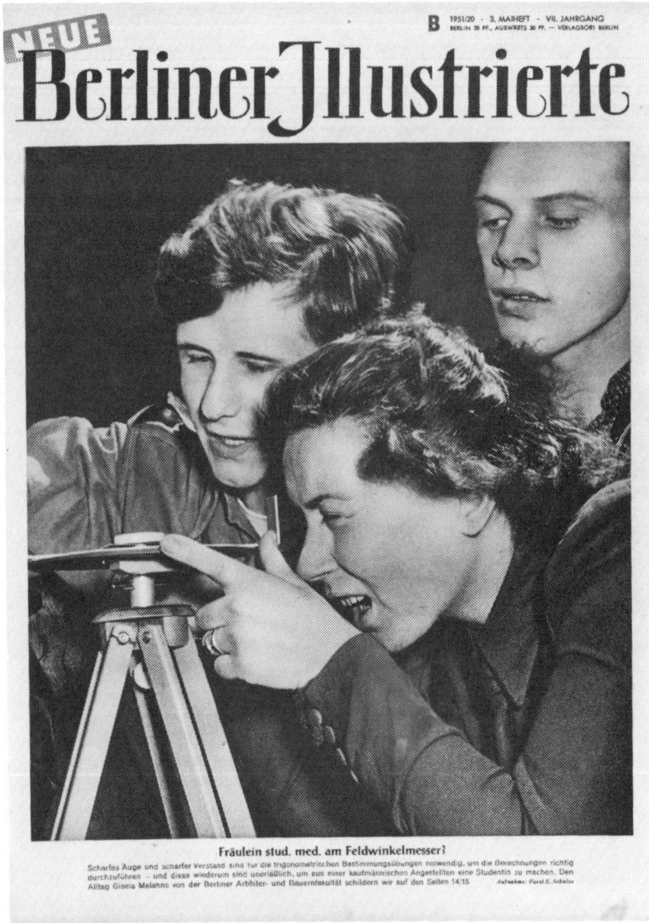

Die höheren Töchter

Arbeit adelt zwar, vor allem im Arbeiter- und Bauern-Staat, und deshalb sind auch alle aufgerufen, wenigstens zeitweilig in die Produktion oder aufs Land zu gehen, aber dennoch trug das Ideal der körperlichen Produktionsarbeit nicht in allen Lebenslagen. Zur gleichen Zeit konnte man auch mit Arbeit bestraft werden und in die Produktion strafversetzt oder verstoßen werden. Und es erschien durchaus erstrebenswert, sich aus den Niederungen der unqualifizierten, anstrengenden und wenig geistvollen Tätigkeiten heraus- und heraufzuarbeiten.

Natürlich ist das studierte Arbeitermädchen zugleich auch ein Markenzeichen für die Chancengleichheit in der neu aufzubauenden Gesellschaft. Denn nicht nach der Geburt, sondern nach Intelligenz und Fähigkeiten, nach Talent und Leistungsbereitschaft entscheidet sich die Zukunft der neuen deutschen Jugend. Daß es dabei erneut zur Ausgrenzung bestimmter Schichten und zu Ungerechtigkeiten gegenüber Jugendlichen kommt, spricht nicht gegen dieses Prinzip, sondern gegen seine Instrumentalisierung für ideologische Zwekke.

Verblüffend viele der jungen »Arbeitermädel« auf den Bildern streben nach »Höherem«. In den Bildunterschriften wird es deutlich: »Fräulein stud. med. am Feldwinkelmesser?«, das »Fräulein Maurer« möchte später Architektin werden und die Tankfrau studiert demnächst Finanzökonomie.

»Das ist der Idealtyp der neuen studentischen Jugend: intelligent, praktisch, flink, kameradschaftlich und von fortschrittlichem Geiste beseelt.«
»Die Frau von heute« 8/1949

Zugleich sollen die Studentinnen auch später stets der Arbeiterklasse verbunden bleiben. Deshalb entbindet Studieren nicht von den Pflichten, beim Aufbau mitzuwirken. Und so wird der »Idealtyp der studentischen Jugend« in der »Frau von heute« 1949 beschrieben: »intelligent, praktisch, flink, kameradschaftlich und von fortschrittlichem Geiste beseelt«,[16] auch in den Semesterferien stets beim »Nationalen Aufbauwerk«, bei den »Großbaustellen der Jugend« und bei Erntearbeiten auf dem Feld zu finden.

Auf diese Weise wandelt sich nicht nur die Vorstellung von der Intelligenz, die, nun selbst dem Volke entstammend, auch dem Volke dient. Auch das Bild der geistvollen, intelligenten Frau, der Akademikerin und der Gelehrten wird so allmählich positiv besetzt. Als Vorbild gilt hierfür immer wieder die sowjetische Frau, die sich ganz selbstverständlich mit der »Entdeckung des Unbekannten« beschäftigt.

»Die Frau von heute« 44/1958

»Reiche Ernte«

Arbeit macht schön

Die Titelfotos versprechen die ideale Lebensgefährtin, die selbständig und anlehnungsbedürftig zugleich, leistungsfähig, aber auch bezaubernd schön ist. Jugendliche Frische, Naivität und Koketterie springen uns von den Titelseiten entgegen. Mit leicht geneigtem Kopf schauen die Mädchen lockend von unten herauf. Der betonte Mund ist leicht geöffnet, so daß die ebenmäßigen weißen Zähne hervorschauen. Mit den Händen präsentieren die Mädchen ein Produkt ihrer Arbeit: Kücken, Getreidekörner, Äpfel, Pakete mit Waschmitteln oder das »Scheckbuch der guten Taten«. Bei den mit Stolz vorgezeigten Gegenständen fühlt man sich deutlich an frühere Aussteuerversprechen erinnert. Und wird hier nicht auch ein Mädchen als ideale Ehefrau angepriesen? Diese Frau kann nicht nur etwas leisten, sie geht auch behutsam und fürsorglich damit um – ist sie nicht eine wunderbare Hausfrau? In den Fotos verschwindet die Art der Tätigkeit völlig im Hintergrund, entscheidend werden Gesicht, Haare und Figur. Dadurch verschiebt sich am Ende der eigentliche Bedeutungsgehalt des Bildes, wird die vielleicht beabsichtigte Wirkung in ihr Gegenteil verkehrt. Die Berufstätigkeit erscheint wie ein notwendiges Übergangsstadium bis die Mädchen zur »eigentlichen Bestimmung« als Ehefrauen und Mütter gelangen. Letztlich bestätigen die Bilder die Denkweise, daß Arbeit bis zur Ehe nichts schade, sondern im Gegenteil den verwöhnten Mädchen eine gute Lehre sein könnte, daß aber die Erfüllung weiblichen Lebens woanders liege.

Das »Material«, die gesellschaftlichen Stereotype, die hier zum Tragen kommen, sind aus dem Formenreservoirs der Reklame, der Werbung und den Klischees der Kinowelt entliehen und hier in anderen Kontexten neu zusammengesetzt. Der neue Inhalt – es handelt sich hier schließlich um die

weiblichen Repräsentanten der Arbeiterklasse und nicht um den entfernt von der Wirklichkeit in imaginären Scheinwelten agierenden Traumstar oder ein Fotomodell, das die Wohlstandsideologie einer Angestelltenwelt repräsentiert – wird jedoch in den alten Präsentationsformen wieder halb verdeckt. Der Grundgestus des Bildes, das Sich-Anbieten, Um-Werben, Um-Aufmerksamkeit-Bitten beim (männlichen) Betrachter, läßt dahinter leicht in Vergessenheit geraten, daß es eigentlich darum gehen sollte, den Anspruch der Frauen auf eine sinnerfüllende Berufstätigkeit für das Alltagsbewußtsein akzeptabel zu machen. Sollte hier auf den Titelseiten vielleicht nur ein attraktiver Aufhänger gefunden werden, der es den LeserInnen erleichtern sollte, einen Zugang zur Problematik der berufstätigen Frau zu finden? Oder sind diese Bilder nur der unbewußte Reflex gängiger Denk- und Verhaltensmuster?

Frauen meistern die Technik

Auf den Innenseiten der »Frau von heute« und der »Für Dich« zeichnen sich hinsichtlich der Darstellung berufstätiger Frauen neben diesen auch andere Tendenzen ab. Neben den schon beschriebenen Darstellungen traditioneller Frauenarbeit deutet sich eine zunehmende Technisierung und damit einhergehend auch die weitere Qualifizierung weiblicher Berufsarbeit als entscheidende Trendwende für die geschlechtsspezifische Arbeitsteilung an. Die Träger dieses Umbruchs sind ebenfalls junge Frauen. Die Eroberung moderner Technik, ihre Beherrschbarkeit für Frauen und die besondere Anerkennung, die eine solche Tätigkeit den Frauen verschafft, sind die vorherrschenden Bildmotive. Besonders beliebt ist die Geschichte, wie eine einstmals umständehalber ergriffene Ausbildung in einer technischen Richtung allmählich und in dem Maße, in dem sich die Frauen dafür engagierten, zum Traumberuf avanciert. Die Vorliebe der Fotografen für technische Details, ein effektvolles Ins-Bild-Setzen der Technik deuten auf die in den fünfziger Jahren einsetzende »Technikeuphorie«, in der sich Fortschrittsglaube und die Hoffnung auf spürbare Verbesserungen in den Lebensbedingungen miteinander verknüpften.

»Frauen meistern die Technik« – unter dieser Überschrift werden junge Mädchen vorgestellt, die mit Knopfdruck komplexe Anlagen steuern, ganze Maschinenhallen beaufsichtigen oder riesige Gefährte besteigen: Mähdrescher, Elektroloks, Flugzeuge. Die Erleichterung der einstmals schweren körperlichen Arbeit rückt in den Vordergrund. Dem Vorurteil von Frauen gegenüber technischen Berufen, welche schmutzig, laut und körperlich anstrengend seien, wird die Leichtigkeit des Knöpfchendrückens im sauberen Kittel gegenübergestellt. Der industrielle Fortschritt soll es den Frauen erleichtern, Zugang zu technischen Berufen zu finden. Die manchmal recht großen Vorbehalte gegenüber der eigenen Leistungsfähigkeit werden oft zum Ausgangspunkt der Reportage gemacht. »Erst Skepsis – dann Blumen« lautet der Titel einer Geschichte über eine Eisenbahnerin. »Berufe mit Zukunft« ist eine Geschichte über die Lehrlingsausbildung in der Elektrotechnik. Darin wird ein weiteres neues Merkmal weiblicher Berufstätigkeit angedeutet: Je qualifizierter der Beruf, desto eher wird er von den Frauen ohne langjährige Unterbrechungen ausgeübt. Die Wende von der Erwerbsarbeit zur dauerhaften und qualifizierten Berufsarbeit von Frauen vollzieht sich dann endgültig und nicht mehr zurücknehmbar in den sechziger Jahren.

In den Darstellungsformen rückt die Technik allerdings oftmals überdimensional in den Vordergrund. Die Frauen wirken dagegen schmal, zart, zerbrechlich und wie verloren. Die Erfinder dieser Technik sind Männer. So sind auch die Strukturmerkmale technischer Berufsgattungen männlich dominiert. Produktivität, Sachverstand, Durchsetzungsvermögen lauten die auf Frauen übertragenen Anforderungen »männlicher« Arbeit. Die vorgeführten Bilder sollen gegen alle Zweifler vor allem eines klarstellen: daß Frauen eben diesen Kriterien gerecht werden. Doch gerade weil diese propagandistische Funktion so vordergründig ins Auge springt, bleibt der Zweifel bestehen. Die Ausnahmen bestätigen nur die Regel, sie widerlegen sie nicht wirklich.

Unser Boss ist keine Dame

Ende der fünfziger Jahre werden die ersten Ingenieurinnen, Architektinnen, Chemikerinnen und Physikerinnen vorgestellt. Für die Reporter ist es von besonderer Wichtigkeit, sie nicht nur bei der Arbeit, sondern auch in ihrer häuslichen Welt abzubilden. Die Ingenieurin als »moderne Eva«, für die »Kochen, auch wenn manches danebengeht, ...eines ihrer Steckenpferde« ist, die ihren Mann in einer Kulturgruppe kennengelernt hat und über deren Arbeit man in dieser Reportage wirklich nichts erfährt.

Die Frau als Leiterin eines Männerkollektivs, eines männlichen Bereichs gar, scheint in den fünfziger Jahren noch völlig unmöglich zu sein. Jedenfalls fanden sich in den Illustrierten keine Beweise für ihre Anwesenheit. Wenn überhaupt, finden sich Frauen als Leiterinnen in typischen Frauenarbeitsbereichen dargestellt. Der Rollentausch findet nicht statt – noch nicht. Die weibliche Karriere endet da, wo die der Männer beginnt, in den oberen Etagen der Gesellschaft.

Ein weiblicher Boss, das wäre nicht nur eine Frau, die auf dem Gipfel der weiblichen Emanzipation angelangt ist, sondern auch ein wirklicher Beweis für die Möglichkeiten des Aufstiegs und für Chancengleichheit. Aber wären sie deshalb

»NBI« 52/1957

Eine Frau baut Kindergärten

Schon als junge Studentin interessierte sich Carola B l o c h besonders für den Bau von Kindergärten. Sie sah, wie unzweckmäßig sie oft gebaut waren, wie sie die Arbeit der Kindergärtnerinnen erschwerten. Sie aber wollte einmal einen Kindergarten bauen, der Kinder und Kindergärtnerinnen gleichermaßen zufriedenstellt. Der Faschismus setzte ihrem Streben ein Ende. Sie mußte zusammen mit ihrem Gatten, Professor Bloch, emigrieren. Zunächst ging es nach Frankreich, dann nach der Tschechoslowakei. 1938 siedelten sie nach Amerika über. Nach dem Krieg kamen sie wieder nach Deutschland zurück; ihr Gatte hatte eine Berufung an die Leipziger Universität erhalten. Die Architektin Carola Bloch ist heute Diplom-Ingenieur, und noch immer gilt ihre ganze Liebe dem Bau von Kindergärten, Kinderheimen und -krippen. Sie spricht sechs Sprachen fließend und kann sich so über den Stand der Architektur in der ganzen Welt und ganz besonders über Bau und Einrichtung von Kindergärten informieren. Die von Carola Bloch entwickelten Typenbauten haben den Vorzug, daß die Verwendung typisierter Bauelemente, die rationelle und industrielle Vorfabrikation, die Normung der für die Einrichtungen zweckmäßigsten Fenster, Türen und Treppen eine wesentliche Einsparung von Mitteln mit sich bringt. Das ausgeprägte Stilgefühl der Frau, ihr Sinn für Linien und Formen, ihr Wissen um die Bedürfnisse der Erzieherinnen und Pflegerinnen, die Beschäftigung mit den Kindern selbst, kommen ihr bei der Errichtung von Kinderheimen zugute. So werden trotz der typisierten Bauweise schon aus städtebaulichen und …haftsbedingten Gründen für das gleiche Modell meh… …schaffen. Ein wichtiges Prinzip, das Frau … …wendet und das sich sehr be… …ten Gruppeneinheiten für … Diese Unterteilung hat

◄ An alles muß gedacht werden — auf dem Balkon einer neuen Kinderkrippe der Stadt Leipzig wurden Sonnenmarkisen eingebaut. Das Gitter des Balkons wurde auf 1,25 m erhöht, so daß kein Kind heraufklettern kann. Die Stäbe wurden besonders eng gehalten, damit sich kein vorwitziges Köpfchen festklemmt

Dipl.-Ing. Carola Bloch in ihrem Arbeitszimmer. Hier entstehen die Schemaentwürfe und Richtlinien für den Bau von Kinderheimen

Fotos: Zentralbild

»Die Frau von heute« 30/1955

„Der Oktoberplan wurde mit 113,5 Prozent erfüllt", kann die junge Werkleiterin auf der Meisterbereichsbesprechung mitteilen

»Die Frau von heute« 47/1957

Erika meistert nicht nur die Technik und die Leitung des Betriebes, sondern auch das Nähwerkzeug. Fast alle ihre Kleider sind selbst entworfen und geschneidert

»Die Frau von heute« 47/1957

auch die anstrebenswerten Vor-Bilder für Frauen? Würden sie nicht zugleich auch ein Stück tatsächlicher Macht verkörpern, die Frauen gemeinhin nicht zusteht, und damit deplaziert oder anmaßend wirken?

Wenn schon auf der Karriereleiter, dann sollten diese Frauen wenigstens unzweifelhaft ordentlich verheiratet oder schon jenseits von Gut und Böse sein.

Diese schrecklichen Weiber

In zahlreichen Kurzgeschichten, Bilderserien und Karikaturen werden arbeitende Frauen immer wieder zur Zielscheibe des Spotts und der Kritik gemacht. Belfernde und wabbelnde Verkäuferinnen, knochige, zeternde Modeschöpferinnen, garstige und keifende Köchinnen, zerstörungswütige Putzfrauen haben offenbar nichts anderes zu tun, als den Männer das Leben schwer zu machen, sie zu quälen, sie sich zu unterwerfen und zu demütigen. Schreckschrullen und Scheuerweiber geistern als Angstphantasien durch die Alpträume der Männer.

Es ist die Angst davor, von einer Frau kleingemacht zu werden und selbst wehrlos zu sein, eben weil es eine Frau ist. Ebenso wie die weiblichen Karrierefrauen, gefährden auch sie die männliche Ordnung, stören den geordneten Alltag und die unangetastete Oberhoheit der Männer, drohen, sie sich zu unterwerfen und auf unnachahmliche Weise fertigzumachen.

Auf eine andere Weise ebenso gefährlich sind die ihren Hintern genußvoll schwenkenden Sekretärinnen, die aufreizend gekleideten Dienerinnen ihrer Herrn. Mit einem Augenaufschlag, einer Handbewegung haben sie die Männer im Griff. Sie wickeln den Chef um den kleinen Finger – er kann ihnen nichts wirklich abverlangen, noch kann er ihren Wünschen widerstehen.

Die Bilder von den sich während der Arbeit schminkenden Tippfräuleins, den Kaffee trinkenden und schwatzenden Angestellten im Kontor usw. übertreiben maßlos ein allgemeingültiges Vorurteil, das von der angeblichen Disziplinlosigkeit sexuell attraktiver, junger Frauen ausgeht. Das war ein damals häufig vorgetragenes Argument gegen die Beschäftigung von Frauen in bestimmten Bereichen: sie würden den Männern den Kopf verdrehen, sie von der Arbeit abhalten, die konkurrierenden Männer gegenseitig ausspielen usw.

Das macht allerdings auf eines aufmerksam: nämlich darauf, daß Frauen hier offenbar einen spezifischen Bereich von Macht-

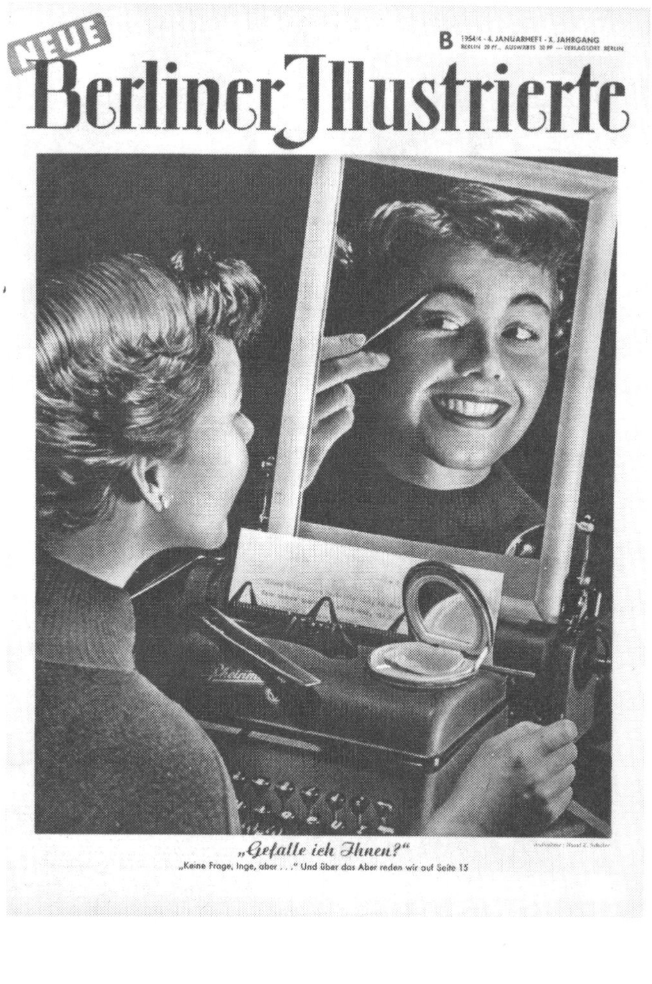

„Das Essen ist prima! Verstanden?" Zeichnung: HORST SCHRADE

»Eulenspiegel« 1955

ausübung, von widersetzigen oder widerständigen Strategien gegen die totale Unterordnung unter den männlichen Vorgesetzten ausbilden können, die diesen, wenn notwendig, auch zur Verzweiflung treiben und in seiner Arbeitsfähigkeit ganz erheblich beeinträchtigen können. Da hier die Männer auf die ordentliche und gewissenhafte Arbeit der Frauen angewiesen sind, könnten Frauen ihre Verweigerung auch auf die Spitze treiben. Vermutlich haben aber eher subtile oder diplomatische Formen der Lenkung des männlichen Willens durch die untergebenen Frauen überwogen. Die durch die Karikaturisten übertriebenen Unterwerfungspraktiken dürften wohl mehr eine typische männliche Angstphantasie gewesen sein.

Zugleich existierten durch den akuten Personalmangel echte Abhängigkeitsverhältnisse männlicher Leiter von den ihnen untergebenen Frauen. Sie waren von einer tendenziellen Ohnmacht geprägt, gegen Arbeitsbummelei, Schlamperei und eine gewisse Aufmüpfigkeit vorgehen zu können. Nicht der Direktor drohte mit der Kündigung, sondern die Putzfrau. Eine tatsächliche Umkehrung der Machtverhältnisse. Der damit verbundene Autoritätsverlust konnte unter Umständen in männliche Demutsgesten, eine gewisse Unterwürfigkeit und Angst umschlagen. Am Ende ist man geneigt, die armen geknechteten Männer zu bemitleiden.

Für die Frauen jedoch erwächst aus dieser Macht keine Lust, sie gewinnen nichts, sind nicht die lachenden Dritten in diesen Geschichten. Im Gegenteil: Frauen werden für ihre Anmaßung (von Männern) bestraft: mit Häßlichkeit und mit Männerlosigkeit. Frauen, die sich das letzte Wort anmaßen, die brutal mit dem Scheuerlappen die Aktenordner durcheinanderbringen oder den männlichen Kunden zwingen, unpassende Kleidung zu kaufen, bedienen sich auf unangemessene Weise ihrer Macht. Seltsamerweise drückt sich diese Macht in Körperfülle, harten markanten Gesichtszügen und einer vermännlichten Kleidung und Sprache aus. Kommt hier der

Mann in der Frau zum Vorschein? Warum erscheinen die typischen männlichen Verhaltensweisen erst dann, wenn Frauen sich ihrer bedienen, als kritikwürdig? Warum ist eine Karrieristin um so viel mehr verurteilenswürdiger als der gewöhnliche männliche Karrierist? Wird es nicht umgekehrt als völlig normal angesehen, eine Frau dazu zu zwingen, sich nach dem männlichen Geschmack auszurichten und in hochhackige Schuhe, enge Röcke und strapazierende Büstenhalter zu zwängen, oder zum zigsten Male die von ihm hinterlassene Unordnung zu beseitigen, sich von seinen Forderungen bei jeder Arbeit unterbrechen lassen zu müssen usw.? Hieran wird deutlich, daß es gar nicht um die Kritik an bestimmten Verhaltensweisen als solchen geht, sondern um das Durchbrechen der gewohnten Hierarchien durch Frauen. Der Rollentausch ist nicht einfach ein Austausch von typisch weiblichen und männlichen Verhaltensmustern, sondern hat für die Betroffenen einen sozialen Abstieg oder Aufstieg zur Folge. Da Frauen qua Geschlecht in der sozialen Hierarchie generell unter den Männern angesiedelt sind, bringt es für Männer so viele Gefahren mit sich, wenn sie sich diesem Geschlecht unterordnen müssen.

Aber obwohl die Männer diesen herrschsüchtigen Frauentypen hilflos ausgeliefert zu sein scheinen, wird ihre männliche Vorherrschaft nicht wirklich in Frage gestellt. In der Darstellung quasi »verkehrter« Verhältnisse werden die patriarchalischen Machtstrukturen gar nicht angetastet, denn die Putzfrau übernimmt natürlich niemals den Direktorensessel und die Köchin wird nicht den Betrieb regieren. Wenn aber die Möglichkeiten der Grenzüberschreitung für Frauen von vornherein so eingeschränkt sind, warum dann ihre ausführliche Darstellung? Sind es vielleicht nicht nur männliche Angstphantasien sondern auch Schreckbilder, die sich als Disziplinierungsmittel gegen Frauen richten? Die Bildergeschichten sind auch als männliche Drohgebärde in Richtung Frau zu verstehen. Sie sagen: So sehen Frauen aus, wenn sie sich ihnen nicht zustehende Machtbereiche anmaßen. Sie werden schlampig, fett, alt und häßlich, bekommen eine unangenehme Stimme und riechen wahrscheinlich auch schlecht. So eine Frau wird nie einen Mann bekommen! Wenn die Frau das letzte Wort hat, ist allemal der Mann derjenige, der als letzter lacht.

Die ist ja gleichberechtigt...

Ein großer Haufen alter Pappen fällt über einer jungen Frau zusammen, die sich verzweifelt bemüht, den Sturz aufzuhalten. Im Hintergrund lehnt eine Gruppe von Männern lässig an einem Wagen und betrachtet amüsiert das Spektakel: »Die ist ja gleichberechtigt« – lautet ihr schadenfroher Kommentar.

Regelmäßig zum Frauentag wird in der DDR über die Gleichberechtigung diskutiert. Tragendes Thema der Debatten sind zum einen die Männer, die sich noch zu wenig in ihrer Haltung gegenüber der berufstätigen Frau geändert haben, und keine Veranlassung sehen, ihnen die Arbeit zu erleichtern. Zum anderen geht es um die emanzipierten Frauen, die immer des Guten ein wenig zu viel tun.

Über weibliche Berufstätigkeit wird nicht mehr als solche debattiert, sondern die Auswirkungen und Folgen, die sie für die Veränderung im Verhalten der Geschlechter haben, rükken stärker ins Blickfeld. Dies scheint mir darauf zu verweisen, daß die weibliche Berufstätigkeit inzwischen gewohnheitsmäßig wahrgenommen und als eine Selbstverständlichkeit akzeptiert wird.

Im Frauenbild der fünfziger Jahre verstärken sich die grundlegenden Tendenzen, welche schon in den vorangegangenen Jahren zu beobachten waren: Das durchgängig dominierende Bildmotiv in der Darstellung von Frauen ist ihre Arbeitstätigkeit. Das Leitbild der modernen Frau – und dies ist eines der unbestreitbaren historischen Verdienste der Frauenzeitschriften »Die Frau von heute« und »Für Dich« – ist die berufstätige Frau. Sie bildet den Ausgangs- und den Zielpunkt der bildlichen Darstellung von Frauen.

Im Unterschied zu vorangegangenen Jahren geht die moderne Frau nun nicht mehr einfach in der Masse auf, ist sie nicht mehr »graues Mäuschen«, sondern von einer gewissen Individualität. Die LeserInnen erfahren ihren Namen und was sie gelernt hat oder wo sie arbeitet.

Trotz aller Vorbehalte und Widerstände wurde in den fünfziger Jahren ein Prozess eingeleitet, der schließlich zu einer wesentlich neuen Form weiblicher Berufstätigkeit geführt hat, die von fachlicher Qualifikation und einer veränderten weiblichen Lebenseinstellung gekennzeichnet ist, in der von der Arbeit als dem wesentlichen sinnstiftenden Moment in aller Selbstverständlichkeit ausgegangen wird. Selbst die Geburt von Kindern führte nicht mehr unbedingt zum Abbruch bzw. zum jahrelangen Ausstieg aus der Berufstätigkeit, wie dies noch für weite Kreise in den vorangegangenen Jahrzehnten zutraf. Hier schlugen sich ganz praktisch auch die

1956: »Ob alt, ob jung – sehr hilfreich sind sie alle nicht. ›Die ist ja gleichberechtigt‹ lachen die Kollegen schadenfroh.« (»Die Frau von heute« 33/1956)

Nächste Seiten: »NBl« 20/1957

Kann eine Köchin den Staat regieren?

Ein bekanntes Wort und die unbekannte Geschichte der ehemaligen Hausgehilf Gerda Fiedler, die heute im Rat des Kreises Aue Stellvertreter des Vorsitzenden is

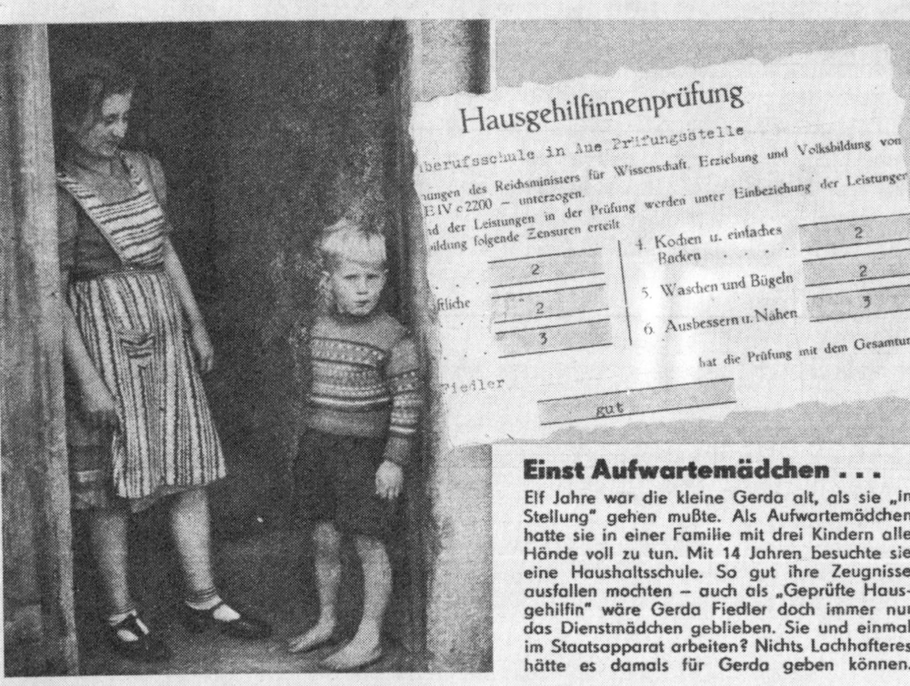

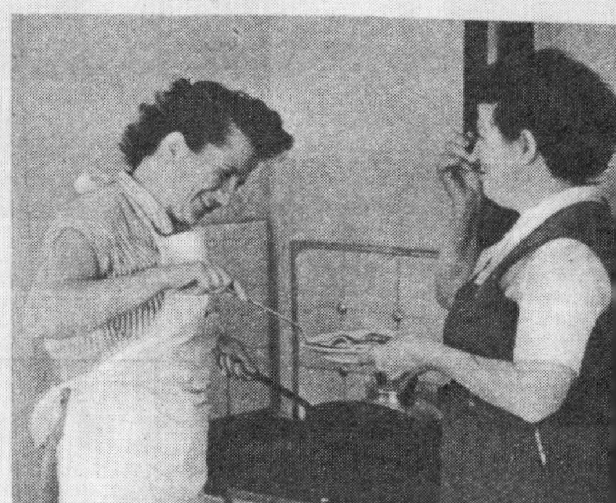

Einst Aufwartemädchen . . .

Elf Jahre war die kleine Gerda alt, als sie „in Stellung" gehen mußte. Als Aufwartemädchen hatte sie in einer Familie mit drei Kindern alle Hände voll zu tun. Mit 14 Jahren besuchte sie eine Haushaltsschule. So gut ihre Zeugnisse ausfallen mochten – auch als „Geprüfte Hausgehilfin" wäre Gerda Fiedler doch immer nur das Dienstmädchen geblieben. Sie und einmal im Staatsapparat arbeiten? Nichts Lachhafteres hätte es damals für Gerda geben können.

. . . heute Köchin aus Lieb

„Kochen macht mir auch heute noch Spaß", sagt die gro Gerda, die jetzt 32 Jahre alt ist, „aber immer nur am He stehen, das könnte ich mir schon gar nicht mehr vorstellen." Mut Fiedler, die Bürgermeisterin von Blauenthal, freut sich mit Tochter über deren großartige Laufbahn. „Vor zehn Jahren s unsere Gerda noch im Burghardsgrüner Gemeindeamt", erzä sie uns. „Weil sie so zuverlässig arbeitete, kam sie zum Rat Kreises. Bald wurde sie Sachbearbeiterin und dann sogar st vertretende Vorsitzende. Es hat ihr viel geholfen, daß sie ganzes Jahr lang die Verwaltungsakademie besuchen konnt

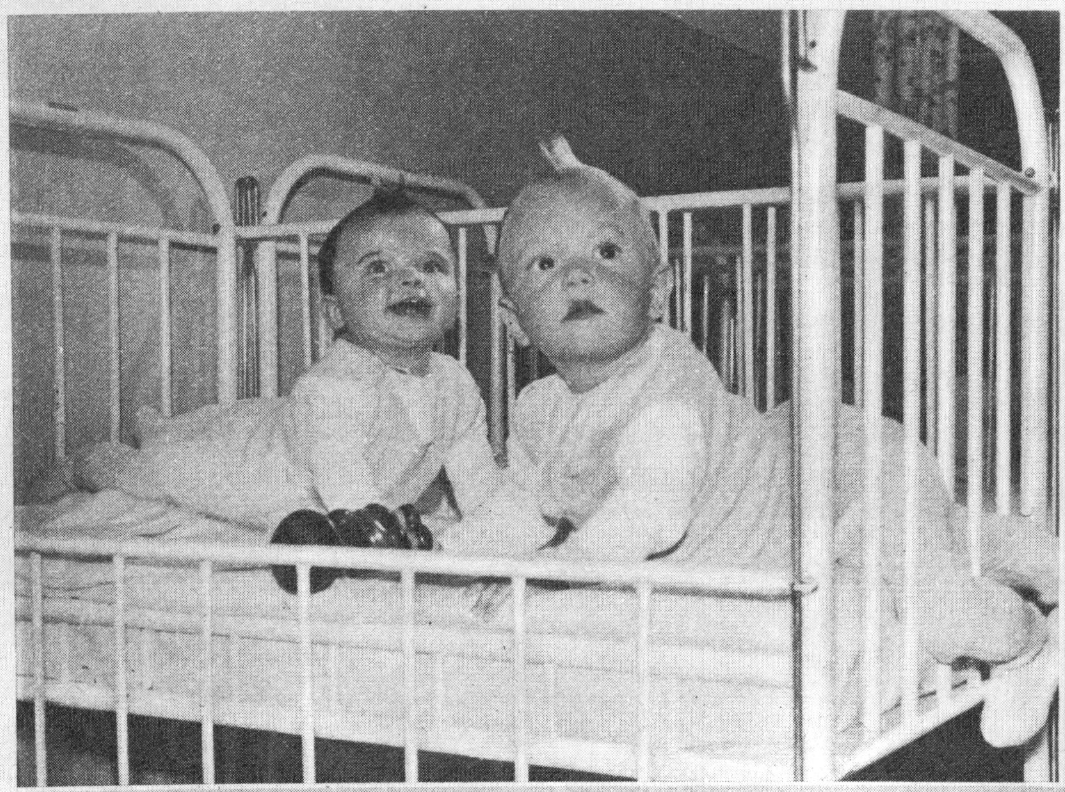

Ein gern gesehener Gast

In der Kinderkrippe gibt es strahlende Augen: Besuch ist gekommen. Dabei wissen die Kleinen noch gar nicht, was sie „Tante Gerda", wie die Größeren sie nennen, zu verdanken haben. Es war nicht einfach, das schöne Haus für die jüngsten Bürger von Aue freizubekommen. Verschiedene Umzüge mußte Gerda Fiedler organisieren, Besprechungen über Besprechungen waren notwendig, ehe die Krippe eingerichtet werden konnte. Aber was sie einmal anpackt, gibt Gerda Fiedler nicht unerledigt aus der Hand. Davon können ihre Mitarbeiter auf dem Gebiete des Volksbildungs- und Gesundheitswesens, ihrem speziellen Aufgabenbereich, manches erzählen und deshalb haben sie Vertrauen zu ihr.

Im Krankenhaus wird Gerda Fiedler freu begrüßt. Gemeinsam mit Chefarzt Dr. Rose (2. v besucht sie die Kranken in ihrem wohnlich Tagesraum und fragt nach ihrem Befind Dr. Rose schätzt ihre Mitarbeit, denn er weiß, unermüdlich sie sich für die Bereitstellung Mittel für das Krankenhaus und für den B der medizinischen Fachschule eingesetzt h

„Fiedler Gerda ist da." Schnell hat sich das im Verpackungsmittelwerk Bernsbach, ihrem zweiten Patenbetrieb, herumgesprochen, und nun kommt jeder mit einem Anliegen zu ihr. Brigadier Damm (links) bittet um Hilfe bei der Materialbeschaffung, Kollegin Sachsinger um Theateranrechtkarten, und der Werkleiter Werner hat eine ganze Liste voll Wünsche. Mag es sich um Lottogelder für Wohnungsbauten, Investmittel für eine Infrarot-Trockenanlage oder um die Ausgestaltung von Feiern handeln – Gerda Fiedler fand stets einen Weg. Und kommt es doch einmal vor, daß die junge Frau vor Schwierigkeiten steht, die ihr fast den Mut nehmen, dann geht sie zum „Müller Kurt", dem Kreissekretär der SED (unten). Er hat noch immer Rat gewußt. „Unsere Gerda, die ist schon richtig", sagte er uns, „sie löst ihre Aufgaben bestimmt so gut wie ein Mann. Sie versteht sich mit allen gut – mit den Arbeitern, den Bauern und auch mit den Vertretern der Intelligenz, mit denen sie sehr eng zusammenarbeiten muß, und das ist in ihrer Arbeit besonders wichtig!"

der LPG Blauenthal gehört Gerda der einfach mit dazu. Melkermeister pert ist stolz, wenn die Patin die Kälber und berichtet ihr von der Arbeit. „Nach Wahl helf ich euch wieder", lacht Gerda, die Genossenschaftsbauern wissen, daß ich vor keiner Arbeit scheut. 65 Stunden itete sie im Vorjahr bei der Ernte mit.

Können wir uns heute die Frauen aus dem öffentlichen Leben wegdenken? Können sich die Frauen in der DDR vorstellen, daß ihr Reich nur von der Küche bis zur Kinderstube reichen dürfte? Und doch war das noch vor 50 Jahren eine Selbstverständlichkeit. Bis 1908 verboten die preußischen Gesetze den Frauen jede Teilnahme an politischen Versammlungen und jede Mitgliedschaft in politischen Organisationen. Bis zum gleichen Jahr waren den Frauen die Tore der Universitäten fest verschlossen. Das Wahlrecht und das Recht, gewählt zu werden, erkämpften sie sich sogar erst zehn Jahre später, im November 1918.

Waren die Frauen aber etwa nach 1918, zur Zeit der Weimarer Republik, tatsächlich gleichberechtigt? Einige Zahlen beweisen das Gegenteil:

1930 zählte man nur 42 Frauen im Deutschen Reichstag, das waren 7,3 Prozent aller Abgeordneten. In den Gemeinden betrug ihr Anteil nur 8,5 Prozent und in den Landtagen 5,2 Prozent.

Wie sieht es dagegen heute in der Deutschen Demokratischen Republik aus?

In der Volkskammer, dem höchsten Organ unseres Staates, sind 111 von 466 Abgeordneten Frauen, in den Bezirkstagen haben 452 und in den Kreistagen 1786 weibliche Abgeordnete Sitz und Stimme. 16 085 Gemeindevertreterinnen arbeiten in den Gemeindeparlamenten.

Erfüllen die weiblichen Abgeordneten ihre Aufgaben genauso gut wie ihre männlichen Kollegen oder haben sie das Vertrauen ihrer Wähler enttäuscht? Der Bericht über die Arbeit der Kollegin Gerda Fiedler in Aue, ein willkürlich herausgegriffenes Beispiel, beantwortet die Frage klar und eindeutig. Sie beweist, wie recht W. I. Lenin hatte, als er einmal, voll Vertrauen in die Kraft und Leistungsfähigkeit der Frauen, erklärte, daß im Sozialismus auch eine Köchin in der Lage sein wird, den Staat zu regieren. In der DDR ist dieses Beispiel keine Seltenheit mehr.

Aufn.: Dieter Roski

negativen Erfahrungen der beiden Kriegsgenerationen nieder, die sich nach dem Tod der Männer vor die Situation gestellt sahen, unqualifizierte und schlechtbezahlte Hilfsarbeiten aus einer Notlage heraus ausüben zu müssen. Die Kinder sollten es einmal besser haben. Deshalb werden viele Mädchen von ihre Müttern darin bestärkt, Berufstätigkeit nicht als Übergangslösung bis zur Heirat zu betrachten, sondern sich die bildungsmäßigen Voraussetzungen für eine anspruchsvolle, besserbezahlte und zukunftsträchtige Arbeit zu schaffen.

Während die Frauen jedoch nach wie vor in die typisch weiblichen Strukturbereiche drängten, erforderte die Wirtschaftslage ihren verstärkten Einsatz in den männlich dominierten Berufszweigen. Dieser reale Konflikt widerstrebender Interessen schlug sich auch im propagierten Frauenbild nieder. Das Bemühen, die männlichen Strukturmerkmale der Arbeit nicht so sehr im Bild durchscheinen zu lassen, und das vordergründige Festhalten an den gängigen Geschlechterstereotypen hat hierin seinen unmittelbaren Sinn. Die Bilder suggerieren, daß trotz und entgegen aller Veränderungen der Realität keine Gefahr besteht, daß Frauen ihrer Weiblichkeit verlustig gehen. Der Adressat sind sowohl Frauen als auch Männer, sie wirken jedoch in unterschiedlicher Weise auf beide Geschlechter – während Männer sich in ihrem Anspruch als überlegenes Geschlecht bestätigt sehen dürfen – denn Frauen geben alles daran, nicht aggressiv, nicht fordernd zu wirken, sie stellen den männlichen Anspruch in keiner Weise in Frage – sollen Frauen tendenziell ermutigt und dafür gewonnen werden, einen technischen Beruf zu ergreifen. Die Bilder setzten noch sehr – und das ist für die Anfangsphase sozialistischer Entwicklung typisch – auf die Wirksamkeit ideologisch-propagandistischer Erziehung.

Das Frauenleitbild, wie es vor allem in den Frauenzeitschriften aufgebaut wird, hat im wesentlichen seine Funktion darin, ein günstiges Klima in der öffentlichen Meinung zu erzeugen. Die Frauenzeitschriften wollten dazu beitragen, daß sich die Voraussetzungen und Bedingungen zugunsten einer erfolgreichen, qualifizierten und gut bezahlten Frauenarbeit verbessern. Die propagierten Frauenbilder zielten so auf die Aufwertung weiblicher Berufstätigkeit in den Medien. Dem konnten die konkreten Bilder in der damaligen Situation jedoch nur dann gerecht werden, wenn sie einerseits den herrschenden Vorurteilen direkt oder indirekt entgegentraten und zugleich die gängigen Stereotype und Denkweisen wenigstens in einigen wichtigen Momenten bestätigten. Für die Bilder bedeutete dies, die neuen Inhalte in vertrauten Formen und Gestalten zu präsentieren. Vom gewohnten und geschätzten Arsenal typisch weiblicher Formen, Traditionen, Tugenden durfte möglichst nichts verloren gehen. Das Frauenbild sollte etwas neues hinzugewinnen, ohne etwas von den alten Funktionen zu verlieren. Die neu gewonnene Selbständigkeit, ein gewachsenes Selbstvertrauen, Unabhängigkeit mußten hinter traditionellen Gesten, stereotypem Lächeln oder Koketterie verborgen werden. Nur so erlangten die Bilder die notwendige Überzeugungskraft und öffentliche Akzeptanz. Daß sich in der historischen Tendenz schließlich dennoch das Neuartige durchsetzt – ohne daß es unmittelbar »gemerkt« wird – zeugt von der Langfristigkeit dieses Vorgangs. An einzelnen Bildern kann man diesen Veränderungsprozeß dennoch kaum festmachen – nur das Ensemble der mosaikartig zusammengesetzten Frauenbilder im Ganzen läßt die wesentlichen Tendenzen hervortreten.

Die bisher geschilderten Darstellungsformen deuten darauf hin, daß die Akzeptanz gegenüber der dauerhaften und qualifizierten Frauenberufstätigkeit nicht Voraussetzung, sondern Ergebnis jahrzehntelanger Bemühungen war. Die Frauenzeitschriften versuchten – mehr oder weniger vorsichtig – gegen die herrschende Praxis und die vorherrschenden Denkformen anzukämpfen, in denen traditionell noch ganz selbstverständlich Frauen eine untergeordnete Stellung einnahmen, in der sie jederzeit konjunkturell verfügbar sein sollten – je nach der Markt- bzw. Interessenslage der Männer. Weil sie sich letztlich aber in den gängigen Konventionen bewegten, bestätigten sie ungewollt die herrschende Arbeitsteilung und die sozialen Unterschiede zwischen den Geschlechtern. In den ideologischen Vorstellungen wurde davon ausgegangen, daß sich mit der Befreiung von der Ausbeutung per se auch die Befreiung der Frau ergeben würde. Die ökonomische Unabhängigkeit wird nicht als ein notwendiger Ausgangspunkt, sondern schon als das Ziel weiblicher Emanzipation angesehen. Es gibt in diesem Sozialismusideal keine Geschlechterfrage, sondern nur eine Klassenfrage. Und mit der Lösung der Klassenfrage wurde die Frauenfrage gleich mitgelöst. In dieser Denklogik war kein Platz für die weiterhin tradierten Formen der Frauenunterdrückung. Sie galten als Relikte der alten Gesellschaft, »Muttermale«, die irgendwann verschwinden würden. Inwiefern der Sozialismus selbst spezifische Formen des Patriarchats hervorgebracht hat, konnte gar nicht gefragt werden. Diese besondere Variante des sozialistischen Antifeminismus schlug sich auf Dauer bei den Frauen in der Vorstellung nieder, sie seien tatsächlich gleichberechtigt, hätten dieselben Chancen und Möglichkeiten wie Männer und würden sogar in ihrer Leistungskraft als Frauen vom Staat gefördert und ernstgenommen.

Zugleich muß danach gefragt werden, wie diese ideologisch begründeten Frauenbilder in der Realität der fünfziger und sechziger Jahre verankert waren. Dabei geht es vor allem um den Zusammenhang von Propagierung weiblicher Berufstätigkeit und realer Beschäftigungssituation, um die Diskrepanz von idealischen Bildern und der wirklichen Konflikthaftigkeit, die eine Vollbeschäftigung für Frauen damals bedeutete und die von den Illustrierten schlichtweg ausgeklammert wurde. In den Bildern wurden die oftmals miserablen Arbeitsbedingungen und die schlechte Bezahlung hinweggelächelt und geschönt. Dennoch wurden diese Bilder offenbar von den LeserInnen angenommen. Hier wird eine Verarbeitungsweise von Realität sichtbar, die wohl genereller die damalige Bewußtseinslage in der Bevölkerung zum Ausdruck bringt. Entweder, man brachte sich und sein Leben in etwa mit den idealischen Zielvorstellungen der »sozialistischen Menschengemeinschaft« in Übereinstimmung, oder aber man lebte im gewohnten politischen Alltag weiter, ließ sich weder von der östlichen noch von der westlichen Propaganda aus dem Konzept bringen, sondern versuchte, sich so durchzuwursteln.

Zugleich wanderten die DDR-BürgerInnen zu Tausenden in den Westen ab. Auch eine Form der Verarbeitung einer äußerst komplizierten Realität, zu der außer in Form ihrer Kriminalisierung keine öffentliche Auseinandersetzung stattfand.

Was wird mit Lippenstift und Puderdose?

Kann ich mit meinem Freund noch allein spazierengehen oder paßt das nicht zum sozialistischen Leben? Fragen, die zu Beginn des Wettbewerbs auch die Mädchen aus Leuna bewegten. Ohne ein Wort zu erklären, gaben sie selbst die besten Antworten. Da ist Liane Heinrich, blond, schlank, modern und geschmackvoll gekleidet. Mit dem Lippenstift abgestimmt ist der Nagellack auf den Fingern des ehemaligen Schlosserlehrlings. Am Abend trug die jetzige Elektromechanikerin zum weißen Perlonkleid nahtlose Strümpfe und weiße Sandaletten mit roten Bleistiftabsätzen. Aber sie fällt deswegen nicht auf in der Brigade. Alle verstehen sich nett anzuziehen, alle können mit Lippenstift und Puderdose umgehen. Am Abend im Theater bewiesen sie es (links). Sozialistisch leben übersetzen sie richtig mit schöner leben. Dazu gehört für sie auch, sich selbst schön zu machen. Ihr Werkzeugkasten in der Betriebskontrolle wird allerdings nicht zum Kosmetikkoffer. Dort wird ungeschminkte Qualitätsarbeit geliefert. Und der Freund? Liane hatte ihren Hans-Joachim mitgebracht. Die Brigade kennt ihn und weiß um die große Liebe der beiden. Auch in Berlin fanden die beiden so manche stille Viertelstunde ganz für sich allein (rechts).

Ist tanzen und trinken unsozialistisch?

Weshalb denn? fragt Ute und hebt das Glas mit goldenem „Mosel" (unten). Weshalb denn? schütteln Rosl, Inge und Liane, alles begeisterte Tänzerinnen (rechts), erstaunt den Kopf. Unsozialistisch finden sie es, wenn man sich besäuft, deshalb die Arbeit versäumt, das Kollektiv im Stich läßt. Unsozialistisch finden sie es, wenn man, nach westlichem Vorbild, wie ein Affe auf der Tanzfläche herumhopst und dabei versucht, noch möglichst blöd auszusehen. Unsozialistisch, weil es unwürdig ist. Doch so dachten sie, die alle seit Jahren Mitglied der FDJ sind, eigentlich schon immer. Was ist nun das Neue in ihrer Lebensweise? An ihrem Arbeitsplatz beginnt es. Hier, wo sie, wie Millionen Menschen, täglich mitarbeiten am steigenden Wohlstand unserer Republik, wachsen die neuen Formen unseres Lebens. Da wird die kameradschaftliche Hilfe und Zusammenarbeit untereinander nach und nach zur Selbstverständlichkeit. Der unbegründete „Krieg" mit der Nachbarbrigade wird für immer beendet. Man hilft ihnen und dankt für manchen Ratschlag. Schließlich will ja die Nachbarbrigade genau dasselbe: den Siebenjahresplan erfüllen helfen. Doch die neuen Formen des Lebens werden nicht am Werktor zurückgelassen. Gemeinsam verlebte Brigadeabende, Theater- und Kinobesuche, an denen die Männer, Verlobten und Freunde teilnehmen, verändern auch das sogenannte Privatleben. Je besser sie sich kennenlernen, desto besser verstehen sie sich – die Männer ihre Mädchen und Frauen und umgekehrt. In den täglichen 10-Minuten-Gesprächen vor Arbeitsbeginn kann dann auch so manches „private" Problem gelöst werden. – Gegner behaupten, bei uns wird die Familie zerstört. Das ist Unsinn. Überlebt hat sich bei uns aber die alte spießbürgerliche Lebensweise nach dem Motto „Trautes Heim, Glück allein". Gemeinsam wollen wir uns ein Glück für alle schaffen.

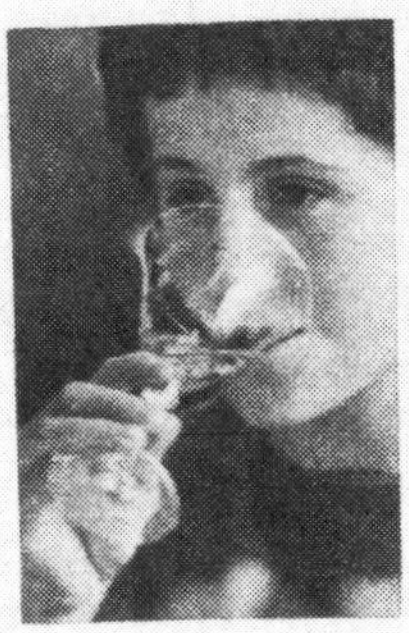

Mann ist wieder wer

Die Männer mit den goldenen Händen

Sehen wir uns die Männerbilder aus der Industrieproduktion oder Landwirtschaft näher an, so fällt im Unterschied zum Frauenbild vor allem eines auf: Männerarbeit symbolisiert eigentlich immer Wert-Arbeit. Egal, ob es sich um schwere körperliche und schmutzige Arbeit handelt, ob zu Hacke und Spaten oder zum Hammer gegriffen wird, ob es sich um Handlagertätigkeiten oder um Maschinenarbeit handelt: immer ist auf besondere Weise die Fähigkeit der Hände gefragt. Und für Männerarbeit braucht man goldene Hände: kraftvoll und geschickt, zupackend und zugleich behutsam.

Die tägliche Arbeit erscheint nicht nur als Mühsal, sondern zugleich als der Ort, an dem Männer gemacht werden, wo sie sich selbst zum Manne machen. Erst in der Arbeit bilden sich die für ihn so wichtigen Eigenschaften heraus wie körperliche Kraft, Disziplin, Leistungsfähigkeit und Potenz. In der Arbeit erproben Männer ihre Geschicklichkeit, ihre Ausstrahlungskraft und ihre Denkkraft. Hier messen sie ihre Kräfte mit anderen Männern, hier lernen sie sich durchzusetzen, sich zur Wehr zu setzen und hier erfahren sie die Solidarität und Kraft der männlichen Gemeinschaft. Und solange sie Arbeit haben, werden sie dazu gehören, sind sie den Gesetzen dieser Gemeinschaft unterworfen und werden sie zugleich von ihr aufgefangen, wenn es ihnen schlecht ergehen sollte. In der Männergemeinschaft potenziert sich ihre Kraft um ein Vielfaches.

Man ist Mann

Die Stereotype der Männlichkeit verbinden sich zwanglos mit den Anforderungen der Arbeit. Im Unterschied zum in sich zerrissenen Frauenbild, in dem bei der Abbildung von Arbeitstätigkeiten leicht ein Bruch in der Selbstwahrnehmung zustande kommen kann, potenziert sich der Eindruck von Männlichkeit eher noch in der Verbindung von Mann und Arbeit. Die Darstellung des Mannes bei der Arbeit ist vielleicht auch das wesentlichste Muster zur Selbstidentifikation, notwendiges Reproduktionsschema seiner Individualität.

Die deutliche Dominanz des Männerbildes in der Arbeit wird durch die Form der Präsentation verstärkt. Gesichtsausdruck, Körperhaltung, Bildkomposition, Hintergrund usw. bekräftigen den Grundeindruck: Es sind starke und kluge Männer: mit »Harte(n) Fäuste(n) – klare(n) Köpfe(n)«. Sicher, fest, bestimmt und behauptend füllen sie mit raumgreifenden Gesten das Bild aus. Der Kopf wird von unten aufgenommen, so daß der betreffende Mann von oben herab auf den Betrachter blickt. Männer lächeln nicht. Sie schauen entweder ernsthaft und streng oder sie lachen herzhaft und kraftvoll mit weit aufgerissenem Mund. Es sind Gesichter voller Selbstbewußtsein und Übereinstimmung mit sich selbst. Männer werden oft frontal aufgenommen, während Frauen in der seitlichen Drehung den Kopf zurückwerfen. Die Männer stehen oder sitzen breitbeinig, mit abgewinkelten oder vor der Brust verschränkten Armen.

NEUE Berliner Illustrierte
Nr. 40 · Berlin, 5. Oktober 1957 · 13. Jahrgang · 30 Pf
Glück auf
zum Geburtstag unserer Republik wünscht der Kumpel Karl Kerstan, wünschen ihr alle Arbeiter und Bauern, alle Werktätigen der DDR.

Harte Fäuste – klare Köpfe

Hochbetrieb an der „Schwarzen Pumpe": Arbeiter und Ingenieure, Frauen und Männer, alt und jung, Zehntausende an der Zahl, schaffen am größten Industrieobjekt des 2. Fünfjahrplans. Diesen Knotenpunkt der Arbeit mit seinen 4000 Jugendlichen besuchten unsere Reporter, um mit den Jungwählern des Kombinats über deren ersten Wahlgang am 23. Juni zu sprechen. Lesen Sie, was sie zwischen zwei Schichten notierten.

Die Richtung stimmt

»NBl« 21/1957

In Darstellungen von Männern bei der Arbeit an Maschinen treten die idealisierenden Zuschreibungen besonders deutlich hervor: Die äußerliche Rhythmisierung der Arbeit durch den Gleichlauf der Maschine erzeugt den Eindruck von Ordentlichkeit und Gewissenhaftigkeit. Zugleich scheint die Maschine bestimmte Anforderungen an genaue technische Kenntnisse zu stellen. Im Umgang mit der Maschine, die ja von dem Arbeiter be-herrscht wird, erscheint er selbst noch größer, geschickter und tüchtiger als ohnehin.

Einer für alle – alle für Einen

Die Brigade schließlich scheint die Krönung männlichen Daseins schlechthin zu sein. Erst in der Gruppe ist man offenbar so richtig Mann. Die Vorliebe der Bildreporter für die Männerbrigade ist nicht zu übersehen. Neben der Einzeldarstellung nimmt die Abbildung von kooperierenden Männergruppen überdurchschnittlich viel Platz in der Darstellung von Männern überhaupt ein.

Männer untereinander sind meist gleichberechtigt. Selbst auf Fotos, in denen eindeutig ein technischer oder politischer Leiter im Mittelpunkt des allgemeinen Interesses steht, sind die umgebenden Männer partnerschaftlich in die Überlegungen einbezogen, gibt es Argumentation, Zustimmung und Widerspruch. Aber die Auseinandersetzung ist natürlich stets sachlich motiviert und wird nicht von emotionalen Überreaktionen getragen, was hingegen Frauen oftmals unterstellt wird – man(n) verhält sich kooperativ. Als Gleicher unter Gleichen. Von Angesicht zu Angesicht. Alle sind von etwa derselben Größe. Männer bilden eine homogen erscheinende Gruppe, einen geschlossenen Kreis. Sie nehmen auch den gleichen Gesichtsausdruck an – entweder sind alle bei der Sache, angestrengt überlegend oder aber gelöst, heiter und oft herzhaft lachend.

Im krassen Gegensatz dazu treten auf Bildern von Männern und Frauen bei gemeinsamer Arbeit die sozialen Positionsunterschiede unverhältnismäßig deutlich hervor. Grundsätzlich scheinen in solchen Situationen nur die Männer zu reden, Frauen hören zu. Es geht auch nicht um den Austausch von Argumenten, sondern es werden Anweisungen gegeben und ausgeführt. In der Darstellung steht der Mann groß hinter der sitzenden Frau. Von oben wirft er einen kontrollierenden Blick auf das, was sie tut. Ins Gesicht sieht er ihr selten. Auch die Augen der Frau sind gesenkt, sie konzentriert sich ganz auf die Ausführung der Anweisungen.

Männer untereinander legen Wert darauf, sich gegenseitig von einer Sache zu überzeugen. Sie fragen sich untereinander um Rat, bringen ihre Erfahrungen ein, wissen, was sie einander wert sind. Frauen hingegen teilt man das Ergebnis der Überlegungen mit, sie stehen am Ende eines Denkprozesses, in den sie nicht einbezogen sind. Ihnen werden auch nur selten Zusammenhänge erklärt, die Erläuterungen beschränken sich zumeist auf die simple Handlungsanweisung, in der Annahme, daß mehr Informationen für die Ausführung nicht nötig seien und die betreffende Frau ohnehin nichts von der Sache verstünde.

Die Fotos jedenfalls beharren in ihren Darstellungsformen auf den Stereotypen geschlechtsspezifischer Arbeitsteilung, die von einer Unterstellung des weiblichen Geschlechts ausgehen. Dennoch ist eine Versachlichung der Beziehungen unverkennbar. Frauen fungieren nicht, wie man erwarten könnte, als schmückendes Beiwerk, als dienende oder demütige Angestellte, abhängig von der persönlichen Zuneigung oder Abneigung ihres Chefs. Sie sind auch nicht als potentielle Sexualobjekte vordergründig ins Blickfeld des Betrachters gerückt. Es dominiert, bei aller Hierarchisierung der Beziehung, der sachliche Charakter der Tätigkeit selbst.

»NBI« 26/1959

NICHT GESPONNEN – NICHT GEWEBT

Sensationen am laufenden Band

NEUE VERFAHREN REVOLUTIONIEREN DIE TEXTILINDUSTRIE

Floretta kennt kein Garn und keinen Webstuhl. Seine „Väter", Dipl.-Ing. Tögler und Ing. Kaps (unten), erklärten uns, es sei weder ein Textil noch ein Papier, obwohl alle Arten von Fasern verarbeitet und die Floretta-Maschine beinahe in einer Papierfabrik stehen könnte. Was sich hinter diesem Namen verbirgt, sind Einlagestoffe für die verschiedensten Industriezweige, die Waschen und Reinigen aushalten, knitterresistent und leicht sind. In der weiteren Perspektive sollen Handtücher, Isolierstoffe, Übergardinen und sogar Sommerkleider daraus gefertigt werden. Ein erster Versuch ist der federleichte Petticoat. – Auf alten, zusammengestoppelten Maschinen haben in Erdmannsdorf Arbeiter, Techniker und Wissenschaftler alle Versuche abgeschlossen (rechts). Die Ergebnisse sind außerordentlich gut. Um 1800% steigt die Arbeitsproduktivität gegenüber dem klassischen Webverfahren. Nur 6% der Arbeitskräfte werden benötigt. 6 Millionen Quadratmeter sollen 1960, über 60 Millionen 1963 produziert werden.

Der Traummann

Eine weitere Steigerung erfährt die Darstellung männlicher Arbeit durch die Abbildung von Erfindern, Ingenieuren und Wissenschaftlern, denn sie sind es, die die Zukunft und den Fortschritt buchstäblich in ihren Händen halten. Der Konstrukteur hält das soeben fertiggestellte Flugzeugmodell in seinen Händen, drei Ingenieure klatschen begeistert in die Hände vor Freude über eine gelungene Erfindung, die Väter des »Malimo« präsentieren den ersten Petticoat. Männliche Erfindungskraft und Leistung erscheint hier ganz anders als in den Bildern zuvor: Diese Männer versprechen mehr Wohlstand und einen besseren Lebensstandard. Da ihre Arbeit als geistige Arbeit die Tendenz hat, unsichtbar zu sein, werden die mutmaßlichen Endprodukte als Modelle verkleinert stolz präsentiert. Männer produzieren mit Hilfe ihrer Köpfe Häu-

ser, Möbel, Geschirr, Staubsauger, Kleidung und Autos und verwirklichen so die Wunschträume von Frauen. Männerarbeit erscheint hier erstmals als eine auf den Alltag gerichtete Tätigkeit.

Fast könnte man meinen, daß der hier oftmals ganzseitig porträtierte Mann das eigentliche Vor-Bild für den Traummann abgibt. Nicht der rußverschmierte und verschwitzte Bergmann, sondern der lächelnde und sauber glänzende Flugkapitän scheint geeignet, die Herzen der Betrachterinnen im Fluge zu erobern. Überdurchschnittlich oft zieren Männer in den »besten Jahren« die Titelseiten. Die »besten Jahre« reichen unter Umständen bis ins Großvateralter hinein, jedenfalls verliert der Mann mit zunehmendem Alter nichts von seiner Attraktivität. Die NBI präsentiert einen väterlich-gutmütigen, leistungsbewußten, vitalen Mann in den mittleren Jahren. Er befindet sich in einer guten sozialen Position, ist Kapitän, leitender Angestellter oder »Kälbervater«. Der Traummann ist gut verdienend, erfahren, gelassen, höflich und hilfsbereit. Er hat Humor und ist charmant, was auf sexuelle Vitalität schließen läßt. Er blickt dem Betrachter offen, meist leicht ironisch, mit einem kaum angedeuteten Lächeln ins Gesicht. Der Gesichtsausdruck spricht für die ganze Person – man(n) ist nachdenklich, überlegend, konzentriert auf die Sache gerichtet. Im Vordergrund des Bildes liegen meist die Hände – große, schwere Hände, die nichts halten oder vorzeigen, sondern ganz für sich alleine sprechen.

In der jugendlichen Variante ist dieser eher intellektuelle Männertyp zwar noch nicht so erfolgreich, aber desto erfolgversprechender. Auch hier überwiegen die ernsthaften, gewissenhaften und verantwortungsbewußten jungen Lehrer, Studenten und angehenden Ingenieure. Viele der jungen Männer erscheinen in sich gekehrt, nachdenklich und leicht distanziert, mit vor der Brust verschränkten Armen. Nur manchmal wirkt die Haltung, die Gestik und Mimik etwas lockerer und jungenhafter.

Die studierten Herren

Zugleich wirken die Darstellungen von Ärzten, Professoren, Designern, Architekten oder Künstlern höchst ambivalent. Die Überbewertung des Produktionsarbeiters als Repräsentant der »Klasse« schlechthin führt auf der anderen Seite zur Abwertung der Intellektuellen. Die traditionellen männlichen Stereotype brechen sich an den Merkmalen seiner Arbeit. Er kann nicht auf Handwerklichkeit und Kraft setzen, sie machen in seiner Arbeit nicht nur keinen Sinn, sie stehen ihr sogar konträr entgegen. Die Bedienung, beispielsweise von moderner Technik, erfordert Fingerspitzengefühl, behutsamen und sorgfältigen Umgang, Augenmaß und Ausdauer. Der erzieherische Umgang mit Kindern verlangt Einfühlungsvermögen und Geduld. Die Ergebnisse einer solchen Arbeit lassen sich nicht stündlich vorzeigen und abrechnen. Es scheint fast, als sei dies keine »richtige« Männerarbeit mehr. Die auch als »Knöpfchendrücker«, »Pinselheinriche« und »Wortverdreher« verrufenen Intellektuellen haben es nicht leicht, im Arbeiter- und Bauernstaat zu Ehren zu kommen.

Zum wichtigsten Kriterium für die Akzeptanz gegenüber den Kopfarbeitern wird schließlich ihre Verbundenheit zur Arbeiterklasse. Der Ingenieur bespricht sich mit den Facharbeitern, der Chemiker besucht die Bauern auf dem Feld, der junge Lehrer hält den Kontakt zum Patenbetrieb. Was die Darstellung im Bild nicht zu leisten vermag, muß durch Bildunterschriften ausgeglichen werden.

In der Abwertung intellektueller Arbeit liegt zugleich eine Chance für den Einstieg der Frauen in diese Berufsfelder. So ist zu beobachten, daß sich ganze Berufsgruppen – wie die des Lehrers, der Kinder-, der Allgemein- und der Zahnärzte aber auch des Architekten, Grafikers und Designers – im Laufe der fünfziger und sechziger Jahre geradezu wellenartig feminisieren. Eine Tendenz, die in der Folge zur sozialen Abwertung dieser ehemals hochgeschätzen Berufe führt.

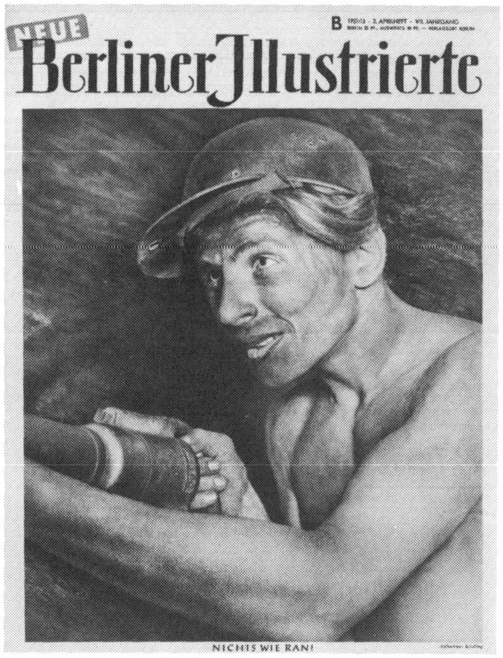

Der Mehr-Wert-Mann

Der Aufbau des Sozialismus, der in diesen Jahrzehnten beschlossen wurde und auf dessen Propagierung und »Verwirklichung« alles zielt, ist begleitet von der idealen Setzung eines neuen Menschenbildes. Im Zentrum des Bildes vom »Neuen Menschen« steht die Arbeit. Die Arbeit hat in der sich neu konstituierenden Gesellschaft eine doppelte Bedeutung: Die Arbeit ist Lebensinhalt jedes Einzelnen, und die Arbeit ist zugleich Synonym für seine Gesellschaftlichkeit, für seine Einordnung, ja Unterordnung unter ein gemeinsames Ideal, unter die gemeinsame Sache. Denn die Gesellschaft definiert sich als eine Gesellschaft von Arbeitenden. Dieses Selbstverständnis der sich aufbauenden sozialistischen Gesellschaft als »Arbeitsgesellschaft« im Unterschied zur westlichen »Leistungs- und Konsumgesellschaft« schlägt sich u.a. in der tendenziellen Politisierung aller Lebensbereiche nieder. Ablesbar wird dies z.B. an der ideologischen Instrumentalisierung der Medien, insbesondere der Illustrierten, für politische und ökonomische Zwecke.

Die Vorstellungen von der Arbeit sind jedoch – obwohl gerade damals Frauen in diese Domänen eindringen – von männlichen Eigenschaften, Stereotypen und Zuschreibungen geprägt. Männerbilder geben die Vor-Bilder und Norm-Bilder für menschliche Arbeit – auch als Synonym für gesellschaftlichen Fortschritt – ganz allgemein ab. Sie dominieren auch in einer Gesellschaft, die sich als Arbeiter- und Bauern-Staat versteht und in der die Vernetzung von Mensch-Sein und Arbeit als Kernpunkt der sozialistischen Sinngebung schlechthin gilt.

Die Kriterien, das Maß, der Sinn und der Wert dieser Arbeit sind wesentlich männlich geprägt: Arbeit ist Verausgabung von Körperkraft, ist Maschinenarbeit, ist gelernte Facharbeit. Männerarbeit ist überall dort zu finden, wo die Arbeit hoch geschätzt und bewertet wird. Männerarbeit wird besonders gebraucht, durch sie entwickelt sich die Menschheit ein Stück weiter. Frauenarbeit aber erscheint als Hilfs- und Zuträgerarbeit, als Bedienfunktion und Anhängsel einer Maschine. Frauenarbeit gilt als reproduktiv, als einen Ausgangszustand wiederherstellend, aber nicht als kreativ und entwicklungsträchtig. Frauenarbeit muß sich an diesen scheinbar allgemeingültigen Maßstäben messen und bewerten lassen und hat so kaum eine Chance, die Strukturmerkmale weiblicher Arbeit als eigenständige Wertkriterien auszubilden und zu behaupten. »Ich bin Bergmann – wer ist mehr« lautete die Parole für Männerarbeit in den fünfziger Jahren. Unvorstellbar ein ähnlicher Spruch für Frauen, etwa in der Art: »Ich bin Kindergärtnerin – wer ist mehr«.

Die Helden der Arbeit

Da gibt es dieses Bild von einem Bergmann, der mit halbnacktem Oberkörper, die Bohrmaschine in der Hand, sich Meter für Meter in den Berg vorwärts gräbt. Wie kein anderes Foto wurde die Aufnahme vom Aktivisten Adolf Hennecke, der 1948 in einer Schicht mit 380 Prozent die Norm übererfüllte, zum Sinnbild des »Neuen Menschen«. Später fehlt es in keinem Geschichtsbuch, in keiner Rückerinnerung an die Aufbaujahre. Das ganze Pathos des Neubeginns steckt in diesem einen Bild. Hennecke verkörperte eine neue Art zu arbeiten und zu leben. Er bildete den Typus des klassenbewußten Proletariers, der seine alten Herren abgeschüttelt hat und nun sein eigener Herr geworden ist.

Hier endlich finden wir in dem Bild vom Aktivisten, vom Bergmann Hennecke die historische Ablösung des Bildes von der Trümmerfrau. Hier, in der sinnvollen, notwendigen und für das Überleben so überaus wichtigen Arbeit wird der Mann zum »Neuen Menschen«. Anders als bei den Trümmer-

„Nachhilfestunde" vor Ort: Hennecke erklärt jetzt den Kollegen seine Arbeitsmethoden, durch die es ihm gelang, die Förderleistung fast zu vervierfachen. Vor allem verdankt er dies der „Kopfarbeit" – einer richtigen Organisation der Handgriffe, wie z. B. dem wirksamsten Ansetzen des Bohrers, das er (oben links) einem Kameraden zeigt, oder der planvollen Ausnutzung zufälliger Förderpausen.

Dazu gehört der sachgemäße Stollenausbau, bei dem Hennecke (unten) einem Kumpel hilft. Rechts: Zwischendurch macht sich Hennecke Notizen für die abendliche Produktionsberatung mit der Gewerkschaftsleitung. Jeder ist für seine Ratschläge dankbar – nicht nur die Allgemeinheit hat von der Mehrleistung Nutzen, sondern auch der Häuer selbst durch den progressiven Leistungslohn

Wo ein Wille ist...

Ein Besuch bei dem Rekordhäuer Hennecke, der durch seine aufsehenerregende Leistung ein neues sozialistisches Arbeitsethos verkörpert und jetzt als Instrukteur anderen Bergleuten hilft

Der Häuer Adolf Hennecke von der Grube „Gottes Segen" war als Kaufmannsgehilfe tätig, bevor er vor rund 25 Jahren den Federhalter mit dem Kohlenpickel vertauschte. Langjährige Erfahrungen, sachliche Überlegungen und sozialistisches Wollen führten zu seiner Leistung, einer Übererfüllung der Tagesnorm um 380%. Hennekes Beispiel entfaltete den Wettbewerb um die Erfüllung des Zweijahres-Planes auf neuer, höheren Ebene: Überall, wo für den friedlichen Aufbau gearbeitet wird, wo die Gewinne aus der vermehrten Produktion nicht wenigen Fabrikbesitzern, sondern der Gesamtheit zugute kommen, in den volkseigenen Gruber[illegible]tenwerken und Metallfabriken fanden sich neue „Hennecke[illegible]", die die Leistung des zwickauer Kumpels zu übertreffen suchen. Täglich kann die Presse jetzt Normerfüllungen von 300, 400, ja bis zu 700% melden. Durch diese Rekorde büßt jedoch Henneckes Tat keineswegs an Bedeutung ein, denn er gab dieser Bewegung den Anstoß. Damit wurde die Erfüllung des Zweijahresplanes näher gerückt, und bewiesen, welche schöpferischen Kräfte einfache Menschen entwickeln, wenn sie spüren, daß es um ihre eigene Sache gilt

»NBl« 46/1948

frauen, wo der Mythos aus der Masse der Frauen entsprang, wird hier ein Mann als Einzelner zum Mythos, zu einem Helden. Ein Held der Arbeit, an den die vielen anderen – ihm nacheifernden Helden – nicht herankommen und nie herankommen werden, auch nicht, wenn sie seine eigentliche Leistung, die 380 Prozent, übertreffen sollten. Denn dieser Mann brachte etwas Neues in die Arbeitswelt: die freiwillige Anstrengung des Kopfes und des Körpers zugunsten einer höheren Produktivität, etwas Unvorstellbares in der Geschichte der ausgebeuteten Arbeiterklasse. Damit verweist die Tat als solche über die Arbeitswelt hinaus in die Zukunft einer neuen solidarischen Gesellschaft, in der sich jeder für jeden verantwortlich fühlen würde, in der alle füreinander da sein werden und keiner einen Extra-Profit aus der Leistung des anderen ziehen kann. Das Bild der Trümmerfrau war nur die Aufhebung der Vergangenheit – aber das Bild vom Aktivisten verspricht bereits eine neue Zeit.

Doch bis in die neue Zeit ist es noch ein weiter Weg. Gepflastert mit Mühen und Anstrengungen. Begleitet von einem noch nie dagewesenen Umbruch in den Denk- und Verhaltensweisen, der Mentalität und Lebensart einer ganzen »Menschengemeinschaft«. Gezeichnet von dem Mal des Befreit-worden-seins und Sich-nicht-selbst-befreit-habens. Dieser Umbruch wurde nicht behutsam und mit Geduld angegangen, sondern als ein abrupter und radikaler Bruch mit dem Vergangenen zwangsweise vollzogen. Kein allmählicher Übergang in eine neue Zeit, sondern ein Kampf des Neuen gegen das Alte. Entsprechend militant die Sprache, in der dieser Prozeß den damaligen Zeitgenossen beschrieben und nahegelegt wird. Eine Sprache, die in fataler Weise an den noch nicht lange zurückliegenden Krieg erinnert: Wie eine Maschinenpistole liegt der Bohrer in den Händen. Der vorwärtsdrängende Körper, die konzentrierten und harten Gesichtszüge und die angespannten Muskeln verraten Unnachgiebigkeit und Kämpfertum. Entsprechende Überschriften lenken die Wahrnehmungsweise der Betrachter: »Die Kupferschlacht in vollem Gange«, »Heldentaten unserer Tage«, »MAS in der Feuertaufe«, »Nichts wie ran!«, »Die Sieger von Mansfeld«, »Schlag auf Schlag« usw. Der Arbeitsplatz wird zum Feld der Klassenauseinandersetzung.

Und wieder werden Schlachten geschlagen, diesmal die der Produktion. Sie finden vor allem im Bergbau, in der Stahlproduktion und während der Ernte auf den Feldern statt. Alles Bewährungsfelder für die wahre Männlichkeit, für Körperkraft und Mut. Männer müssen jetzt nicht mehr Rasse, dafür umso mehr wieder Klasse beweisen. Selbst Hennecke als bekannteste Persönlichkeit steht nicht aufgrund seiner Individualität im Mittelpunkt des Interesses, sondern als Prototyp der Klasse, der er angehört, d.h. als sozialer Typus und nicht als Individuum.

Systematisch wurde so die Arbeitssphäre politisch überformt. Aktivisten und Neuerer, Helden der sozialistischen Arbeit: das sind die spezifischen, von sozialistischer Seite ausgebildeten, ideologischen Formeln als Antworten auf den von der anderen Seite geführten Kalten Krieg. Und auch sie zentrieren sich wieder um Männer. Männer sind die Protagonisten dieses Kampfes, die Kämpfer, die Helden und natürlich auch die Sieger. Sie bestimmen die Inhalte und die Kampfformen. Der Mann als der Erbauer der neuen Welt und als der »Neue Mensch« schlechthin.

Der »Neue Mensch«

Arbeit ist in diesem idealisch überhöhten Verständnis nicht mehr nur Lohn-Arbeit zum Zwecke der Existenzsicherung. Um die Arbeitstätigkeit herum bildet sich ein ganzes Netz kultureller Werte und Sinnbestimmungen.

Der »Neue Mensch« sollte frei werden von Unterdrükkung und Ausbeutung und: er ist seinerseits kein Unterdrükker oder Ausbeuter, sondern gleichberechtigtes Mitglied einer Assoziation von Arbeitenden. Der »Neue Mensch« schafft den Reichtum und Wohlstand der Gesellschaft, in der er lebt. Er ist diszipliniert, schöpferisch und kraftvoll – aber auch gebildet und kulturvoll. Der »Neue Mensch« lebt politisch bewußt, ist von fortschrittlichem Geist beseelt und sittlich integer.

Die historische Gestalt, an deren Vor-Bild sich das neue Menschenbild orientiert, ist der Typus des klassischen Industriearbeiters. Er ist energisch, kraftvoll und ernsthaft bei der Arbeit. Er füllt die Titelseite selbstbewußt mit seiner ganzen ihm zur Verfügung stehenden Körperlichkeit aus. Kraftstrotzend, breitbeinig, mit verschränkten Armen, leichtem Anflug von Skepsis im Gesicht blickt er auf den Zeitungsleser herab. Man ist Mann.

Der »Neue Mensch« ist nicht nur Produzent, er ist auch der Eigentümer. Er »arbeitet mit, plant mit und regiert mit«. Männer sind die Repräsentanten und die Protagonisten eines Gesellschaftsprozesses, in dem diese Vorstellungen Wirklichkeit werden sollen. Neben dem »Neuen Menschen« steht die »Frau von heute« ihren Mann. Sie ist an dieser Entwicklung beteiligt, soweit sie sich den Anforderungen an den »Neuen Menschen« stellt. Sie ist aufgerufen, mit-zutun, nicht beiseite zu stehen, am Gesellschaftsprozeß teil-zu-haben. Doch ihren Platz als Produzenten wie als Eigentümer müssen sich Frauen erst noch erobern.

„Wir haben das Gold in den Händen!"

ZB-Reportage von den ersten Arbeiterfestspielen der Deutschen Demokratischen Republik im Bezirk Halle

„Kein Sputnik könnt' heute d
keine Bergleut' gäb' ..." Großen Jubel lös
straße", von der Kindertanzgruppe darg
ander abgestimmte Szenen — sie brachte
tige und prächtig singende Chöre wechse
kämpferischen Forderung bis zur heiteren
des gesamten künstlerischen Kollektivs. E
den Regisseur dieser Aufführung. Ein

»Zeit im Bild« 19/1959

Arbeiten, arbeiten und nochmals arbeiten

Interessanterweise wurden die Ausgangsbilder für den Idealtypus des »Neuen Menschen« zunächst von der älteren Generation getragen. Sie vermittelte offenbar ein bestimmtes Maß an Vertrauenswürdigkeit, weil sie über langjährige Arbeitserfahrung verfügten und vermutlich gute Facharbeiter waren. Zugleich dürften gerade in dieser Generation die schärfsten Auseinandersetzungen um den Widerspruch zwischen alten und neuen Gewohnheiten und Verhaltensweisen stattgefunden haben. Denn die zum Heros auserkorene Arbeiterklasse war keineswegs durchweg bereit, den neuen Identifikationsmustern widerstandslos zu folgen. Die Aktivisten und Neuerer, das waren zunächst einmal Lohndrücker, diejenigen, die den anderen die Norm verdarben und sie zu schnellerem und effektiverem Arbeiten zwangen. Sie verlangten von ihnen, jahrhundertelang ausgeklügelte und eingeübte Widerstandsstrategien gegen die totale Auspowerung in der Arbeit aufzugeben und sich selbst sogar noch zum Subjekt von Leistungserhöhung zu machen. Der berechtigte Skeptizismus, wem das dann wohl letztlich zugute kommen würde, war durch die einfache politische Formel, nun habe die Arbeiterklasse gleich die Macht, nicht so ohne weiteres auszuräumen. Die Arbeiterklasse fühlte und verstand sich auch nach der Überführung der Fabriken in Volkseigentum noch lange nicht als Eigentümer, als Herren der Fabriken. Zu sehr fielen nach wie vor Entscheidungsmacht und formales Mitbestimmungsrecht auseinander, zuwenig vermittelte sich den Arbeitenden die Freiheit und das Recht auf Selbstbestimmung in der Arbeit selbst.

Aus der »Befreiung von der Ausbeutung« folgte nicht unmittelbar eine freie Entfaltung der Individualität. Im Gegenteil: aus der politischen Konstellation, in der privates Eigentum und Kapital per Dekret in gesellschaftliches, sprich: staatliches Eigentum umgewandelt wurden, folgten bestimmte Erwartungen und Handlungsanforderungen an die Produzenten, sich doch wie Eigentümer zu verhalten. Die alten Herren waren entmachtet, enteignet und weggegangen – nun sollten in der idealischen Vorstellung die Arbeiter ihre eigenen Herren werden, die Herren der Fabriken und die Herren des Landes.

Doch das übernommene und aufgesetzte sowjetische Modell wollte nicht recht greifen. Aktivisten wie Hennecke wurden auch als Lohndrücker beschimpft und im Kollegenkreis nicht nur gefeiert, wie es die Reportagen weismachen wollten.

Die Arbeiter erfuhren die an sie herangetragenen stalinistisch geprägten Verhaltensmuster eben auch als die Forderung nach der Unterordnung ihrer individuellen Bedürfnisse unter gesellschaftliche Interessen. Es wurde verlangt, daß sie ihre Bedürfnisse in die Zukunft aufschieben sollten zugunsten einer imaginären solidarischen Gemeinschaft. »So wie wir heute arbeiten – werden wir morgen leben«, lautete die Parole. Selbst die deutlichen Unmutsäußerungen gegen eine solche Politik, die schließlich am 17. Juni 1953 im Aufstand kulminierten, veranlaßten die herrschenden Politiker zwar zum Einlenken, nicht aber zu einer grundlegenden Wende.

In den Illustrierten wird der 17. Juni als »faschistische Provokation« bewertet. Die »Neue Berliner Illustrierte«

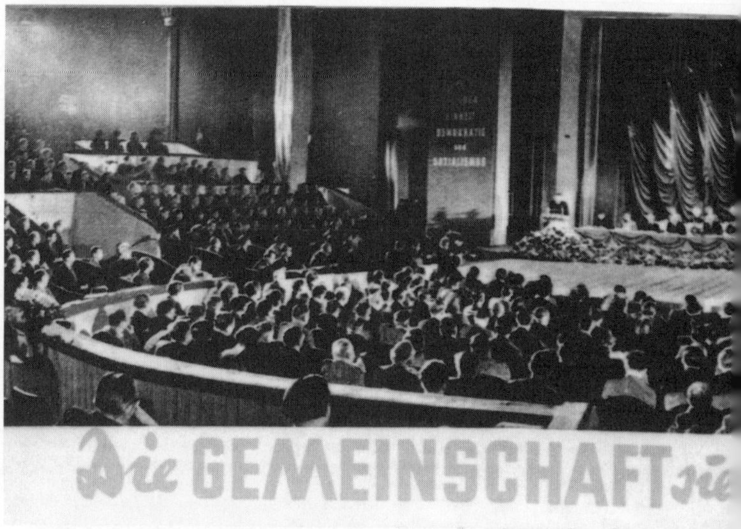

»Die Frau von heute« 52/1952

»NBI« 27/1953

schreibt: »Das war der Bauarbeiter von der Stalinallee nicht, nicht der Metallarbeiter von Hennigsdorf und nicht die anderen, die sich zu einem unüberlegten Streik verleiten ließen. Das waren die Banden des BDJ, der Kampfgruppe und andere faschistische Elemente.« [17] Die Kritik der Arbeiterschaft an den überzogenen Normerhöhungen wird zwar als berechtigt akzeptiert, zugleich heißt es: »Aus der Erkenntnis heraus, daß Wohlstand nur Ergebnis höherer Arbeitsproduktivität sein kann, höhere Arbeitsproduktion wiederum nur das Ergebnis der Überzeugung und Freiwilligkeit. Aber sie muß sein, wollen wir alle besser und besser leben.« [18]

Der Widerspruch zwischen dem Idealbild vom Arbeiter als dem Vertreter der revolutionärsten Klasse und seinem realen Verhalten unter den herrschenden Arbeits- und Lebensbedingungen wurde sicher auf die verschiedenste Weise verarbeitet und gelebt. Die Idealisierung der Arbeiterklasse vermochte jedoch die mit der Beseitung der Kapitalverhältnisse wegfallende »Disziplin des Hungers« nicht hinreichend zu ersetzen. Letztlich schlug sich die Heroisierung zwar in verschiedenen Verarbeitungsweisen psychisch nieder, aber auf eine bestimmte Weise spiegeln sie alle denselben Grundkonflikt. Der klassenbewußte Aktivist war eine mögliche Verarbeitungsvariante, der Skeptiker, »Nörgeler und Meckerer« eine weitere. Ihnen allen gemeinsam (außer den Faulpelzen oder Saboteuren, die es freilich auch gab) aber war ein gewisses ungebrochenes und immer wieder bestätigtes Selbstbewußtsein, zur herr-schenden Klasse zu gehören, zu denjenigen, denen keiner was konnte, die nur machten, wenn sie auch wollten und sich somit bei aller Unterordnung unter die herrschende Ordnung ein Stück Freiheit und Selbstbestimmung bewahrten. Sie äußerte sich eben nicht nur in den heroischen Werken und Taten, sondern unter anderem auch in einer allmählichen Entdisziplinierung, dem Zersetzen der ehemaligen Arbeitsmoral, dem Verlernen von einfachen Regeln der Erhaltung und Pflege. Im Endeffekt war die Mythologisierung der Arbeiterklasse ein Beitrag zu ihrer Selbstauflösung, zur Zerfaserung des einstmals geschlossenen sozio-kulturellen Milieus, ihrer Organisationsformen und ihres proletarischen Selbstbewußtseins. Was die alten Formen aufgrund der veränderten Eigentumsverhältnisse nicht mehr vermitteln konnten, wurde durch die aufgesetzte Ideologisierung kolportiert und letztlich ad absurdum geführt.

Doch in der Heroisierung der Arbeit steckt zugleich auch ein annehmbares Identifikationsmuster, das es den Arbeitenden ermöglichen sollte, sich zum Subjekt der sozialistischen Gesellschaft zu machen. Bei aller Problematik muß diesen Bildern und Symbolen eines zugestanden werden: sie tragen immer auch bestimmte Sinnangebote, mit deren Hilfe sich die Einzelnen in der Gesellschaft vernetzen, vereinnahmen oder auch auffangen lassen können. Wie tief sie letztlich in die soziale Psyche und Mentalität eingreifen konnten und inwieweit sie in eine spezifische kulturelle und soziale Identität der DDR-BürgerInnen mündeten, das sind Fragen, die sich vielleicht erst mit dem notwendigen historischen Abstand beantworten lassen. Es ist die Frage danach, worin trotz aller sichtbarer Mängel und tiefgreifenden Deformationen die Anziehungskraft oder die Identifikationsmöglichkeiten dieses Systems gelegen haben könnten.

»Eine wirkliche Gemeinschaft«

Aus der Programmatischen Erklärung des Vorsitzenden des Staatsrates der DDR, Walter Ulbricht, vor der Volkskammer am 4. Oktober 1960

Zwischen unserem volksdemokratischen Staat und seiner Politik und den Interessen der Bürger gibt es keinen Widerspruch. Deshalb kann jeder zum bewußten Glied der Gesellschaft werden. Er sucht die Befriedigung seiner Interessen nicht auf Kosten der anderen, sondern gemeinsam mit den anderen, durch das gemeinschaftliche Zusammenwirken zum Nutzen aller und zu seinem eigenen Nutzen. Es ist eine wahrhaft humanistische Aufgabe, beim Aufbau einer solchen Gesellschaft mitzuwirken, in der das Wolfsgesetz des Kapitalismus, der Kampf aller gegen alle, beseitigt ist, in der jeder einzelne einen geachteten Platz einnimmt und Verantwortung für das Ganze trägt, in der die Menschen nicht nur nebeneinander, sondern zusammen leben und zusammen wirken und eine wirkliche Gemeinschaft bilden...

Die zunehmende bewußte Mitwirkung der Bürger unserer Republik an der Staatspolitik führt zur tiefgreifenden Umgestaltung der Menschen selbst, zur Veränderung ihres Denkens, ihrer Lebensgewohnheiten, ihrer Beziehungen zueinander. In diesem Wandlungsprozeß, der vom Ich zum Wir führt, vom isolierten Individuum zur sozialistischen Gemeinschaft, werden schrittweise viele schlechte Gewohnheiten und die Rückständigkeit überwunden, die uns der Kapitalismus hinterlassen hat...

Die Werktätigen sind zum Herrn des Landes geworden und üben diese Herrschaft immer bewußter und immer besser aus, indem sie immer aktiver und tatkräftiger ihre Rechte verwirklichen, das heißt an der Arbeit der Volksvertretungen teilnehmen, die Arbeit der staatlichen Organe kontrollieren und durchführen helfen. Die werktätigen Menschen üben ihre Herrschaft immer bewußter und besser aus, indem sie in den Betrieben und landwirtschaftlichen Produktionsgenossenschaften vor allem durch Produktionsberatungen, die Neuererbewegung, die sozialistischen Brigaden und Gemeinschaften aktiven Einfluß auf die Produktion und die Arbeitsbedingungen nehmen. In den Wohngebieten und Schulen nehmen sie durch eine Vielzahl von Ausschüssen und in zahlreichen anderen Formen die Gestaltung aller Bereiche des Lebens in die eigenen Hände... Immer mehr wird die Erfüllung und Übererfüllung der Pläne zu einer Sache der persönlichen Ehre und die Arbeit zu einem echten Lebensbedürfnis.

So entsteht in unserer Gesellschaft eine neue Disziplin der Menschen: die freiwillige, bewußte Disziplin der Gemeinschaft freier, gleichberechtigter Menschen, die ihre Kräfte rationell, ohne unproduktives, egoistisches Gegeneinander für die schnellere Erreichung des gemeinsam gesteckten Zieles einsetzen...

Was zeichnet die Menschen unserer sozialistischen Epoche aus?

Es sind Menschen, die sich nicht nur das Ziel stellen, auf sozialistische Weise zu arbeiten, sondern sich auch allseitige solide Kenntnisse anzueignen, die bewußt gegen diese Überreste der Vergangenheit kämpfen. Es sind Menschen, die sich bemühen, im täglichen Leben Vorbild zu sein, in denen sich immer stärker die hohen sittlichen und moralischen Eigenschaften von Menschen unserer Gesellschaft entwickeln, die sich im wahrsten Sinne des Wortes wie Brüder verhalten, sich gegenseitig helfen, achten und lieben. In höchster Pflichterfüllung üben sie jeden Tag, zu jeder Stunde eine hohe Arbeits-, Staats- und Plandisziplin. So werden die Gebote der sozialistischen Moral in immer stärkerem Maße zum Grundsatz ihres Handelns.

Schriftenreihe des Staatsrates der DDR, 1960, Nr. 2, S. 33ff

1949/39 · 4. SEPTEMBERHEFT · V. JAHRGANG
NEUE
Berliner Illustrierte
B 1954/12 · 3. MÄRZHEFT · X. JAHRGANG
BERLIN 20 PF., AUSWÄRTS 30 PF. — VERLAGSORT BERLIN
NEUE
Berliner Illustrierte
Auf den Innenseiten:
Die Volksbühne hat Premiere
Ich war in Indien
Tragödie einer Tänzerin
Wetterfrösche auf Irrwegen
Sind Sie gelenkig?
Dann gelingen Ihnen auch
die lustigen Geschicklichkeitsübungen,
die wir auf Seite 15 zeigen

3

Nymphenbad oder Wäschetrog?

Exkurs zur Werbung in den fünfziger Jahren
von Simone Tippach

Die »neuen« Werbemedien

»Wir brauchen sie uns nur anzusehen: meistens bringen sie irgendein typisches Reklamebild, eine Warenpackung, ein Gesicht mit dem bekannten Reklamelächeln, ein paar anpreisende Schlagzeilen, einen fetten Markennamen. Kein Wunder, wenn der Durchschnittsleser am Anzeigenteil vorbeisieht, wenn er ihn einfach überschlägt – oder wenn er ihm gar zum lästigen Übel wird.« [1]

Die Anzeige war in den fünfziger Jahren das am häufigsten eingesetzte Werbemittel in der DDR. Vor allem in den Massenmedien wie der Tageszeitung, den Wochenblättern und den illustrierten Zeitschriften wurden Anzeigen für Güter des konsumtiven Bedarfs, vor allem für langlebige Konsumgüter veröffentlicht. Aber auch solche Druckschriften wie Telefonbücher, Kalender, Fahrpläne und Broschüren setzte man als Werbeträger ein. Die Anzeige erschien auch in Form von Diapositiven auf der Kinoleinwand vor dem Hauptfilm. Allerdings ging Mitte der fünfziger Jahre in vielen Filmtheatern der DDR für immer das Licht aus, so daß die Besucherzahlen um mehr als die Hälfte sanken (1957–1967 um rund 70 Prozent).

Das Werbefernsehen spielte in den fünfziger Jahren noch keine Rolle. Das erste DDR-Fernsehgerät »Rembrandt« ging erst am 1. Mai 1954 in Serie. 1959 besaßen nur zehn von hundert Haushalten einen Fersehempfänger. Die erste Werbesendung begann am 1. Juni 1959 mit der Reihe »Notizen für den Einkauf«. Erst am 18. April 1960 wurde die Senderubrik »Tausend Teletips« in das Wochenprogramm aufgenommen.[2]

Welche Möglichkeiten wurden genutzt, um Anzeigen wirken zu lassen, welche Chancen hatten sie, wahrgenommen und gelesen zu werden?

Anzeige aus dem »Magazin«, Heft 2, 1956

Doppelseite aus der »Sybille«, Heft 1, 1956

Ausschnitt aus dem Werbefilm »Gut gewartet in den Sommer«

Eine Anzeige ist kein Eigenmedium wie das Plakat oder der Prospekt, sie ist immer Bestandteil eines anderen Mediums. Das bringt ihr bestimmte Vorteile, sie wird mitgekauft oder -abbonniert in Zeitungen und Zeitschriften. Sie erschien täglich morgens, mittags und abends, wöchentlich, sonntäglich, monatlich – sie erschien regelmäßig. Und das mußte sie auch, denn Anzeigen wurden überflogen, nur beiläufig angesehen oder gar »überschlagen«. Bild- und Textinformationen hatten erst durch die Wiederholung eine tatsächliche Chance, aufgenommen zu werden. In Tageszeitungen wurde die mit wenig Aufwand gestaltete Anzeige nur überflogen, weil die Nutzungsdauer einer Zeitung sich auf einen Tag begrenzte und man rund dreißig Minuten darin las. Es gab jedoch Situationen, in denen auch Anzeigen aufmerksam betrachtet wurden – beispielsweise in Wartesituationen beim Arzt oder beim Friseur, wo man sich damit ablenkte oder die Zeit überbrückte.

Für die illustrierte Massenzeitschrift eigneten sich schon eher unterhaltsame, emotional wirkende Anzeigen, denn hier wiederholte sich der Gebrauch, es wurde entspannt gelesen und viele sammelten die Illustrierten.

Da Personen auch privat Anzeigen gegen Entrichtung von Gebühren aufgeben konnten, die zudem formal limitiert und von der Redaktion der Zeitung plaziert wurden, fiel es den Betriebsleitern oftmals leichter, sich für öffentliche Anzeigen in Druckschriften zu entscheiden, wenn für etwas geworben werden sollte. Die Herstellungsbedingungen waren finanziell und formal überschaubar im Unterschied zur Herstellung eines großen Werbemittelpakets (Handzettel, Prospekte, Kataloge, Plakate, Werbefilm usw.). Somit gab es zwei unterschiedliche Qualitäten von Anzeigen: solche, die nur für den alleinigen Zweck der Veröffentlichung in einer Zeitung erstellt wurden, und solche, die Bestandteil einer komplexen Werbeaktion waren, wobei letztere bei den gravierenden Niveauunterschieden und dem vorherrschenden Dilletantismus in der Werbung selten waren.

Anzeige

Plakatstreifen für die Reichsbahnwerbung 1955

Es fehlte an allem

Zu den damals arbeitenden Werbeinstitutionen zählten die DEWAG-Werbung (Deutsche Werbe- und Anzeigengesellschaft) und deren zentrale Einrichtung, das Institut für Werbemethodik, weiterhin die Außenhandelsgesellschaft Interwerbung, die einzige kommunale Werbeinstitution »Berlin-Werbung Berolina«, genossenschaftliche Werbeproduktionsbetriebe, freischaffende Werbeberater und Grafiker.

In der Volkswirtschaft der DDR fanden sich in den fünfziger Jahren noch drei Eigentumsformen nebeneinander: die volkseigenen, die genossenschaftlichen und privaten Klein- und Mittelbetriebe. Auch wenn die Mehrzahl der Industriebetriebe (hier vor allem der Leicht-, Textil-, Lebensmittel-, Konfektions- und Kulturwarenindustrie) in privater Hand waren, so erzielten doch die volkseigenen einen weitaus höheren Anteil an der Bruttoproduktion. Für die privaten Betriebe wurde es zwingend notwendig, die Werbetrommel zu rühren.

Bereits 1954 ist ein Unterschied im Werbeverhalten zwischen volkseigener und privater Wirtschaft festzustellen. Eine Analyse des Anzeigenteils im Zentralorgan der SED »Neues Deutschland« hob diesen Unterschied hervor: »Die privaten Betriebe... haben an der Bruttoproduktion der Industrie nach Eigentumsformen einen Anteil von 14,5 Prozent, betrieben aber eine Anzeigenwerbung in Höhe von 38,85 Prozent (Industrie und Handel), während unsere sozialistischen Betriebe einen Anteil von 85,5 Prozent an der Brutto-Produktion der Industrie haben, aber in der Anzeigenwerbung nur zu 61,15 Prozent beteiligt sind.« [3]

Ein ähnliches Bild zeigte sich bei einer Analyse der in der »Wochenpost« 1955/1956 veröffentlichten Anzeigen. 38,8, Prozent der Anzeigen kamen von der volkseigenen Wirtschaft, 23 Prozent von privatem Handel und Gewerbe, 21 Prozent von privater Industrie und privatem Handwerk, 14,6 Prozent von kulturellen Bereichen und 1,6 Prozent vom volkseigenen Handel.[4] Die volkseigenen Betriebe taten sich demnach schwer, Werbung zu betreiben – es gab ja auch keine ernstzunehmende Konkurrenz. Zudem herrschten unterschiedliche Meinungen über Wesen, Umfang und Aufgabe der Werbung. In vielen Werbeleitungen der Betriebe ging man mit reinen Erfahrungswerten, vor allem aus der Vorkriegszeit, an die Werbearbeit heran. Aus einigen Vereinigungen Volkseigener Betriebe (VVB) verlagerte man sämtliche Werbeaufgaben in außenstehende Werbeinstitutionen. Zum großen Teil wurde sporadisch gearbeitet, weder angeleitet noch kontrolliert. Im Verkehrswesen zum Beispiel unterblieb von 1945 bis 1954 jegliche Werbetätigkeit der Deutschen Reichsbahn.

Zwischen Wirtschaftsplanung und Werbeplanung zeigt sich deutlich ein Niveauunterschied. Unvollständigen Plänen folgten lückenhaft koordinierte Werbeaktionen. Verfügte man im Betrieb über einen Werbeetat, dann wurde dieser oft willkürlich festgelegt. Da die Termin- und Materialpläne sehr oft zufällig zustande kamen, schossen entweder die Werbekosten beträchtlich in die Höhe, oder sie waren gleich Null.

Es fehlte der Werbung an hochwertigem Material, Arbeitsmitteln und Technik. Es gab zu dieser Zeit nur wenige ausgebildete Werbefachleute, die zum Beispiel Werbekonzeptionen oder Drehbücher erarbeiten konnten. Ausfall des Werbeschaffens während des Krieges, Überalterung, Fluktuation, wenige Ausbildungsstätten, fehlende Fachliteratur waren die Ursachen. Werbefachleute hatten unterschiedliche Berufs- und Tätigkeitsbezeichnungen. Eine genaue Struktur des Berufsbildes lag nicht vor. Ende der fünfziger Jahre wurden Gebrauchswerber, Schrift- und Grafikmaler, grafische Zeichner, Werbeökonomen, Werbegestalter und Ausstellungsgestalter in geringer Zahl ausgebildet. 1954 verließen 31 Absolventen die Berliner Fachschule für Grafik, Druck und Werbung.

Das äußere Erscheinungsbild der Werbung wurde von Kritikern wie folgt beurteilt: vielfach primitiv und ideenlos, im Durchschnitt gut und teilweise ausgezeichnet.

Der Satz: »Kollege Müller zeichnet doch so hübsch, soll er das Inserat machen«,[5] drückte eine weit verbreitete Meinung aus. In den Anzeigen überwogen gezeichnete Darstellungen, was auf die beschränkten Möglichkeiten der Fotografie in der Werbung verweist. Da die Zeitungsanzeige im Rotationsdruck und auf ungeleimtem Papier gedruckt wurde, verschwammen erfahrungsgemäß die dunklen und verschwanden die hellen Partien des Fotos. Man wollte also keine Risiken eingehen. Durch die technischen und auch finanziellen Bedingungen (fotografische Arrangements bedurften eines weitaus größeren Aufwands) wurden die Schwarz-Weiß-Zeichnungen in vielen Fällen zwingend.

Zwei Anzeigen 1944 und 1955, in der »Neuen Werbung«, Heft 1, 1957 als »Original und Plagiate« gegenübergestellt

Die Masse an gezeichneten Personen in den Anzeigen machen das laienhafte Herangehen augenscheinlich. Ein schöner weiblicher Körper gelang ebenso selten wie ein typisch männlicher Ausdruck. Daß eine Art Boom von gezeichneten Werbefiguren einsetzte, daß Menschenbilder stilisiert oder Gegenstände personifiziert wurden, war in diesem Sinne eigentlich nur die Rettung in der Not. So ließ 1957 das »Muxmännchen« Fliegen verschwinden, »Tip und Tap« waren zwei Lottofreunde (ein Junge und ein Mädchen), »Toto-Otto« marschierte im Auftrage des VEB Sport-Toto, für VEB Elbe-Kosmetik tänzelten die »Biox-Ultra-Figuren« oder der »Kugelkopf« verneigte sich für Herbacin-Markenartikel.

Werberitter gegen Windmühlen

Viele Kollegen seien »denkfaul« und in ihren Werbeideen hielten sie gerade die vier Jahreszeiten auseinander. Doch die Zeit des Mangels in der Deutschen Demokratischen Republik sei überwunden, stellte im Februar 1955 der Werbeleiter des HO-Warenhauses Erfurt fest. Er vermeinte, den »stürmischen Aufschwung« der Wirtschaft in den Angeboten des Handels zu sehen und folgerte daraus einen hohen Stellenwert der Werbung.[6]

Alles in allem machte die Werbung der DDR in den fünfziger Jahren eine jämmerliche Figur, auch wenn vereinzelt beflissene Werbefachleute versuchten, ihrem Namen alle Ehre zu machen. Werbung war im ursprünglichen Sinne konkurrierender Marken nicht notwendig, denn die DDR-Gesellschaft war eine Assoziation herrschenden Mangels einerseits und der Monopolisierung der Produktion andererseits.

Am 14. Dezember 1959 fanden die Leser des »Neuen Deutschland« auf Seite 2 einen Beitrag zur Werbung in der DDR: »Gute Werbung fehlt uns bei der Erfüllung der ökonomischen Hauptaufgabe noch wie das Salz in der Suppe.« Die Werbung in der DDR sei blaß und unterbelichtet, flüstere oder schweige, obwohl sich die Versorgung der Bevölkerung verbessert hätte und Betriebe mit international bekannten Namen reiche Lagerbestände aufwiesen.[7] Und tatsächlich zeigte sich besonders ab 1955 eine Steigerung des Lebensniveaus. Am 28. Mai 1958 wurde auf der gemeinsamen Sitzung der Volks- und Länderkammer der DDR in Berlin die Abschaffung der Lebensmittelkarten beschlossen und ein einheitliches Preisniveau für Waren festgelegt. Bis 1959 waren umfangreiche Preissenkungen und Lohnerhöhungen vorgenommen worden, die eine Erhöhung der Kaufkraft zur Folge hatten. Zudem waren mit Beginn der ersten Abzahlgeschäfte seit 1953 Ratenzahlungen für langlebige Konsumgüter ein bereits übliches Kaufverhalten.

Es wurden selbständig Produkte entwickelt, deren Neuheit bekannt gemacht werden mußte. Am 3. und 4. November 1958 stand über der Zentralen Chemiekonferenz in Leuna die Losung: »Chemie gibt Brot, Wohlstand und Schönheit«. In der Folge wurden völlig neue Synthesefasern und Plasteerzeugnisse entwickelt. »Eine Aufgabe der Werbung ist es zum Beispiel, die Bevölkerung mit den neuen, zweckmäßigen und formschönen Plasteerzeugnissen bzw. den neuen, hochwertigen Textilien mit Wollcharakter bekannt zu machen. Die Vorteile des Gebrauchs solcher Textilien aus Wolcrylon, Prelona, Lanon u.a. müssen augenscheinlich demonstriert werden.«[8]

Waren die Parteifunktionäre außerordentlich firm, massenhaft Propaganda zu betreiben, so brauchten die neuen und unbekannten Produkte etwas anderes als politische Agitation. Doch begannen die Argumente für eine bessere Werbung grundsätzlich mit politisch-ideologischen Statements. Vorneweg wurde immer erst die Abgrenzung einer sozialistischen Werbung von der mit der Geschichte der Marktwirtschaft verbundenen Werbung vorgenommen. »Unsere Werbung hilft mit, sinnfällig und massenwirksam die wachsende Überlegenheit der sozialistischen Gesellschaftsordnung in unserer Republik gegenüber der Herrschaft der Monopolisten und Militaristen im Bonner Staat aufzuzeigen.«[9]

1954

Plakat 1954

»Sozialistische Werbung« im Dienste der Kulturpropaganda

Als 1959 die »Grundzüge sozialistischer Werbung« in der DDR herausgearbeitet wurden, so geschah dies, um sich von der Werbung freier Marktwirtschaft abzugrenzen, um Kriterien zur Beurteilung von Werbung zu erarbeiten und um eine anerkannte Werbemethode zu schaffen. Werbung wurde als planmäßige Einwirkung auf den Kunden definiert, um diesen zum Kauf von Waren oder zur Inanspruchnahme von Dienstleistungen zu gewinnen. Als bedarfsbildende und -lenkende Kraft würde Werbung umsatzsteigernd wirken und hätte so eine wichtige ökonomische Funktion zu erfüllen, sie vermittele Angebot und Nachfrage.

Werbung sei aber auch bewußtseinsbildend und »Träger sozialistischer Ideologien«. Sie müsse parteilich sein, die »Gebote der sozialistischen Moral« einhalten und den ethischen

Forderungen nach Wahrheit, Sittlichkeit und Ritterlichkeit nachkommen. In ihr sei kein Platz für Lügen und Appelle an »niedrige Bedürfnisse«. Hervorgehoben wurde immer wieder die »kulturell-erzieherische Seite der sozialistischen Werbung«, denn sie könne helfen, »... Reste bürgerlichen Denkens, bürgerlichen Geschmacks und bürgerlicher Verbrauchergewohnheiten zu beseitigen«.[10] Als künstlerisch-ästhetische Gestaltung würde Werbung bilden, und indem sie auch für Theater, Film und Literatur werbe, wecke sie neue Bedürfnisse. »Sozialistische Werbung« stehe im Dienste der Kulturpropaganda. Die DDR-Werbemethodiker wollten der »unvollständigen« Bildsprache der Massen eine geschmacksbildende, eine sogenannte »hohe Schule« der Werbebilder gegenüberstellen und waren von der erzieherischen Wirkung überzeugt.

Wie auch immer der bekannte »Neuanfang« in der Werbung der fünfziger Jahre reflektiert wurde, wie auch immer Theorie, Ideologie und Ökonomie um das Ideal »sozialistischer Werbung« in den verfaßten Kritiken, Vorgaben und Musterschauen wetteiferten, die entworfenen, gedruckten und gestreuten Werbebilder versprachen vielleicht das »Neue«, aber sie zeigten eindeutig den Rückgriff auf alte Wertmuster und feste Gestaltungsmerkmale. Daß in vielen Bildern, nicht nur nach dem Kriegsende, mit den selben Anzeigen wie um 1939 inseriert wurde, belegt dies dokumentarisch. Die Fülle der Werbebilder und ihre analytische Betrachtung als Milieusprache einerseits und als Formensprache andererseits läßt erkennen, daß die Predigt »sozialistischer Normen und Werte« im konventionellen Frack bzw. im traditionellen Kittel bürgerlicher und vorsozialistischer Zeiten gehalten wurde.

Gab es in diesen Bildern Besonderheiten, Typisches und Untypisches? Welche Gestaltungsmittel wurden immer wieder verwendet, wie variiert? Von welchen Orientierungsmustern gingen die Werbefachleute aus, wenn sie ihre Werbemittel erstellten und veröffentlichten? Veränderten sich die Geschlechterstereotype? Welchen Einfluß übte das fachliche und ökonomische Niveau der Werbemittel und deren Wirkungssituationen auf die Bildkreation und -rezeption aus? War es überall ein »nahtloser« Übergang gängiger Werbebilder von den dreißiger Jahren Deutschlands in die fünfziger Jahre der DDR?

Verkehrswerbung zwischen Potsdamer Platz und Stalinallee, 1954

Schaufenster zu Ehren des V. Parteitages der SED, 1958

Deutsche Frau,
Wäsche ist wertvolles Volksgut!
Richtiges Waschen hilft sie erhalten!
(Vereinheitlichte Waschvorschriften)

So wäscht man Feinwäsche:

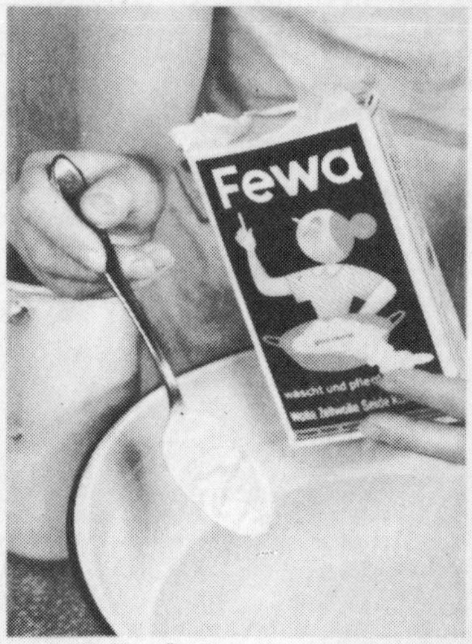

Vor dem Waschen Gardinen, Stores usw. abstauben und in kaltem Wasser durchschwenken. Einen gehäuften Eßlöffel Fewa auf 4 Liter lauwarmes Wasser geben.

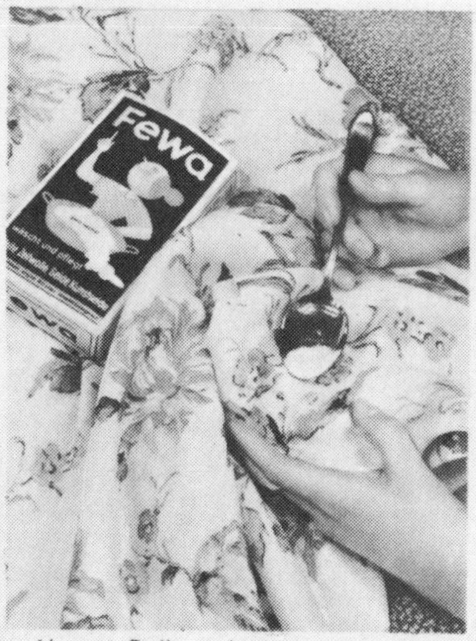

Angeschmutzte Stellen anfeuchten, Fewa aufstreuen, leicht verteilen, einige Minuten einwirken lassen, dann waschen. Bei farbigen Stücken Essig in das Waschbad geben.

Mini-Prospekt 1939

»Kannst du pfeifen Johanna…«

»FEWA« war ein Waschmittel des VEB Fettchemie Karl-Marx-Stadt und »Johanna« die Figur, welche Bewegung in das sonst leblose weiße Pulver brachte. Der Betrachter von Anzeigen, Prospekten, Plakaten oder Verpackungen war mit ihr sozusagen intim. »Johanna« tanzte, arbeitete, badete auf den Bildern, sie streckte ihre Beine hoch, um auszuruhen, sie zog ihr Kleid aus, um es zu waschen. »Johanna« war bei der Hausarbeit eine Frau von Dreißig und wenn sie das Wollknäul küßte, war sie zwanzig. Unverwechselbar in jeder Pose waren ihre Rundungen, die kräftige Gestalt, der streng nach hinten gekämmte Haarknoten und das Versprechen: »…schonen, pflegen, verschönen…«. Mitte der fünfziger Jahre erschien »FEWA-Johanna« munter, optimistisch, niedlich, doch hob dies nur ihren Fleiß, ihre Unermüdlichkeit hervor. Die kleine Dicke blieb allein Waschfrau, denn ihre kurzen Beine taugten nicht zur Strumpf-Werbung, und die dunklen kreisförmigen Haarflächen nicht für eine Shampoo-Reklame.

»FEWA wäscht, pflegt und verschönt! … Deutsche Frau, Wäsche ist wertvolles Volksgut!« Diese Werbezeilen stammen immerhin aus dem Jahre 1939 und waren in einer Reihe kleiner Faltblätter zu lesen. Zwei Jahre später hob eine Studie in der Fachzeitschrift »Deutsche Werbung« die »Wiederauferstehung der ›FEWA-Johanna‹« hervor.[11] Sie hatte demnach mehrere Leben (bis heute ist sie auf Verpackungen zu sehen, die verstaubt in den hinteren Rängen der Waschmittelregale stehen). Entscheidend aber war, daß diese Werbefigur dem Betrachter als ein vertrautes und unsterbliches Wesen erschien.

Fewa-Werbung 1957

»Die sieben Säuberer«

Es waren einmal die »sieben Zwerge«, welche vermutlich als Vorbild für die Werbeidee standen. Hinter der Marke »Wittol« verbargen sich typische Erzeugnisse der Haushaltschemie, wie Möbelpolitur, Fensterputz, Schuhcreme, Fleckenentferner oder Bohnerwachs. Alle Anzeigen mit den sieben Werbefiguren, »Dr. Glanz« und die sechsköpfige »Familie Putz«, hatten in den verschiedensten Posen eines gemein: Während die »Familie Putz« ihrem Namen gerecht wurde, unermüdlich wischte und wienerte, stand im Mittelpunkt der Szenen immer nur die eine Figur: »Dr. Glanz«. Dieser putzte nicht, er empfahl. Mit weißem Kittel, Krawatte und Brille, vor ihm ein Chemiekolben, eine Hand auf dem Rücken, die andere in Zeigehaltung. Er hatte das Wort, denn seine ihm wohl vertraute Familie hatte anderes zu tun. Somit hob sich einer der Sieben als etwas Besonderes heraus. War er der Siebente oder der Erste? War er der Freund der Familie, der gute Onkel?

In der Familie kämpfte man gemeinsam gegen das »Böse«, den Schmutz. Alle waren fleißig, flink und immer froh bei der Arbeit, welche natürlich zwischen den Familienmitgliedern geteilt wurde. Während Mutter und Oma die körperlich schwere Arbeit verrichteten, in einen Kittel gekleidet bohnerten und Fenster putzten, saß Vater Putz am Schreibtisch, im Anzug, und rieb einen Fleck aus seiner Krawatte.

»Schneewitchen und die sieben Zwerge«, die Mythologie des Märchens wurde hier benutzt und umgedeutet. Die magischen Sieben, die unermüdlichen Heinzelmännchen oder Zwerge und der zauberhafte Schneewittchen-Glanz.

Könnte man die vorgestellten Werbefiguren aus ihrem gewohnten Milieu herausnehmen und ohne Wirkungsverlust auswechseln? »Johanna« würde dann den »Doktortitel« erhalten und im Mittelpunkt der Familie stehen, und dem »Glanz« gäbe man statt eines »Doktors« den Vornamen »Franz«. So kann man sich eine »Frau Doktor« vorstellen, aber als Puppe, mit Brille, im Kostüm und mit einer ihrer Stimme Nachdruck verleihenden Geste hätte sie wenig Chancen, sympathisch zu wirken.

Plakat von Otto Baumberger, 1920

Die »Wittol«-Familie, 1956

Wie aber aber würde es dem »Franz« ergehen? Könnte er tanzen, springen, lächeln, küssen, sich entkleiden? Wie müßte sich der Hausmann geben, damit er verstanden wird? Wären seine Posen, seine Ausstrahlung und seine Bewegungen nicht andere, mehr förmliche und beherrschte, mit der entsprechenden Distanz?

Man hätte, um glaubwürdig zu erscheinen, auf andere Symbole und Zeichensysteme zurückgreifen müssen oder wäre dazu übergegangen, die Ware selbst zu personifizieren. Etwa als »Fewakus«, den weißen Wäschezauberer. Wieder also bliebe nur ein Rückgriff auf eine scheinbar bekannte Figur, einer Märchenfigur, die aber selbst nicht wäscht, sondern für die Hausfrau zaubert.

Der Kunde durfte nicht verunsichert werden, deshalb verzichtete die Werbung der frühen fünfziger Jahre auf den Rollentausch der Geschlechter. Die klare, sich immer wiederholende Rollenzuschreibung galt in der DDR-Werbung, so könnte man sagen, als Faustregel.

Damit sich der Umworbene mit den handelnden Figuren und ihrer Lage identifizieren konnte, wurden die unbekannten und neuen Produkte mit vertrauten und bekannten Situationen verknüpft. So wiederholten sich nicht nur die Milieus, in denen Frauen, Männer und Kinder agierten, sondern es ließen sich konkrete Gestaltungsmerkmale im Gesichtsausdruck, in Mimik und Gestik und in den Posen der abgebildeten Personen ausmachen, welche immer wieder als Mittel der Verständigung benutzt wurden.

»Chemie gibt Schönheit«

Auf die Werbung für Haushaltschemie wurde in den fünfziger Jahren großer Wert gelegt. Das gigantische Chemieprogramm wurde nicht nur auf Konferenzen und mit Losungen propagiert, sondern führte auch zu größeren Werbeaktionen für diese Erzeugnisse, welche Anzeigen in Zeitungen und Zeitschriften, auf Plakaten, in Prospekten oder Faltblättern in Verkaufsstellen, Betrieben und anderen gesellschaftlichen Einrichtungen umfaßten. Frauenbilder waren oft Hausarbeitsbilder und die Hauptrolle spielten Waschmittel.

Die wäschewaschende Frau im Bild erweckte trotz vereinfachter Körperformen immer auch den Eindruck von schwerer körperlicher Arbeit. Über den Waschtrog gebeugt, konnte sie keine Leichtigkeit ausdrücken. Die Hausfrau sorgte »zum Wohle der Familie« und nicht etwa für ihre Kleidung, für die Frisur, für Schmuck oder sonstiges modisches Zubehör. Der kostbare Schuh am kleinen zarten Fuß der reizenden Frau nahm die Gestalt des simplen Latschen an. Die schmale Taille der grazilen Gestalt blähte sich auf zu derben und klotzigen Hüften. Eine Art Neutrum wandelte in Kittelschürze und mit einfältigem Haarknoten hin und her zwischen Herd und Trog.

»Chemie gibt Schönheit«, nicht der Frau, sondern der Wäsche. So auch in einem 1959 gedrehten Puppentrickfilm. Eine Puppe von massiger Gestalt mit unförmigen Beinen trug ein geblümtes, durch »Laneu-Feinwaschmittel« »schön« gewordenes Spitzenröckchen und umarmte eine riesige Flasche. Offenbar bedurfte deren Gewicht, um bewegt zu werden, einer ungeschliffenen und standfesten Figur. Dagegen wirkten Anzeigen, auf denen saubere Wäsche auf die Leine gehängt wurde, um vieles fröhlicher, zuversichtlicher und naturverbundener. Zwar bedeuten saubere, duftende und im Wind wehende Laken eher Frohsinn als Kraftakt, aber eigentlich hatte sich für die Frau nichts geändert. Nur wurde eine andere Perspektive, ein anderer Ausschnitt aus ihrer Tätigkeit gezeigt. Die Schwere der Arbeit wurde bagatellisiert, um die werbliche Aussagekraft zu steigern. Daß die weiblichen Körper sich aber zwischen den riesigen weißen Wäschestücken kaum bewegen konnten, es einen Horizont für sie faktisch nicht gab, sie gefangen waren im Bild, verweist auf die Beschränktheiten des persönlichen Spielraums.

1955 entstanden in den VEB Persil-Werken Genthin zwei Anzeigen zum »Ata-Spezial« und zu »Persil«. In beiden Bildern wurden Mann und Frau während ihrer Arbeit gezeigt. Doch der Text brachte die Wende in die scheinbare Gleichstellung. Die junge Säuglingsschwester wurde in ihrem Beruf gezeigt, im Text wurde von der Sauberkeit der Wäsche gesprochen, die große Beachtung fand im Säuglings- und Mütterheim und bei den jungen Müttern. Die Botschaft zielte hier auf das Bedürfnis nach Reinlichkeit. Welches Bedürfnis wurde im Männerbild angesprochen? »Und doch soll sich der schaffende Mensch wohlfühlen und Freude an seiner Arbeit haben.« Die Rollen waren aufgeteilt. Sie war für andere und anderes da, er schaffte etwas, arbeitete und fühlte sich wohl dabei – er war für sich da.

Die Frau und das Auto

»Autoliebhaber prüfen sehr sorgfältig, ehe sie urteilen – ›Sie‹ achtet zunächst stets auf die Form, Farbe und Ausstattung... ›Er‹ studiert technische Einzelheiten, nutzbringende Vorzüge... Aber beide entscheiden sich für den Wartburg, denn er hat vieles zu bieten.« (Text im Prospekt)

1956 verließen die ersten drei Ausführungen des Eisenacher Wartburgs das Automobilwerk in Thüringen. Gleichzeitig wurden Prospekte erarbeitet, welche den Wagen und seinen Komfort vorstellten. Im Gegensatz zur Anzeige konnten diese Druckschriften in ruhigeren Situationen, intensiver, länger und ohne die unmittelbare Konkurrenz anderer Anzeigen oder Autoprospekte gelesen werden. Deshalb zeigte sich auch ihre inhaltliche Aufbereitung mit mehr Informationen in Bild und Text. Werbeobjekt war in diesem Fall also das Auto, das mit entsprechenden Überschriften und farbigen Illustrationen in einer Atmosphäre gezeigt wurde, mit welcher sich der Leser aufgrund eigener Erfahrungen oder Wünsche identifizieren konnte.

Schmucke Form, gute Technik und Leistung waren die wesentlichen Kriterien, die dieses Auto aufweisen sollte, wobei bereits festgelegt war, wessen Bedürfnis mit welchem Komfort befriedigt werden sollte. Hier wurden Ideale angesprochen: schöne Wochenenden, festliche und harmonische Abendfahrten, rassige Farben und exzellente Linienführung des Wagens, bequeme weite Reisen dank der Geräumigkeit, Sportlichkeit und Individualität. Nicht allein ein Auto wurde gekauft, sondern ein Versprechen auf das Glück der Familie: ein Kraftfahrzeug als ein guter Freund, als der ganze Stolz der Familie.

Auf welche Nutzung verwiesen aber nun die stark stilisierten Strichfiguren, die jeweils stimmungsvolle Geschichtchen darstellten?

1. Der Mann fuhr das Auto. Er berührte es, stand mit ihm in unmittelbarem körperlichen Kontakt, er reinigte das Auto, tankte und benutzte es.

2. Die Frau stand immer abseits vom Auto. Sie lächelte und posierte in klassischer Haltung. Sie trug ein Kleid, passend zur Farbe des Wagens. Sie ließ sich mit dem Auto vom Mann fotografieren.

3. Die Frau präsentierte in einem Prospekt vier Mal eine veränderte Kleidung: Kostüm mit Handschuh, Abendkleid mit Handschuh, Pullover und Rock, Badeanzug. Ihr Gesicht zeigte lächelnde Lippen, große Augen und Brauen. Er dagegen hatte schmale Striche, Bart oder statt des Gesichts eine helle Fläche.

Die Frau schien ähnliche Vorzüge zu haben wie der Freund, das Auto. Beide besaßen eine gute Linienführung, waren harmonisch, festlich, schön, sportlich und der Schlüssel zum Familienglück.

Prospekt, 1956

Anzeigenseite in »Sibylle«, 1958

»Gut sehen Sie aus!«

Diese Autowerbung war aber nicht Gegenstand der Zeitschriftenreklame, sondern sie wurde großzügig in Prospekten veröffentlicht. Denselben sozialen Typ Frau finden wir jedoch wieder in den unzähligen Kosmetikanzeigen.

Flirtende, werbende Blicke der Frauengesichter, übereinandergeschlagene lange Beine, enge Taillen, weites Dekolleté – das sind typische Klischees, die sich vor allem in der Kosmetikwerbung finden. Frauen waren entzückt von dem Parfüm und entzückend fand sie der Betrachter in ihren grazilen Posen.

In der bereits oben erwähnten Analyse der in der »Wochenpost«, einem in der DDR gern gelesenen Wochenblatt (Auflage 800 000 Exemplare), veröffentlichten Anzeigen, werden auch quantitative Aussagen über die Wirtschaftszweige getroffen, für die in den Jahren 1955/56 geworben wurde.

52,2 Prozent aller Anzeigen kamen von der chemischen Industrie, wovon die Kosmetik allein 32 Prozent und die Haushaltschemie 10,2 Prozent belegten. Die Konsumgüterindustrie war mit 33,4 Prozent vertreten. Der Rest verteilte

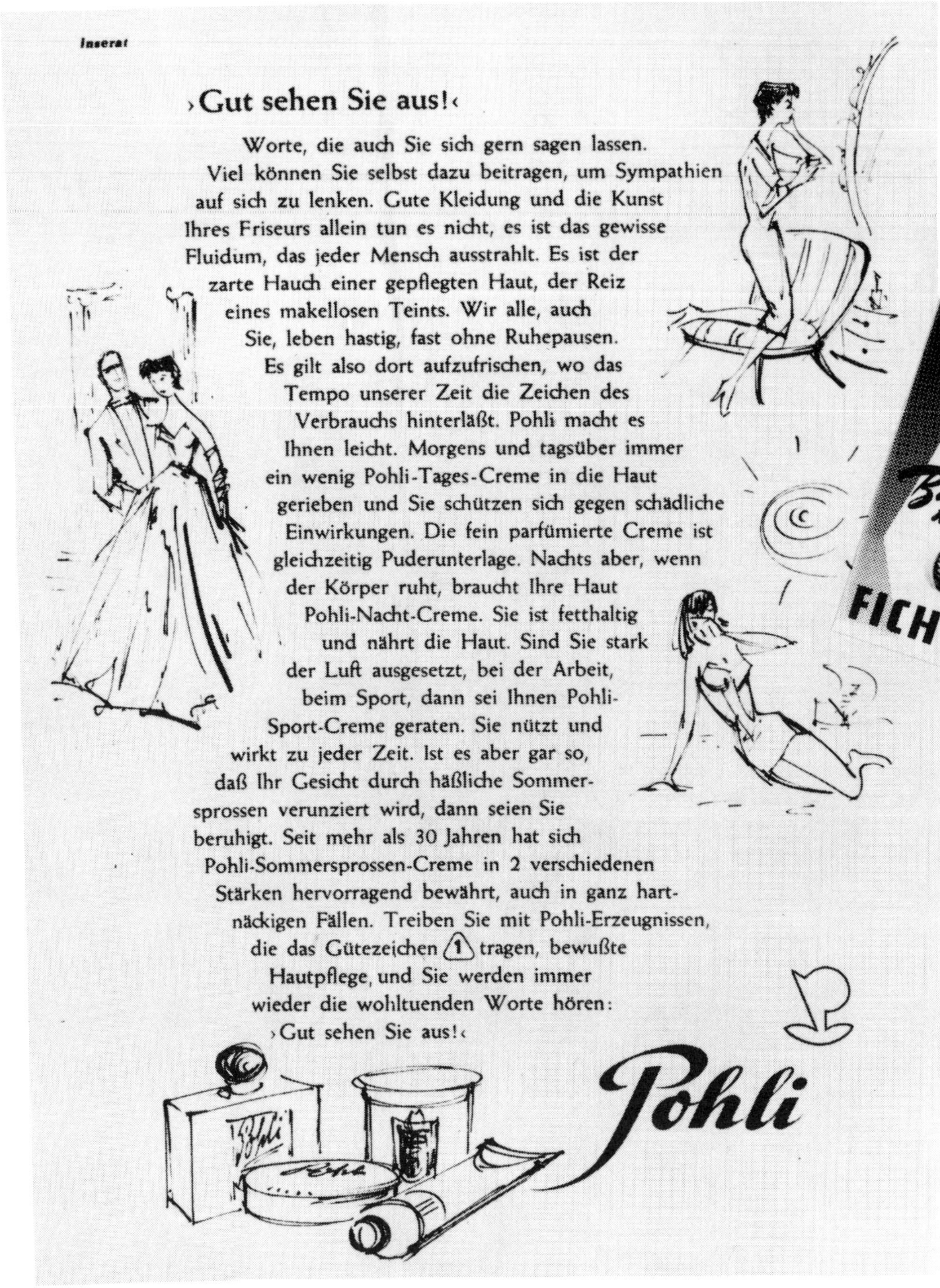

Anzeige im »Magazin«, 1956

sich auf Lebens- und Genußmittel (1,4 Prozent), auf den kulturellen Bereich (11,7 Prozent) und auf Maschinen und Geräte (1,3 Prozent).[12] Diese Zahlen bestätigen die ausgewählten Werbebilder des vorliegendes Bilderkataloges im Anzeigenbereich.

Um 1955 wurden demnach besonders Kosmetikartikel vorgestellt. Die Frauen befanden sich entweder im Badezimmer, am Toilettentisch oder in Gesellschaft sie umringender Herren. Das wichtigste Accessoire der Frau war immer der Mann. Ihr Ehemann, ihr Freund, ihr Chef – stets beugte er sich zu ihr herüber oder herunter, legte den Arm über ihre Schultern, überreichte ihr Blumen, schenkte ihr seine Aufmerksamkeit mit Blicken oder mit Kosmetik. Ihre Blicke wiederum und ihre Haltungen waren ganz auf ihn fixiert. Schwärmerisch, anschmiegsam und rührig waren ihre Gesten. Selten tat sie etwas anderes, als brav auf ihn zu warten; dann packte sie Koffer oder telefonierte.

Diese mit leichter Hand entworfenen Gestalten schwebten

durch den Raum, als umwehte der Duft des Eau de Cologne tatsächlich die Nase des Betrachters. Wie jämmerlich zerbräche dieses zarte Geschöpf mit dem schmalen Hals, den elfengleichen Handgelenken und Beinen, versetzte man es in die Welt des Bohnerwachses oder des Gemol-Waschmittels.

Die männlichen Begleiter dieser weiblichen Figuren mußten ihnen viel Aufmerksamkeit und Zuneigung zollen. Sie machte sich schön für ihn und er hatte das schönste und teuerste Schmuckstück zu loben. Auf allen Bildern wurden die Formen ihrer Gesichter und Körper besonders detailliert gezeichnet. Diese Frauendarstellungen zeigen, was dem Mann gefällt. Oft erinnern sie an eine Ausstellungsszene, in der die Bewunderer um das Prachtstück herumgehen, es begutachten – und, im Sinne der Werbung, natürlich für sehr gut befanden: »›Gut sehen Sie aus!‹ Worte, die auch Sie sich gern sagen lassen. Viel können Sie selbst dazu beitragen, um Sympathien auf sich zu lenken. Gute Kleidung und die Kunst Ihres Friseurs allein tun es nicht, es ist das gewisse Fluidum, das jeder Mensch ausstrahlt. Es ist der zarte Hauch einer gepflegten Haut, der Reiz eines makellosen Teints.«[13]

Im Gegensatz zu den Frauenbildern in der Kosmetikwerbung, welche das kleinste Detail weiblicher Reize wiedergaben und idealisierten, wurden Hausfrauen ungeschminkt und plump gezeigt. Die Frau geriet aus dem Blickfeld ihrer Verehrer, hinein in die Rolle des Hausdrachens, Putzteufels oder Küchenpatrons. Auch wenn innerhalb einer Zeitschrift auf einer Seite sowohl Kosmetik- als auch Waschmittelwerbung zu sehen waren, die beiden sozialen Typen von Frauen konkurrierten in keiner Weise miteinander. »Putzlappen« und »Juwelen« waren unvergleichbar im Preis, in ihrem Gebrauch und in ihrem Milieu.

Im Handumdrehn und Zeit gespart…!

Es ging ums »besser leben«. In einem Faltblatt des HO-Warenhauses am Alexanderplatz in Berlin von 1956 wurden technische Kosumgüter vorgestellt. Als »wichtigste Helfer« präsentierten sich die Gemüseraspel »Schnelle Elli« oder der Staubsauger »Omega«, als ihre Herrin zeigte sich die Hausfrau. Doch in diesen Darstellungen war nicht mehr in erster Linie wichtig, daß die Hausfrau ihre Arbeit zum Wohle der Familie tat, sondern, daß sie für sich Zeit gewann. Graue Kittel

Faltblatt 1956

Ganzseitige Anzeige in »Zeit im Bild«, 1958

wurden abgelöst von Spitzenschürzen, und kleine Feen blitzten durch die supermoderne Kücheneinrichtung. Die Erzeugnispräsentationen stellten gleichzeit Frauen mit verändertem Ausdruck in Kleidung, Frisur und Habitus vor. Die Rationalität und Kombinationsfähigkeit der modernen Haushaltstechnik spiegelte sich in der Gestalt der Frauen wider. Ihre Haare waren kurz und pflegeleicht, ohne Schnörkel- und Rüschenballast ihre Kleidung. Zum Beispiel konnte man der Frau in den »Wolcrylon«-Anzeigen von 1958 beides zutrauen, Arbeit im Haushalt und Romanzen im Abendkleid. War das der neue Frauentyp?

Daß die neuen Sortimente »zeitnah« waren, darauf verwiesen die veränderten Frauenbilder. Wenn es leichter war, den Haushalt zu führen, und Zeit frei wurde zur eigenen Erholung, dann mußten die weiblichen Figuren das auch ausdrücken. Im Vergleich aber zu vorherrschender Kosmetik- und Waschmittelwerbung bekamen Zeitschriftenleser den neuen Frauentyp seltener zu Gesicht. Mitunter wurden in den Werbebildern, welche das sich verändernde Zeitverhalten der Frauen andeuteten, die typischen Gestaltungsmerkmale einer Kosmetikwerbung eingesetzt, um die »schicke« Hausfrau zu symbolisieren. In der Prospektzeichnung des »VEB Alfi Fischbach« hätten auch statt der Aluminiumtöpfe spezielle Seifen rund um die Frau liegen können. Moderne, automatisierte Geräte für Küche, Bad und Wohnraum verschafften der Frau mehr Zeit.

Weshalb hatte die Werbung auf freiwerdende Zeit gezielt? 1957 waren etwa 65 Prozent aller Frauen im arbeitsfähigen Alter berufstätig. Diese Teilnahme am Produktionsprozeß erforderte eine grundsätzlich neue Haltung zu den traditionellen Hausarbeitspflichten der Frau. Zum einen wurden bestimmte Hausarbeiten in öffentliche Einrichtungen verlagert, zum anderen wurden verstärkt Konsumgüter produziert, mit deren Hilfe man im Haushalt Zeit sparen konnte. Man versuchte daher, vor allem Frauen über die Werbung anzusprechen, weil sie diese neuesten Geräte beutzen sollten. Männern hingegen wurden im Zuge der Technisierung andere Konsumgüter angeboten: Motorroller, Fernsehgeräte oder Schmalfilmkamera versprachen dem Mann nicht mehr Zeit, sondern eine neuartige Beschäftigung für seine Freizeit. Sie versprachen darüberhinaus Unabhängigkeit, Überlegenheit und Abenteuer.

»Die Verzückung der heiligen Theresia«

1956 wiesen die meisten Illustrierten vorrangig gezeichnete Bildanzeigen auf. Dabei überwogen in den Frauenbildern solche typischen Gestaltungsmerkmale wie schmale Schultern, enge Taillen, lange schlanke Beine und durchgedrückte Kniee, Arme am Körper oder in V-Haltung. Nicht selten waren die Augen geschlossen oder der Betrachter wurde mit einem seitlichen Blick fixiert. Gelächelt hat das Frauengesicht generell. In zeigender oder gebender Position nahm die Frauenfigur eine klassische Haltung ein: Standbein und Spielbein, leicht gedrehter Oberkörper, geneigter Kopf, geschlossene Beine, welche erst unterhalb der Knie gegrätscht wurden.

Die DDR-Werbefotografie der fünfziger Jahre steckte in den Kinderschuhen. Die Fotos waren stereotyper in den Ausstrahlungen als die individuell gestalteten Zeichnungen. Die fotografierten Frauengesichter ließen sich austauschen: Geneigter, leicht gedrehter und mit offenem Mund lächelnder Kopf.

Die nur gering variierten und wenig originellen Haltungen symbolisierten bestimmte Charakteristika, die mit der Frau in Verbindung gebracht und ihr zugeschrieben wurden: bezaubernde Blicke, poesievolle Atmosphäre, zärtliche Gesten, launenhaftes, aber aufgeschlossenes Wesen, weibliche bis erotische Körper. Je nach Warenart überwogen entweder Romantik und Pathos bei kosmetischen Erzeugnissen oder Zuversicht und Stolz bei modernen Konsumgütern.

Im wahrsten Sinne des Wortes wurde die Körpersprache der Vorkriegszeit aufgenommen und in der DDR reproduziert.

1925 schrieb ein Professor der Universität Köln über die Reklame des Kaufmanns: »Dem weitaus größten Teil der Bevölkerung erscheint eine prächtige, pompöse oder eine ›schöne‹, süßliche Aufmachung viel beachtenswerter und liegt seinem Empfinden viel näher als eine Ausstattung, die alles Aufdringliche vermeidet und in der Wahl des Inhalts, der Farben und der Drucktechnik nur von einem gebildeten Geschmack geschätzt und genossen werden kann.« [14]

Der Autor ging davon aus, daß die Mehrheit der Menschen zwar über einen verdorbenen Geschmack verfügte, die Re-

Anzeigenvergleich: 1929… …1939… …1958

klame aber nicht anstehe, dem etwas entgegenzusetzen, sondern daß sie vielmehr, um verstanden und angenommen zu werden, die Bildsprache der Massen reproduzieren müsse.

Oft sah man bei den gezeichneten oder fotografierten Frauen, wie sie ihre Hand vor die Brust legten, mal verspielt kokett, mal tänzerisch elegant, doch immer an das Vorbild Berninis um 1650 erinnernd: »Die Verzückung der heiligen Theresia«.

Für jede Situation existierte eine bestimmte Figur, fast lückenlos könnte man den vorliegenden Bilderkatalog als ein kleines Bilder-Buch der nonverbalen Körpersprache verstehen.

Aus der »Schreckenskammer«

In arbeitender Position drückten die Figuren die Beine durch, beugten sich leicht nach vorn, aber spannten keinen Bogen ins Kreuz, sondern winkelten den Körper stumpf an.

Vor allem in der Haushaltswerbung, die kraftvolle, energische und laute Bildtöne benutzte, zeigte sich ein harter, gebrochener und abstrahierender Strich. So einmalig war demnach die kleine »FEWA-Johanna« nicht. Das Bild der strengen Oberschwester, in akkurat weißer Schürze und mit exakter Haarknotenfrisur, wurde immer wieder strapaziert – sowohl in den dreißiger als auch in den fünfziger Jahren.

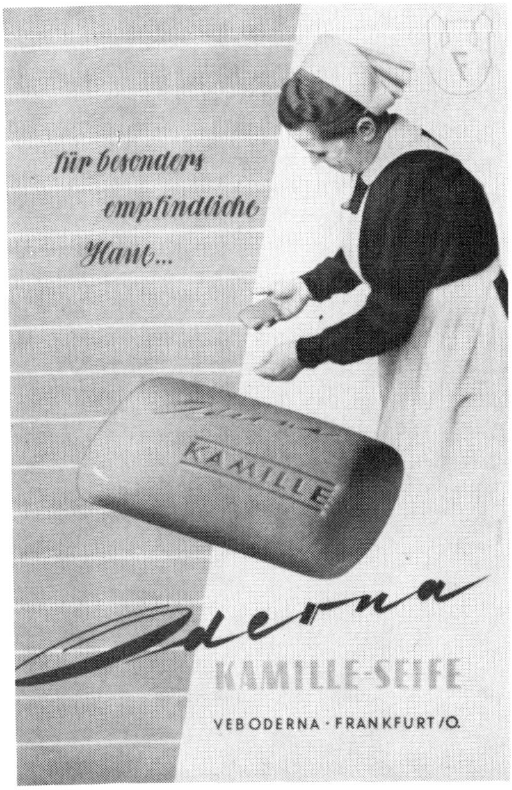

Anzeige 1956

1951

Aus der Dia-Schreckenskammer:
Stereotyp lächelnde Kochtöpfe
marschieren mit aus den Ohren
kommenden Armen und einem Transparent an den sich so herzlich freuenden
Hausfrauen vorüber.
Wie klein sind unsere Frauen
gegenüber diesen stolzen Erzeugnissen.
Ein Beispiel für Dilettantismus
in der Dia-Werbung,
wie wir ihn leider noch oft antreffen.

Aus »Neue Werbung«, Heft 5, 1957

Offensichtlich war bei der Bildkreation nicht immer zeichnerisches Können im Spiel, so daß mitunter groteske Frauenfiguren entstanden, die in der Zeitschrift »Neue Werbung« einer »Schreckenskammer« zugeordnet und ihrer besonderen Anti-Wirkung wegen hervorgehoben wurden.

»Wofasept für den fraulichen Reiz«, eine Anzeigenserie über eine desinfizierende Seife, erschien in der NBI längere Zeit mit Bild, Überschrift, fortlaufendem Text und Markennamen. Auf allen Abbildungen wurden arbeitende Frauen gezeigt. An der Schreibmaschine, an der Bohrmaschine, im Laden und unterwegs. Es waren, so die Überschriften, »Frauen unserer Zeit«, »sympathische Kolleginnen«, »Vorbilder für alle«. Weshalb nun diese Frauen »Wofasept« benötigten, verrät der Text. Es ging um den »fraulichen Reiz«, den sich die Frau trotz fast »männlicher Entschlußkraft« bewahren müsse. Die Frau handle klug, laut Text, »nicht zuletzt durch aufmerksame Körperpflege«. Frauen standen ihren »Mann« und waren dabei doch »adrett, frisch, und gepflegt«. Der Text drückte etwas anderes aus, als die Abbildungen darstellten. Kein Werbefachmann wäre wohl auf die Idee gekommen, vom arbeitenden Mann zu schreiben, der, wenn er seinen Mann steht, auch seinen männlichen Reiz bewahren sollte. Das heißt, nur bei der Frau wurde klar getrennt zwischen dem »Frausein« und dem »Mann-Stehen«. Diese Trennung war nur schwer ins Bild zu setzen. Eine Frau, die »ihren Mann« steht, mit zeichnerischen Mittel darzustellen, war schon kompliziert, es war viel schwieriger, den fraulichen Reiz zu versinnbildlichen.

Neue Schlachtrufe

Inwieweit stand nun die verbale Ausdrucksweise in den Werbebildern im Dienste nonverbaler Körpersprache? Wie bedingten beide einander? In Werbetexten zeigten sich die Werbefachleute ausgesprochen redselig und reimbeflissen:

»Frau Krause hat ein Töchterlein / jedoch das bleibt nicht ewig klein / die Zeit vergeht, Ruth wächst heran / und schwupp schon hat sie einen Mann / Dann steht Frau Krause als Mama / nicht gern mit leeren Händen da / Schon sorgt sie vor für morgen / sie weiß: Versichert sein bannt Sorgen.« (1959)

»Einst half der Vater, die Lotte und Emilie / Jetzt nimmt man Fit zum Wohle der Familie« (1957)

In diesem flotten Zweizeiler trifft der Leser auf ein bewährtes Klischee. Zwar wurde der Name des Produkts, ein Abwaschmittel, ungünstig in die Mitte der zweiten Zeile plaziert, aber dafür schließt der Reim mit dem »Wohl der Familie« wirksam ab. Besonders interessant ist die erste Zeile, denn hier wurden die Familienmitglieder aufgezählt. Nur die Mutter nicht. Sie war der eigentliche Adressat, denn ihr wurde geholfen. Im Bild der Anzeige kann man dann auch die heilende und schlichtende Wirkung des »Fits« nachvollziehen: Der Hausdrachen »Mutter« war gezähmt, die Spannung zwischen Helfen-Müssen und Wohlfühlen aufgehoben und das Glück der Familie hergestellt.

Der Slogan (übersetzt: Schlachtruf) ist für das Bild in der Werbung von großer Bedeutung. Da er immer wieder eingesetzt wurde, verband sich mit dem Produkt nicht nur ein Name, sondern auch eine Aussage, die über die Produktqualität hinausging.

»ESDA weiß, was Sie wollen«
»Zuverlässig bis zum letzten Zentimeter«
»Ein Symbol der Anmut – ESDA«
(Vereinigte Strumpfwerke ESDA, 1959)

Auch ohne die Abbildung zu den entsprechenden Texten bilden die Texte einen Sinnzusammenhang, der mehr enthält, als reine Fakten über das jeweilige Produkt.

Wurde im ersten der drei Strumpf-Texte allein versichert, daß das Produkt sämtliche Wünsche des Kunden erfüllt, und im zweiten Satz das Argument hinzugetan, daß die Naht sitzt, dann deutet spätestens der letzte Slogan unmißverständlich darauf hin, wessen Strumpfbedürfnis hier angesprochen werden sollte. Diese Texte standen jedoch nicht für sich, sondern bezogen sich auf Abbildungen, die dem Betrachter Beine zeigten. Frauenbeine natürlich: »anmutig«, »anspruchsvoll«, »makellos«, »schmiegsam«, »pfirsichhautfein«, »perlmatt« usw.

»WOK, da sprechen selbst die Männer drüber«
(Waschmittelwerk Genthin, 1959)

In einer anderen Anzeige standen zwei Männer im Anzug und mit Krawatte. Einer der beiden breitete das Jacket aus, um sein weißes Hemd vorzuführen: »Und stell Dir vor, wie vorteilhaft. Ich hab vom Waschtag nichts gemerkt, so leicht und schnell geht das mit WOK. Ich rate Dir als guter Freund, das mußt Du Deiner Frau empfehlen.« Also sprachen selbst die Männer darüber, erfuhr in diesem Text der Leser. Gezeigt wurden Männer, gemeint waren Frauen – denn nur diese sprachen über »Waschtagsleiden«.

»Koche mit Liebe, würze mit Bino«
(VEB EKB – Bitterfeld, 1956)

Wenn es Werbefachleuten 1956 einfiel, daß der »Sonnenkönig« seinen Meisterköchen im 17. Jahrhundert empfahl, Rezepte aus aller Welt zu sammeln, dann stellten sie sofort eine Verbindung zur Bino-Würze her. Der König als Allegorie des feinen Geschmacks in Bild und Text – am Ende der Geschichte aber würzte eine Hausfrau des 20. Jahrhunderts ergeben die Suppe.

Auf einem anderen Bild tanzte ein Hochzeitspaar. Sie, in Vorderansicht, trug einen Brautschleier und feine Schuhe, er, nur von hinten zu sehen, Zylinder und braun-gelb-karierte Pantoffeln. Davor ein Herd, ein Topf, eine Kelle und dazu der Text: »Koche mit Liebe, würze mit Bino«.

Wer wurde angesprochen? Wem sah man ins Gesicht?

Auf einer anderen Darstellung wurde wieder ein Brautpaar gezeigt. Diesmal stand die schlanke Frau allein im Vordergrund. Von hinten nahte mit Blumen der Bräutigam (ohne Kopf). Eine zweite, vollschlanke Frau im dunklen Kleid flüsterte der Braut etwas ins Ohr: »Koche mit Liebe, würze mit Bino« und kleingedruckt stand neben einem Herzen: »Dem Gaumen zuliebe«.

Liebe geht bekanntlich durch den Magen. Nicht nur in den Schlagern besang man seinerzeit diesen reizenden Zustand, sondern auch in der Werbung wurde dieser bildliche Vergleich strapaziert. Das Phänomen, daß Verliebte großen Appetit haben, wurde in einem kurzen Satz versinnbildlicht (allerdings kommen Verliebte wohl auch eine Zeit lang ohne Essen aus). Die Bino-Werbung verschob ein wenig diese Bedeutung zugunsten des Appetits und der würzenden Hausfrau, blieb aber in den Grenzen dieser Logik.

Der familiäre Umgangston

Bei Texten werden, ob gelesen oder gehört, die Informationen nacheinander aufgenommen. Dennoch verläuft die Rezeption von Texten nicht nur einfach linear. In der Kombination können Texte Bildern eine unerwartete Wendung in der Aussage geben, Texte vermögen im Unterschied zur bloßen Fotografie oder Zeichnung der Phantasie des Lesers oder Hörers zusätzlichen Spielraum zu geben. Texte bedienen sich in der Werbung der Bildhaftigkeit der Sprache, um mit dem Leser schnell und sicher auf einen »Nenner« zu kommen. Zum Beispiel ist die Wäsche »wie aus dem Ei gepellt«, oder man kann mit dem Fernsehempfänger »jederzeit im Bilde sein«.

1954 wurden in der Fachzeitschrift »Neue Werbung« Manuskripte einer Tonbandsendung für Betriebe und Dialogbeispiele für den Warenhausfunk vorgestellt. Die Redaktion bemühte sich, diesen »unentbehrlichen Helfer« [15] als attraktive akustische Werbemöglichkeit hervorzuheben.

Beispiel 1

Y. Hallo, (Anrede), Wohin so schnell?

V. Wohin so schnell, fragst Du? Natürlich zum großen Weihnachtsverkauf ins HO-Warenhaus.

Y. Was, jetzt schon Weihnachsteinkäufe? Na, dazu ist ein paar Tage vor Weihnachten immer noch Zeit.

V. Also typisch für euch, (Anrede), Weihnachtseinkäufe immer auf die letzte Minute hinausschieben, sich dann aber wundern und meckern, wenn die gewünschte Auswahl, die richtigen Farben, die notwendigen Größen usw. nicht vorhanden sind.

Y. Aber sieh mal, (Anrede), wir sehen uns so selten, und gleich machst Du mir wieder Vorwürfe. Weißt Du was? Ich begleite Dich beim Einkauf. Im HO-Warenhaus ist es immer so schön voll, und beim Gedränge fällt es gar nicht auf, wenn ich Dich ganz privat auch mal ein bißchen drücke.

V. Also kommt ja gar nicht in Frage, (Anrede). Beim Einkauf sind Deine temperamentvollen Liebesbeweise vollkommen fehl am Platze. Schließlich muß ich meine Gedanken beieinander haben und die Augen offen halten. Gerade jetzt beim großen Weihnachtsverkauf im HO-Warenhaus, wo alle Abteilungen über ein besonders reichhaltiges Warenangebot verfügen, ist das sehr wichtig.

Beispiel 2

Y. Ach, so ein Pech! Ausgerechnet jetzt muß mir das passieren, und nicht einmal den richtigen Faden Twist habe ich zur Hand.

V. Nun, (Anrede), wie oft ging Ihnen das auch schon so? Doch dem Übel kann jetzt abgeholfen werden. Ihr unentbehrlicher Begleiter für Reise, Sport und Hausarbeit soll Stopftwist in Bandaufmachung sein.

Y. Eine Neuheit! Mehrere Farben in einem Band, der gewünschte Faden sofort zur Hand.

Beispiel 3

V. Sag mal, (Anrede), wann bekomme ich nun endlich meine Tasse Kaffee?
Y. Ach, du meine Güte, gut, daß Du mich erinnerst. Mein Kaffeewasser kocht sich bestimmt schon halbtot. Seitdem ich meinen Pfeifkessel nicht mehr habe, bin ich ganz unglücklich!
V. Nun, (Anrede), dem kann abgeholfen werden. Pfeifkessel, elektrische Kocher, Gaskocher sowie viele andere Dinge des Haushalts bekommen sie an unserem Haushaltsstand.

In den abgedruckten Manuskripten wurde jeweils vor dem gesprochenen Wort das Geschlecht des Sprechers kenntlich gemacht. Aber auch ohne daß eine Legende erklärt, wer V und wer Y waren, lassen sich die Geschlechter zuordnen. Wer drückt wen, auch mal ganz privat? Wer hatte den gewünschten Faden sofort zur Hand? Und wer bekam nun endlich seine Tasse Kaffee? Würde es sich hier um ein Hörspiel handeln, hätte auch ohne weiteres ein Rollentausch stattfinden können. Im Werbefunk war die Rollenzuweisung unmißverständlich. Werbung entnimmt dem Alltag Geschichtchen und reduziert sie auf eindeutige Bedeutungen. Sie redet weder geschwollen, noch betont gewählt, sondern entsprechend ihrer Zielgruppe sind Werbetexte familiär und umgangssprachlich aufgebaut. Obwohl die Kaufhandlung selbst wieder ein Akt des öffentlichen Verkehrs ist und sachlich abläuft.

»Geisterständer«

»Wo einst das große HERTIE-Haus stand, erstreckt sich jetzt eine gepflegte Grünanlage. Aber schräg gegenüber, am Eingang zur Rathausstraße, Ecke Dircksenstraße, erhebt sich das siebenstöckige Alexander-Hochhaus, 1945 noch eine Bürohausruine, mit dem HO-Warenhaus am Alex und seinen 32 Schaufenstern.« [16]

Schaufenster werden seit jeher als ein erstrangiges Werbemittel im Handel angesehen. Hier wird die Ware unmittelbar und tatsächlich präsentiert. In diesem vorgelagerten Verkaufsraum hat der Kunde die Ware zum ersten Mal in greifbarer Nähe. Ob beim Stadtspaziergang, beim Einkauf oder beim Warten auf die Kaufhausöffnung, Schaufenster waren auch in den fünfziger Jahren Orte des Hinsehens, Stehenbleibens, sich Ausruhens, des Wartens. Da der Betrachter von den gestalteten Räumen körperlich getrennt war, zu ihnen Distanz besaß und in die Gestaltung hineinsah, konnte er, auch aufgrund eigener Raumerfahrung, diese Bilder hinter Glas räumlich erleben.

Der höchste Einzelhandelsumsatz pro Kopf der Bevölkerung lag von 1953 bis 1955 bei den Nahrungsmitteln, dann folgten Genußmittel, Bekleidung, Textilien, Industriewaren. Ähnlich verhielt es sich mit der Anzahl von Verkaufsstellen in diesen Warengruppen. Jedoch verfügte nicht jede Verkaufsstelle gleichzeitig über Schaufenster zur Präsentation der entsprechenden Waren. Um so auffälliger waren die Bemü-

»Der Künstler und sein Fortschritt-Modell«. Schaufenster 1957.
In der Zeitschrift »Neue Werbung«, Heft 12, 1957 wurde das Schaufenster kritisiert: »Das Zerrbild eines weiblichen Aktes ruft negative Gefühle beim Betrachter hervor.«

»Von jeher herrschte Eitelkeit: Ostern im neuen Fortschritt-Kleid«, Schaufenster 1957

hungen in der Fachzeitschrift »Neue Werbung«, sich regelmäßig mit dem Medium Schaufenster unter der Rubrik »Blick durch die Scheibe«, zu befassen. In diesen Bilddokumenten überwiegen Schaufenster mit Bekleidung und Textilien. Wahrscheinlich ein Anzeichen dafür, daß mit dieser Warenart mehr dekoriert werden konnte. Dagegen waren zum Beispiel Lebens- oder Genußmittel kleinere und festgeformtere Artikel, welche rascher den Besitzer wechselten.

Bereits zu dieser Zeit hatten die Fenster Gestaltungsthemen, so zum Beispiel die vier Jahreszeiten, Produktionsaufgaben, Festtage, Losungen, Jubiläen. Die Themen entstanden nicht zufällig, der Dekorateur hatte seine Vorgaben. Vorgegeben waren auch die Ware, das Deko-Material und die Qualität der Schaufensterfiguren. Diese waren nicht selbstverständlich im Fundus der Werbeabteilungen zu finden. In der Nachkriegszeit bis 1958 bediente man sich oft der sogenannten »Geisterständer« – alternative Körper, Gelenke und Figuren aus Metall, Plaste, Papier, Holz usw. Die teuren vollbeweglichen Figuren wurden erst um 1957 in der DDR mit hohem Aufwand produziert, so daß viele Verkaufseinrichtungen lieber auf »Vorkriegsfiguren« und eben die »Geisterständer« zurückgriffen. Die heute kurios bis phantastisch anmutenden »Geisterständer« geben dennoch Auskunft über Frauenbilder in Schaufenstern. Die verrenkten und verzerrten Gebilde

ohne Gesichter lassen sich ohne weiteres in Figuren mit männlicher und in Figuren mit weiblicher Ausstrahlung unterscheiden.

Aber nur selten findet man in den Abbildungen der »Neuen Werbung« Fenster mit männlicher Ausstattung. Diese Schaufenster mit Herrenkonfektion zeigten die Körper auffallend teilnahmslos, in statischer Haltung und einem fast spartanischen Umgang mit dekorativem Beiwerk. Eigneten sich weibliche Körper eher dazu, zur Schau gestellt zu werden? Wie sahen diese Räume aus, die vorzugsweise der Frau gehörten?

In Tüll gehüllt zur Schau gestellt

Rüschen, Spitzen und Krausen begleiteten die weiblichen Räume permanent. In einem Schaufenster mit dem Thema »Wenn alle Menschen der Welt für den Frieden kämpfen, bleibt alles, was Menschen geschaffen, vor sinnloser Zerstörung bewahrt« (Text im Schaufenster) hängten Dekorateure Damenunterbekleidung. Im Mittelpunkt ein Ballett-Gemälde von Degas. Durch den Raum wehten Wäsche und Tüllschleier. An der Seite, dicht am Fensterglas, stand eine schlanke Schaufensterpuppe mit langen blonden Haaren. War sie der Friedensengel? Auf ganz simple Art wurden Arbeitswerte, Kunst- und Liebeswerte miteinander verknüpft. Die Waren und das Gemälde als das vom Menschen Geschaffene, die Damenwäsche und der Tüll als die liebreizende, zarte und leicht zerreißbare Gestalt, die Ballerinen und die weiße Frau als die liebenswerten und zu beschützenden Wesen.

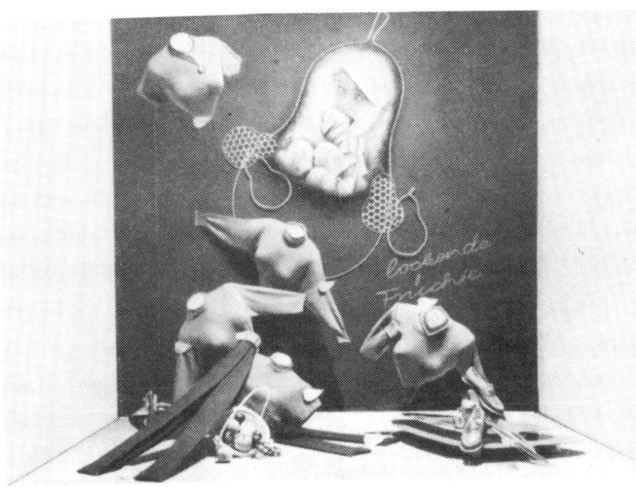

Anmerkungen

1 *Neue Werbung*, Verlag Die Wirtschaft Berlin, 2–1957, S. 3.
2 Zeittafel, in: Die Entwicklung des Fernssehens der DDR, Programmdirektion des Fernsehens der DDR, Berlin 1977, Nr. 1, S. 3.
3 Heinz *Steffen*: Wirtschaftswerbung, eine politische Aufgabe, in: *Neue Werbung* 3–1954, S. 29.
4 Sorgenkind Anzeige – Jahresanalyse des Anzeigenteils *Wochenpost*, in: *Neue Werbung* 2–1957, S. 8.
5 Ebd., S. 9.
6 Kurt *Birkemeyer*, in: *Neue Werbung* 2–1955, S. 5.
7 Hans *Lockhoff*: Sollen wir unser Licht unter den Scheffel stellen?, in: *Neues Deutschland* (B) Nr. 344 1959, S. 2.
8 Autorenkollektiv: Die Grundzüge der Entwicklung der sozialistischen Werbung in der Deutschen Demokratischen Republik, Dewag-Werbung, Institut für Werbemethodik Berlin 1960, S. 2.
9 Ebd., S. 18.
10 Ebd., S. 19f.
11 Max *Blume*: Konsequenzen in der Werbung, in: *Deutsche Werbung*, Berlin 17–1941, S. 504.
12 Sorgenkind Anzeige…, a.a.O., S. 7–19.
13 Anzeigentext »Pohli«, in: *Das Magazin* 3–1956, S. 60.
14 Rudolf *Seyffert*: Die Reklame des Kaufmanns, Leipzig 1925, S. 4.
15 Günter *Wesche*: Werbefunk im Warenhaus, in: *Neue Werbung* 5–1954, S. 11f.
16 Alexander *Becker*: Ein Schaufensterbummel im heutigen Berlin, in: *Neue Werbung* 9–1957, S. 27.

Frauenbilder – Männerbilder

Bei der Betrachtung der Frauen- und Männerbilder im Bereich der Arbeit wurde deutlich, daß trotz aller Brüche und Veränderungen in den Verhaltensweisen von Frauen und Männern, trotz des enormen Emanzipationsschubs, den die Frauen durch ihren Eintritt in die Erwerbstätigkeit erfahren, sich in den Bildern eher Kontinuitäten in der dualistischen Geschlechterrollenzuweisung und dem geschlechtsspezifischen Verhalten aufdrängen. Das zweifellos gesteigerte Selbstwertgefühl der Frauen und ihre gewachsene gesellschaftliche Bedeutung schlagen offenbar nicht unmittelbar in neue, nach außen sichtbare Verhaltensweisen um. Frauen und Männer scheinen in den alten Geschlechterrollen und Stereotypen zu verharren.

Um diesem Phänomen etwas genauer auf die Spur zu kommen, muß auch die Sphäre in Betracht gezogen werden, in der das Geschlecht als Geschlecht seine eigentliche Bedeutung entfaltet: das gewöhnliche Alltagsleben, die Sphäre der Nicht-Arbeit, der »Freizeit«. Denn hier verhalten sich Männer und Frauen zueinander als Geschlechtswesen und nicht wie in der Arbeit in erster Linie als Inhaber von Arbeitsvermögen. In der Familie, auf der Straße, in Tanzlokalen oder im Kino, beim Einkauf oder bei der Hausarbeit werden die spezifischen Verhaltenserwartungen an Frauen und Männer formuliert. Hier vor allem, in der Sphäre der individuellen Konsumtion und des äußerlichen Scheins wird Geschlecht gemacht, bestätigt oder abgelehnt. Das Leitbild des Neuen Menschen orientiert sich zwar in seinen Inhalten an der Arbeitssphäre, aber die Muster und Präsentationsformen, in denen es geschlechtsspezifisch erscheint, sind aus der Alltagswelt entnommen.

Die berufstätige Frau wurde zum Leitbild der modernen Frau. Die Verankerung dieses Frauenbildes in der Wirklichkeit erweist sich als höchst widersprüchlich. Auf den ersten Blick scheinen nur die Bilder aus dem Arbeitsbereich für ein neues Frauenbild zu stehen, während Darstellungen aus dem alltäglichen Leben deutlich den traditionellen Stereotypen verpflichtet sind. Fällt das Bild der Frau in zwei »Bilderwelten« auseinander? In welcher Beziehung stehen die beiden Seiten des Frauenbildes zueinander – sind sie unvereinbar oder ergänzen sie sich gegenseitig? Inwiefern schlägt sich das Motiv der neuen, der selbstbewußten berufstätigen Frau in den alltäglichen Präsentationsformen nieder? Wird es zum Ausgangspunkt eines Bildes oder aber beiseite geschoben und negiert? Wie verarbeiten die Männer diese neue Situation? Fühlen sie sich provoziert, kehren sie ihr männliches Gehabe deshalb noch deutlicher hervor oder gehen sie einen Schritt zu auf die emanzipierten Frauen?

»Die Zeit der Erfolge ist da«

Das konstatierte Walter Ulbricht zum einjährigen Bestehen der DDR 1950. Es ist die spezifische DDR-Variante des deutschen Wirtschaftswunders, die hier propagiert wird. Die Kriterien des gesellschaftlichen Fortschritts mögen andere sein, doch die Symbole des angekündigten Wohlstands sind dieselben: Lohnerhöhungen und Preissenkungen, kartenfreie Lebensmittel, Wohnungsbau und neue Möbel, Fernseher, Auto, Vergnügungen und Ferien. Vorgeführt werden sie zum Beispiel von den »glücklichsten Menschen Deutschlands«, die gerade eine Wohnung in der Stalinallee beziehen dürfen, lachenden Müttern, kessen Mädchen, vergnügten Vätern, flotten Burschen und glücklichen Liebespaaren – in diesen Bildern dreht sich scheinbar alles um die Ehe und die Familie.

Ein erster flüchtiger Blick auf die Bilder aus der gewöhnlichen Lebenswelt der fünfziger Jahre, auf die Werbung und die Filmwelt könnte den Eindruck erwecken, daß Frauen ihren Lebensinhalt ausfüllend und befriedigend ausschließlich in Kindererziehung, Haushalt und Umsorgung eines Ehemannes finden, wohingegen Männer die fürsorglichen Ernährer und liebevollen Familienväter abzugeben scheinen. Die Familie steht als *der* Ort individueller Zufriedenheit offenbar wieder ganz oben in der Werteskala.

B 1954/41 - 1. OKTOBERHEFT - X. JAHRGANG
BERLIN 20 PF., AUSWÄRTS 30 PF. — VERLAGSORT BERLIN

NEUE Berliner Illustrierte

Ein Kleid gegen Abgabe von 35 Punkten der Textil-Karte — wie freuten wir uns 1949 darüber, auch wenn das Fähnchen aus minderwertigem Stoff war und schlecht saß. Aber wir hatten mit dem Bezugschein-System Schluß machen können, und das war ein spürbarer Erfolg von damals. Heute sorgt unsere Bekleidungs-Industrie dafür, daß sich Ingrid anders, gut und geschmackvoll, kleiden kann. Die Kleiderkarten sind längst vergessen, und die 16. Preissenkung ist ein Erfolg von heute. Wie sich die Zeiten ändern ... Mehr davon lesen Sie in unserem Beitrag zum fünfjährigen Bestehen

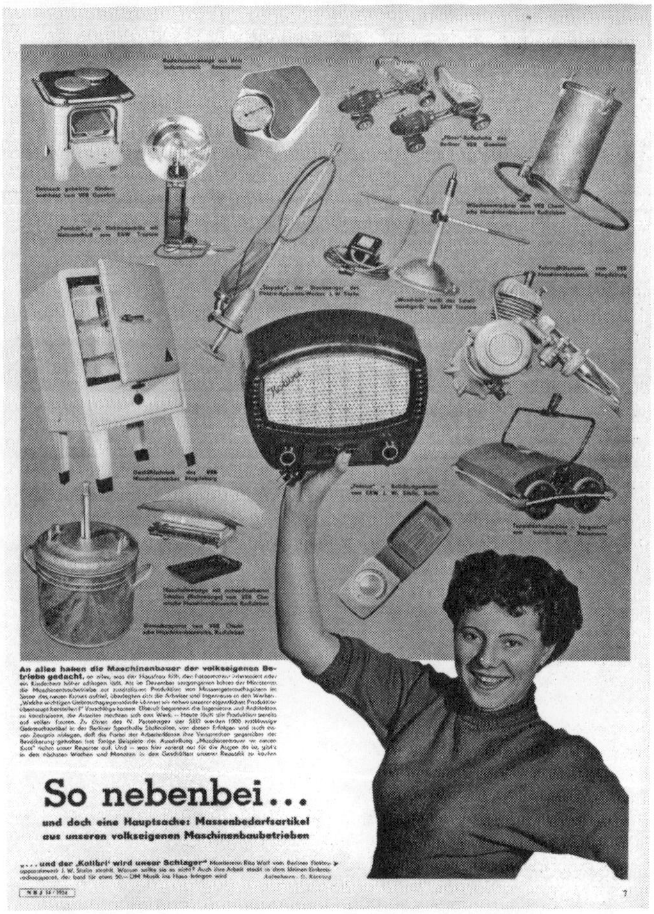

»NBI« 14/1954

Die inszenierte Alltäglichkeit

Doch was sind das für Bilder, aus denen sich dieser erste Eindruck ableitet? Sind es wirklich Abbildungen des gewöhnlichen Alltagslebens in den fünfziger Jahren? Oder werden hier nicht vielmehr Bilder aus dem deutschen Familienleben bewußt und beispielhaft in Szene gesetzt? Der Alltag kommt, wenn überhaupt, nur bewertet ins Bild. Die Bilder enthalten über das Abbild hinaus eine Botschaft an die Leser, die da lautet: Es geht uns doch schon ganz gut, seht, was wir uns jetzt alles leisten und anschaffen können. Oder: Was tut der Staat nicht alles für seine Bürger. »Millionen gibt unser Betrieb den Werktätigen zusätzlich zum Lohn auf dem Umweg über die kulturellen und sozialen Errungenschaften.« [18]

Diese Bilder verstehen sich als Illustrationen eines angestrebten oder schon erreichten sozialen Fortschritts, der »Errungenschaften« der DDR gegenüber dem anderen deutschen Staat, es sind Propagandamittel im Kampf um das bessere soziale System. Sie sind oftmals an die Hausfrau gerichtet, ihr wird z.B. vorgerechnet, was sie sich einst und jetzt von ihrem Haushaltsbudget kaufen kann. Auf sie als Konsumentin zielen die vorgeführten Erleichterungen beim Einkauf und beim Wäschewaschen oder die angepriesenen neuesten Modeschöpfungen. Es wird an ihren Geschmack und Gestaltungswillen appelliert, wenn neue Möbel, Lampenschirme oder Haushaltsmaschinen zur Diskussion stehen. Doch die in diesen Bildern enthaltenen Projektionen auf ein besseres Leben gehen über die reale Mühsal täglichen Anstehens, des Herumrennens nach den simpelsten Gebrauchsgegenständen einfach hinweg. Sie bieten kaum neue Muster für den Umgang und die Verarbeitung der negativen Alltagserfahrungen an. Hier lebt und stirbt immer noch jede Hausfrau für sich allein.

Der wirkliche Alltag, so wie ihn ganze Generationen massenhaft erfahren haben, wird aus den Illustrierten weitgehend ausgeblendet. Im Unterschied zur unmittelbaren Nachkriegszeit finden sich in den fünfziger Jahren so gut wie keine Bilder mehr vom Schlangestehen, vom Quetschen in die überfüllten Straßenbahnen auf dem Weg zur Arbeit, vom hochgetürmten Abwasch oder von den Bergen Bügelwäsche, weder Fotos vom Waschtag noch vom Großreinemachen, vom Fensterputzen oder Treppe bohnern. Hausarbeit wird wieder unsichtbar. In dem Augenblick, wo die Normalität wieder Einzug hält, wo Hausarbeit nicht mehr als Überlebensarbeit gilt, ist sie auch nicht mehr bildwürdig genug, um einen Platz in den Illustrierten zu finden. Sie wird ent-öffentlicht und damit privatisiert; auch in einer Gesellschaft, die sich zwar die Verbesserung des Lebens auf die Fahnen geschrieben hat, aber in ihrem ideologischen Selbstverständnis damit stets nur die großen Dinge des Lebens im Auge hatte. Könnte dies nicht auch damit zu tun haben, daß diese Arbeit von Frauen gemacht wird, und zwar unbezahlt, als eine Art Liebesdienst?

»Die Frau von heute« 13/1960

In der Betrachtung des Alltagslebens, gerade eben auch dann, wenn es unsichtbar gehalten werden sollte, treten die patriarchalischen Grundmuster ungleich deutlicher hervor als in der Arbeitswelt.

Es wechseln jedoch nicht nur die Bilderwelten – es verändert sich auch das Bildmaterial. Die Fotomontage, das gestellte Bild, gezeichnete Figuren dominieren hier über das authentische Foto und die Fotoreportage. Unumstrittene Protagonistin aller dieser Bilder ist ein junges Mädchen oder wenigstens eine sehr junge Frau. Sie ist sportlich, kokett, lustbetont und sogar ein wenig frech und wirkt dadurch manchmal geradezu unglaublich modern.

Eine ganz gewöhnliche Frau

So zieht sich durch die Illustrierten ein innerer Bruch. Waren auf der Titelseite eben noch strahlende junge Mädchen im Arm des Ministerpräsidenten zu sehen, wird auf den Innenseiten mit demselben Lächeln für das ewiggleiche Waschmittel geworben, wird mit neuesten Geräten gebohnert, es wird gekocht, mit Kindern gespielt und sich schön gemacht. Im Hintergrund des Bildes ist manchmal der Mann angedeutet, dem diese »Liebesdienste« gelten. Es sind vom Typ her dieselben Frauen, die sich eben noch in den Dienst der großen gemeinsamen Sache gestellt sahen und die sich nun dem prüfenden Blick ihrer Mutter oder eines potentiellen Liebhabers stellen. In den Kontexten von Kinder, Küche und Kino wird deutlich, wie sehr Frauen extrem stilisiert und einseitig auf einen männlichen Blick hin zurecht-gemacht werden. Sein abschließendes Urteil wird den Ausschlag geben, ob sich die Mühe gelohnt hat. Frauen werben in diesen Bildern stets um die Zustimmung und Gunst der Männer.

Seine Zufriedenheit und seine Bedürfnisse sind der Gegenstand ihrer Anstrengungen. Frauen sorgen für ein gemütliches Heim, in dem sich der Mann von der Arbeit erholen kann. Sie kochen schmackhafte Speisen, um seine Leistungsfähigkeit wieder herzustellen. Sie suchen die passende Kleidung für ihn aus und halten sie sauber, damit er immer »wie aus dem Ei gepellt« auf Arbeit erscheinen kann.

Frauen haben zu wissen, wie und wann es ihm schmeckt, wann man ihn in Ruhe lassen und die Kinder fernhalten muß, damit er sich entspannen kann. Dazu gehört auch, ihm ab und zu einen schönen Anblick zu verschaffen – die blitzsauber aufgeräumte Wohnung, eine neue Lampe, ein neues Kleid. Frauen sehen auf diesen Bildern immer »wie neu« aus – gepflegt, attraktiv und geheimnisvoll überraschend. Männer wollen nun mal keine gestreßten, nervösen und abgearbeiteten Frauen um sich haben, die hektisch durch die Wohnung rasen und in wilder »Putzsucht« das Unterste zuoberst kehren. Sie erwarten eine zartfühlende, ausgeglichene und gepflegte Erscheinung, mit der sie sich sehen lassen können. Hier wird der Widerspruch zwischen Realität und Bild eklatant: Die Bilder suggerieren Muße und freie Zeit. Die Hausarbeit und Berufstätigkeit liegen abgeschlossen hinter diesen Bildern und werden damit quasi unsichtbar gemacht.

Das im familialen Bereich spielende Frauenbild ist darauf angelegt, die traditionelle Arbeitsteilung im Bereich der individuellen Reproduktion zu bestätigen. Es fungiert als Anleitung und Handlungsanweisung für das Verhalten von Frauen in einer Ehe. Von Kind an, besser von Mädchen an, wird es eingeübt.

Die unvollständige Frau

Als drohendes Gespenst steht die Vorstellung »keinen Mann abzukriegen« hinter den glänzenden Musterküchen und festlich gedeckten Tischen. Es steht hinter jedem jungen Mädchen. Die negativen Erfahrungen ihrer Mütter tragen das ihre dazu bei, sich ein Leben ohne Mann als etwas Unvollständiges, Unnormales und Unglückliches vorzustellen. In der Nachkriegszeit war die »unvollständige Familie« noch der Normalfall gewesen. Doch sie wurde in eben dieser Unvollständigkeit und Unvollkommenheit empfunden und gelebt. Kriegsfolgen zu beseitigen, das bezog sich auch auf die Wiederherstellung »normaler« Familienformen. Die Notlage, in der alleinstehende Frauen sich durchs Leben schlugen, war wenig dazu angetan, ein solches Lebensmuster alternativ und anziehend zu finden.

Die Lebenshaltungskosten belasteten das Haushaltsbudget auch in vollständigen Familien in der Regel sehr stark. Das

Männer sind knapp im HO-Restaurant „Goethe-Park"

»Magazin« 5/1958

konnte sich bei dem weitaus geringeren Einkommen, das Frauen durch ihre Arbeit in den strukturell niedrig bewerteten Frauenlohngruppen erhielten, für diese nur verschärft auswirken. Ihre soziale Benachteiligung drückte sich nicht nur in der allgemeinen Geringschätzung gegenüber alleinstehenden Frauen aus, sondern machte sich auch ganz handfest materiell bemerkbar. An Neuanschaffungen war in diesen Familien lange nicht zu denken. Schlechtere Wohnbedingungen, frühe Mitarbeit der Kinder im Haushalt und eine erhöhte Belastung durch zusätzliche Versorgung aus dem eigenen Obst- und Gemüseanbau kennzeichneten die Situation dieser Frauen.

Deshalb standen Frauen sozial und materiell unter starkem Druck. Wenngleich die relative ökonomische Selbständigkeit, die sie allmählich erwarben, den Schritt zur Scheidung leichter machte als in vergangenen Jahrzehnten, so darf dennoch nicht übersehen werden, daß der Makel einer Scheidung im allgemeinen an der Frau haften blieb und nicht am Mann. Letztlich war *ihre* Ehefähigkeit in Frage gestellt und damit ihre Weiblichkeit. Geschieden zu sein oder ledig zu bleiben bedeutete, »keinen abgekriegt« oder »jeden vergrault« zu haben. Bei Männern hingegen erhöht sich eher noch der persönliche Wert, wenn sie ein Junggesellen-Dasein führen. Die Ehe stellte daher für Frauen einen wichtigen Faktor für die soziale Stellung dar, die sie in der Gesellschaft einnahmen.

»Mannweiber« etwa, Frauen, die gar »mit ihrem Beruf verheiratet« sind, politische Funktionärinnen, Leiterinnen, Frauen in exponierten Stellungen sollten sich schon an einen Mann binden, wenn sie nicht als skrupellose Karrieristinnen gelten wollen. Geist, Witz und Esprit sind daher auf den Frauenbildern nicht gefragt. Naivität, Schönheit, Eleganz, Akurratesse, Koketterie und Charme stehen auf der einen Seite der Tugenden einer Ehefrau – Bescheidenheit, Perfektion, Unermüdlichkeit und Ausdauer auf der anderen.

Wie man einen Haushalt aushält

Gegen Mitte der fünfziger Jahre schwappt die allgemeine Technikbegeisterung auch auf die Haushaltsführung über. Verheißungsvolle Konsumangebote richten sich an die »moderne Hausfrau«, die ihren Haushalt aushält, indem sie ihn rationalisiert. Die Tatsache der zunehmenden Berufstätigkeit von Frauen macht sich nicht direkt in Bildern – von der »Doppelbelastung« etwa – bemerkbar, sondern sehr vermittelt über Staubsauger und Kühlschrank, Küchenwunder und Waschmittel, »die ganz von alleine waschen«. Die Erleichterung der Hausarbeit ist das vorherrschende Bildmotiv – sogar »Mit Musik geht alles leichter«.

In der bildlichen Darstellung kommt es daher vor allem darauf an, wirkliche Anstrengungen als »Spiel« erscheinen zu lassen. Deshalb agieren auf den Werbefotos keine müden und graubekittelten Hausfrauen, sondern junge Mädchen in hellen, schwingenden Röcken, auf Hochhackigen balancierend, höchstens mit einer winzigen Cocktailschürze bedeckt, die den Haushalt spielend und wie nebenbei bewältigen. Der Charakter von Hausarbeit wird in diesen Bildern umgewertet: von der mühseligen Aufräumarbeit zur kreativen, künstlerischen Innenraumgestaltung, vom profanen Flicken und Stopfen zum raffinierten Selbstgeschneiderten, vom langwierigen Hausgemachten zur pikanten Schnellküche. Der Haushalt erscheint als selbstgewähltes und selbstverständlich gewolltes, kreatives Betätigungsfeld ansonsten unbeschäftigter »Luxusfrauen«.

Verstellen diese Bilder nicht den Blick auf die tatsächlichen Anstrengungen der Reproduktionsarbeit in den fünfziger Jahren? Schlangestehen und Herumrennen nach wichtigen Gebrauchsgegenständen charakterisieren die Einkaufssituation, in der nach wie vor der Mangel herrscht. Langwieriges Einweichen, Kochen, Rubbeln auf dem Waschbrett, Spülen, Auswringen, Aufhängen, Mangeln, Bügeln und Flicken machen die »große Wäsche« zu einer »Staatsaktion«.

Das wohl absurdeste Bild, das mir in diesem Zusammenhang unter die Augen kam, zeigt eine bohnernde Hausfrau, die eine Atemmaske vorm Gesicht trägt, mit meterlangen Schläuchen versehen. Dieselbe Frau in derselben »Aufmachung« im Bild darunter, wie sie einen Kuchenteig mit der Hand rührt. Daneben sitzt ein junger Mann im weißen Kittel an einem Schaltpult. Er mißt den Kraft- und Kalorienverbrauch bei der Hausarbeit, um den Nachweis zu erbringen, daß »die guten Eigenschaften des WOLU-Bohner-Einwachs-Apparates... vor allem auch der werktätigen Frau die tägliche Hausarbeit (erleichtern)«.[19]

Hier ist das Verhältnis von Männern und Frauen zum Haushalt auf den Punkt gebracht: Das Versprechen der Männer auf eine Erleichterung der Hausarbeit liegt außerhalb des Haushalts in ihrer Arbeitssphäre – es ist das Versprechen, sich für die Frauen etwas auszudenken, einen neuen Staubsauger, eine neue Küchenmaschine usw. und sie am Ende auch für die eigene Familie »anzuschaffen«. Dieses Versprechen enthält umgekehrt für Frauen die Verpflichtung, es sich mit dem Haushalt nicht mehr so schwer zu machen, bzw. sich die Erleichterungen auch ansehen zu lassen.

Es gibt also offenbar doch ein Bewußtsein von den Anstrengungen der Hausarbeit und der Doppelbelastung der berufstätigen Frau, das auf diese Weise »bewältigt« und verschoben wird. Weitere schwache Anklänge an die Berufstätigkeit der Frau finden sich in der Werbung für Kosmetika, in den manchmal gezeigten Accessoires traditioneller Frauenberufe – einem Stenoblock, der Schreibmaschine oder dem Hinweis auf einen wohlverdienten Feierabend. Manchmal werden die berufstätigen Frauen sogar direkt auf die Arbeit hin angesprochen und darauf verpflichtet, sich zu pflegen, ihre Haut entsprechend zu cremen, sich die Haare zu färben und sich schweißfrei zu halten. Schlanke Beine und ein wohlgeformter Körper sind der Ausweis einer jeden Frau. Sie werden gemahnt, zum »Ausgleich« Sport zu treiben, sich auch mal etwas »schicker« anzuziehen, denn: »Eleganz hat Vorfahrt«.[20]

Damit verstellt das Frauenbild in der Werbung die tatsächlichen Widersprüche im Leben der berufstätigen Frau. Der Gegensatz von Berufstätigkeit und Hausarbeit wird in ein Nebeneinander der beiden Bilderwelten – die sich so gut wie nie aufeinander beziehen – aufgelöst. Die berufstätige Frau selbst fällt in zwei unabhängig voneinander existierende Wesen auseinander: Hier ist sie sachbezogen, kompetent, selbstbewußt und fordernd – dort der dienstbare, aufopferungsvolle, selbstverleugnende und unsichtbare Hausgeist. In der Arbeit gelten andere Anforderungen und Gesetze als im eigenen Heim. Berufsarbeit ist in der Regel kontinuierliche Arbeit, zeitlich begrenzt, in rationell aufeinanderfolgende Schritte aufgeteilt. Am Ende steht ein Ergebnis – vorzeigbar, berechenbar, an konkreten qualitativen und quantitativen Standards meßbar. Hausarbeit erfolgt dagegen diskontinuierlich, sie kann jederzeit unterbrochen und wieder aufgenommen werden, verschiedene Tätigkeiten – z.B. abwaschen, Wäsche kochen, Kinder beaufsichtigen – werden simultan ausgeführt. Die Qualität ist nicht an sachbezogenen Kriterien meßbar – der Standard ist subjektiv gesetzt. Beliebige Gutachter können ihre Kriterien anlegen – die gefürchtete Schwiegermutter, der Chef des Mannes oder die Nachbarin – und die geleistete Arbeit kritisieren. Nie kann sich eine Hausfrau sicher sein, wirklich alles getan zu haben; damit verlängert sich die Hausarbeit zeitlich ins Unbegrenzte.

Um den Kraft- und Kalorienaufwand einer Hausfrau bei der herkömmlichen Bohnerarbeit zu messen, verwendete das Wissenschaftlich-Technische Zentrum EBM ein Gasstoffwechselgerät von Junkalor, Dessau
Fotos: Peter L ske / ZEK EBM

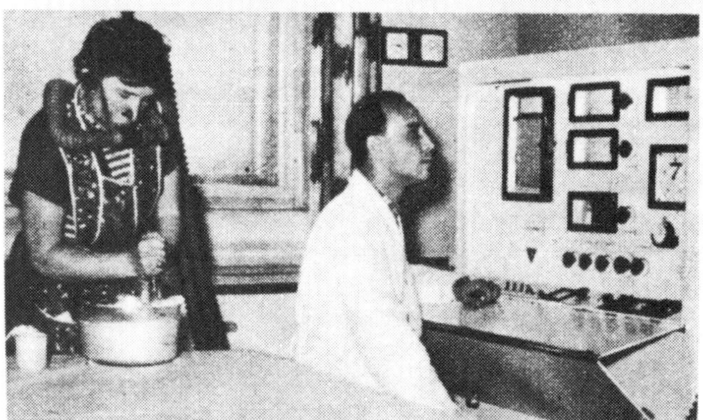

»Die guten Eigenschaften des WOLU-Bohner-Einwachs-Apparates erleichtern vor allem der werktätigen Frau die tägliche Hausarbeit.« (»Für Dich« 17/1964)

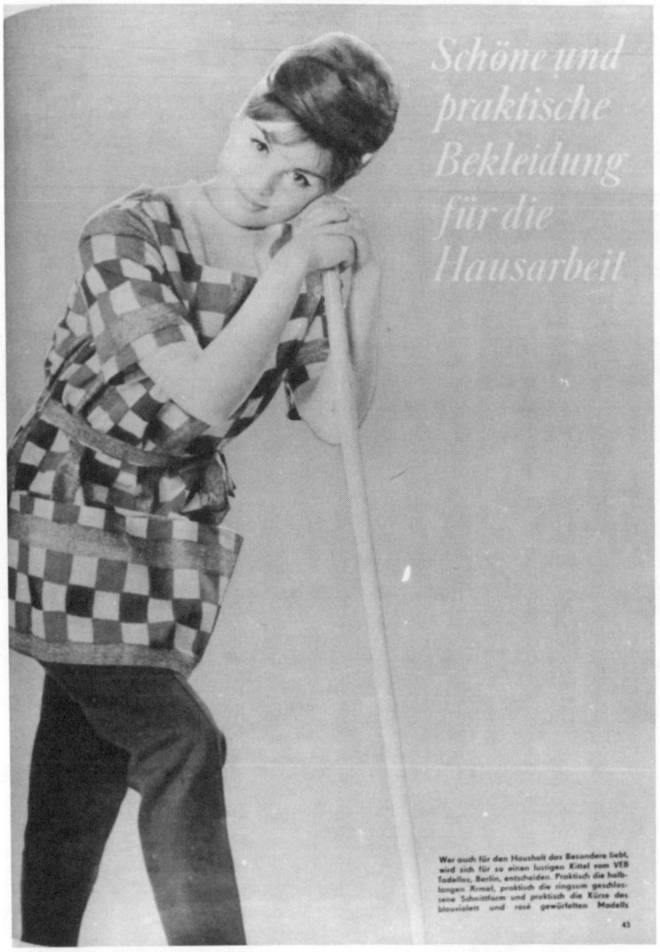

»Für Dich« 20/1963

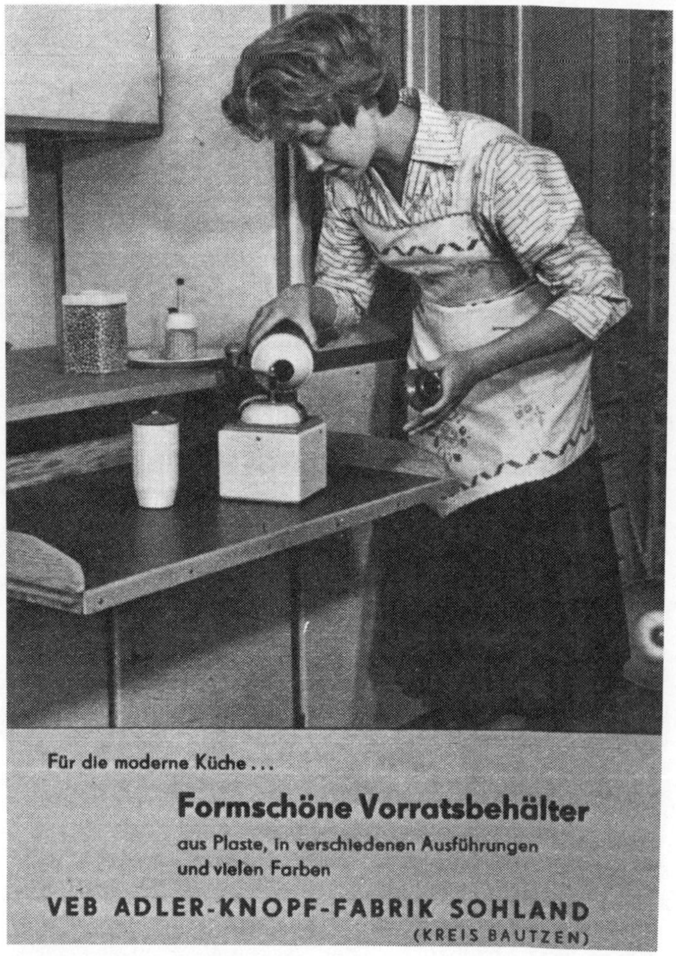

»Zeit im Bild« 36/1960

Der Entwicklungswiderspruch berufstätiger Frauen liegt in der eigentümlichen Logik der unterschiedlichen Gegenstände von Berufs- und Haus-Arbeit begründet. Die Auflösung des Widerspruchs in dem Nebeneinander räumlich, gegenständlich und zeitlich voneinander getrennter Sphären, die offenbar nichts miteinander zu tun haben, drückt sich auch in der dafür gebräuchlichen Denkform aus – es wird von der »Doppel-Belastung« der berufstätigen Frau gesprochen. Lösungsformen stellt man sich vor als »Vereinbarkeit von Berufstätigkeit und Mutterschaft/Haushalt« – eine eindeutig an die Adresse der Frau verwiesene – individuelle – Lösungsform. Frauen in den fünfziger Jahren »lösen« diesen Widerspruch für sich selbst sowohl in den beiden möglichen extremen Polen von entweder/oder: sie widmen sich ausschließlich ihrem Beruf oder nur den Haushaltspflichten – als auch in der für die Situation berufstätiger Frauen typischen Ambivalenz der »Vereinbarung« von beidem.

Die letztere Variante hat sich zwar als massenhaft gelebte Lebensform von Frauen historisch durchgesetzt. Die Widersprüchlichkeit der Erwartungen, Wünsche, Hoffnungen und Befürchtungen, die sich mit dauerhafter Berufstätigkeit für Frauen verbanden, kommt den Propagandisten der »neuen Frau« jedoch nur teilweise zu Bewußtsein. Das Frauenbild zeichnet die Konturen dieser permanenten Konflikthaftigkeit nur verschwommen, sie werden andeutungsweise als Ambivalenzen wahrgenommen.

Obwohl das propagierte Frauenbild in vielen Momenten nicht der problematischen Lebenswirklichkeit entsprach, wurde es dennoch als Idealbild, als Identifikationsmuster im großen und ganzen unwidersprochen angenommen. Die wirkliche Komplexität des neu gewonnenen weiblichen Lebenszusammenhangs aber spiegelte sich in den fotografischen Abbildern kaum wider, da hier die Wirklichkeit geschönt und idealisiert erschien.

Mit beiden Beinen im Leben stehend

Das, was in den Bildern der Frau auseinanderzufallen scheint: Arbeit und Hausarbeit, Beruf und Familie, wird durch die Bildunterschriften und Kommentare wieder zusammengefügt, zum Beispiel durch diesen Satz: »Frauen stehen mit beiden Beinen fest im Leben«.

Bei allen Unterschieden zwischen diesen beiden Bilderwelten liegt ihnen dennoch ein gemeinsames Konstruktionsmuster zugrunde: Frauen werden zu Vor-Bildern, indem ihre Einzelschicksale beispielhaft als verallgemeinerungsfähige Ent-

Hausarbeit mit Mann und Kindern

Heute will ich berichten, wie wir uns zu Hause die Arbeit eingeteilt haben, um alles zu schaffen; wo käme ich hin, wenn ich neben der ganztätigen beruflichen Tätigkeit noch die ganze Hausarbeit allein versehen sollte.

Ich stehe um ½6 Uhr auf, mache mich fertig und besorge meinen Mann fort. Dann mache ich das Frühstücksbrot für die Kinder und mich zurecht und wecke die drei anschließend. Währenddessen wird schon das Schlafzimmer gelüftet, und während sich die Kinder waschen, öffne ich die Fenster im Kinderzimmer und im Wohnzimmer. Wenn wir gefrühstückt haben, teilen wir die folgende Arbeit so auf: Gisela und Angela – jetzt fünfzehn und zwölf Jahre alt – machen ihre Betten im Kinderzimmer, fegen aus und moppen über. Das Staubwischen im Kinderzimmer besorgt dann der neunjährige Jürgen. Da er selbst im Wohnzimmer auf der Couch schläft, bringt er als erstes seine Betten ins Kinderzimmer – das tut er jetzt schon ohne Ermahnung. Dann wird das Wohnzimmer in Ordnung gebracht. Jürgen legt die Couchdecke schön gerade auf die Couch und räumt seine Sachen fort, ich fege den Teppich ab, und die Mädchen fahren mit dem Mopp rundherum und wischen Staub. Bevor ich dann um ½8 Uhr aus dem Hause gehe, sehe ich mir noch einmal alle drei an, ob sie ordentlich aussehen. Etwas später verlassen die Kinder die Wohnung. Weil wir vier uns die Arbeiten teilen, ist für jeden nur etwas zu tun; keiner überarbeitet sich oder hetzt sich ab, und wir haben eine aufgeräumte Wohnung. Nach dem Abendbrot waschen wir wieder gemeinsam ab, und Jürgen reißt sich darum, abtrocknen zu dürfen, und ist sehr stolz, wenn er von mir oder den Mädchen hört, daß er es wieder mal äußerst schnell und gut gemacht hat. Das Loben darf man nie vergessen.

Ich meine, daß Kinder gar nicht früh genug lernen können, selbständig zu sein und sich an bestimmte kleine Pflichten zu gewöhnen… Meine Mädchen lernten vom zehnten Lebensjahr ab, ihre Strümpfe selbst zu stopfen, so daß ich damit heute überhaupt keine Arbeit mehr habe, sondern lediglich hin und wieder nachsehe, ob es ordentlich gemacht ist. Mein neunjähriger Jungen sollte diese kleinen Handfertigkeiten genauso lernen wie die Mädchen. Seine Knöpfe, die alle Augenblicke lose sind, näht er sich jetzt schon allein an, weil er weiß, daß es sehr liederlich ist, wenn sie fehlen. Meine fünfzehnjährige Gisela hält seit einem halben Jahr alle ihre Sachen in Ordnung, wäscht also auch ihre Leibwäsche selbst. Meine zwölfjährige Angela wäscht ihre Strümpfe allein, während ich alle Wäsche übernehme, die gekocht werden muß. Beim Jürgen muß ich erst sehen, wann er seine Strümpfe gut genug auswaschen kann. Helfen will er heute schon, denn er möchte auch als so groß und selbständig gelten wie die beiden Mädchen, die diese kleinen Pflichten sehr wichtig nehmen. (Daß sie nicht immer Lust dazu haben, und wie ich dem begegne, erzähle ich ein andermal.)

Weil wir gerade beim Waschen sind und beim Überlegen, wie eine berufstätige Mutter mit ihren Haushaltspflichten fertig wird, möchte ich noch erwähnen, daß ich die Bettwäsche und andere große Stücke in die Wäscherei gebe. Das muß schon möglich sein, wenn ich den ganzen Tag über berufstätig bin. Schwere Leibwäsche und Handtücher – bei fünf Personen häuft sich das ganz schön – wasche ich selbst. Aber mein Mann hilft beim Spülen und hängt auch auf, sofern es sein Dienst erlaubt, damit ich es nicht so schwer habe.

Die Frau von heute 27–1955, S. 17

Anzeige 6

wicklungsprozesse vorgeführt werden. Es sind Frauen, denen es gelingt, diese beiden Seiten ihres Lebens in Übereinstimmung zu bringen, aus dem Leben gegriffene »Superfrauen«. Sie beweisen, daß es geht, wenn frau nur will. Als Ausnahmen bestätigen sie jedoch indirekt die Regel, verweisen sie auf die realen Probleme, die sich für die Masse der berufstätigen Frau nicht so einfach lösen lassen.

Die übermäßige körperliche Belastung, der Frauen in jenen Jahren ausgesetzt waren, negative Erfahrungen mit der unqualifizierten Erwerbsarbeit unter schlechten Arbeitsbedingungen, Monotonie der Arbeit, geringe Bezahlung, Schwierigkeiten mit der Kindererziehung und einfachen Reproduktion der Arbeitskraft erschwerten den positiven Zugang zur dauerhaften Berufsarbeit. Insbesondere in jenen Bevölkerungsschichten, in denen der zurückgekehrte Ehemann für ein mittleres Auskommen sorgen konnte, zogen sich die Frauen eben vielleicht auch erleichtert und dankbar in ihre Häuslichkeit zurück. Sie entsprachen damit der generellen Erwartungshaltung ihrer Männer und ihrer unmittelbaren Umgebung.

Während den alleinstehenden Frauen meist gar nichts anderes übrig blieb, als sich nach einer möglichst einträglichen Arbeit – die es vornehmlich in Männerbereichen gab – umzusehen, mußte die verheiratete Mutter zwischen Berufstätigkeit und Kindererziehung einen Kompromiß finden. Aufgrund mangelnder Versorgung mit Kindereinrichtungen gab es dann oftmals keine andere Möglichkeit, als aus dem Berufsleben zeitweilig auszuscheiden, lag eine Entscheidung zugunsten der Beaufsichtigung ihrer Kinder nahe.

Ist die berufstätige Frau eine schlechte Mutter?

Frau Gerda Wenzel, Berlin-Lichtenrade, Homburgstr. 20, schreibt: »Nein, sie ist keine schlechte Mutter, sie ist die beste! Ich habe drei Jungen, 14, 10 und 2 Jahre. Ich bin berufstätig und arbeite außerdem aktiv im DFB. Ich sage mir, daß es wichtig ist, jetzt mitzuhelfen, die Deutsche Demokratische Republik fest und stark zu machen und uns vor allem um die Erhaltung des Lebens unserer Kinder zu sorgen, das angesichts der Kriegsvorbereitungen bedroht ist; denn sonst können unsere Kinder einmal sagen, wir seien schlechte Mütter gewesen. Meine Jungen wissen, wie notwendig meine Arbeit ist, und wenn man den Kindern zeigt, daß man selbst lernt und schafft und daß man trotz der Arbeit froh und glücklich ist, dann werden sie sich später einmal nicht selbst vor der Arbeit drücken.«

Frau Doris Nicolaus, Leipzig N24, Lindenallee 9, schreibt: »Früher hieß es ja so oft: Unsere Tochter hat das Arbeiten nicht nötig! Wenn nun eine so wohlbehütete junge Frau heute mit offenen Augen durchs Leben geht, so wird sie von selbst zu der Erkenntnis kommen, daß ihre Mitarbeit nötig ist, daß sie aber auch die Pflicht hat, ihre Kinder in diesem Sinne zu erziehen, aber auch mit ihnen zu leben, d.h. auf all ihre Fragen und Wünsche einzugehen und beim Heimkommen noch Zeit für sie zu haben. Doch für die Hausfrau müßte die Hilfe einsetzen. Wieviel Zeit geht verloren durch das Waschen, Putzen, Flicken und Einkaufen. Ist es erst zur Selbstverständlichkeit geworden, daß diese Belastung von der berufstätigen Mutter genommen ist, wird sie auch genug Zeit und Muße für ihr Kind haben.«

Die Frau von heute 30–1950, S. 20

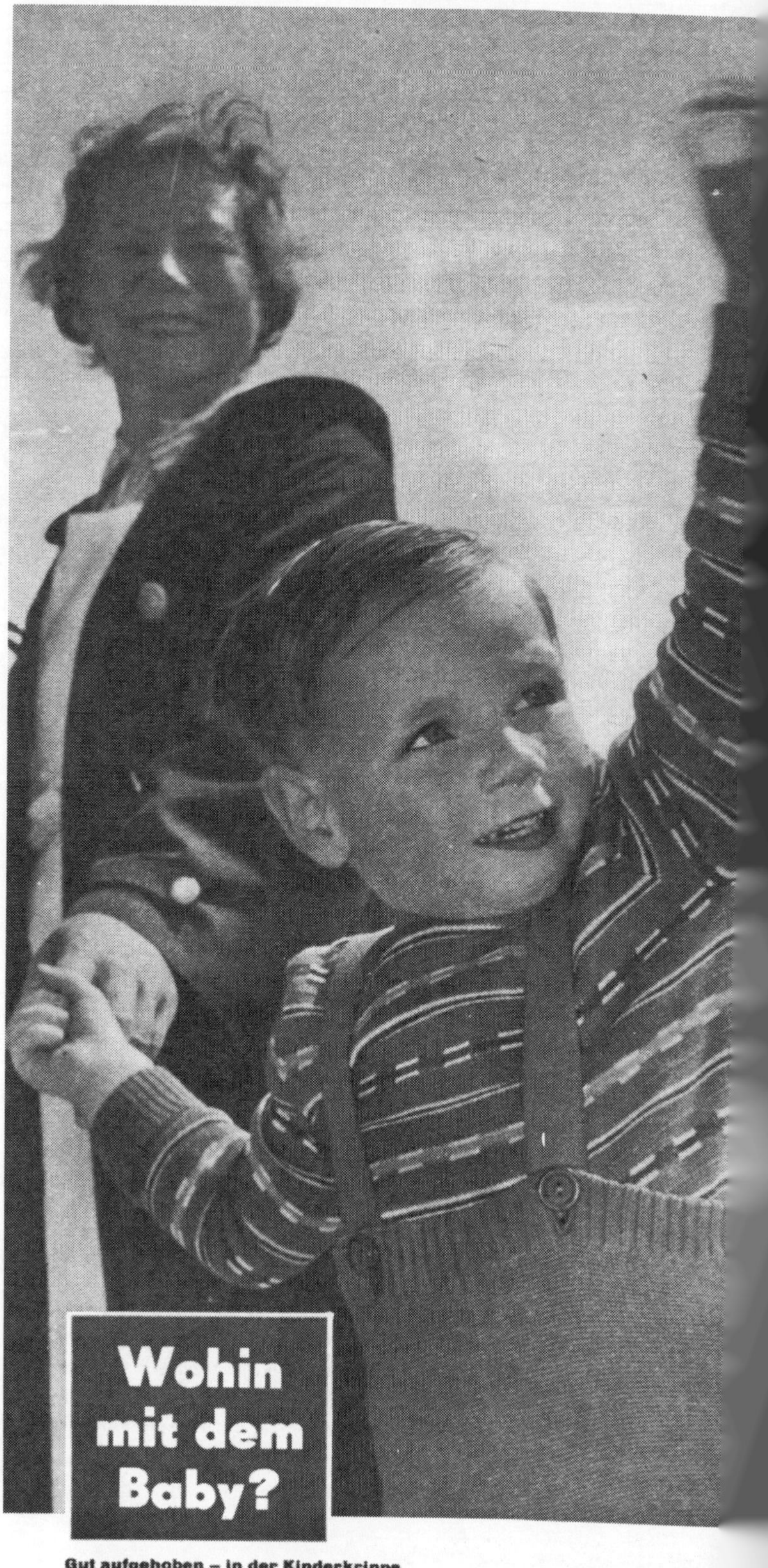

Gut aufgehoben – in der Kinderkrippe

ist auch der kleine Thomas, dessen Mutti als Kontoristin arbeitet. Er ist eins von den 88 184 K
kindern in unserer Republik. Vorbildliches leistet unser Staat, um den werktätigen Müttern die
um ihre Kleinsten so leicht wie nur möglich zu machen. Allein im vergangenen Jahr weist das
Ausgabenbuch unseres Staatshaushaltes für Einrichtung und Unterhalt von Krippen die st
Summe von 138 349 000 DM nach. Wozu der Aufwand, mag man fragen. Ganz einfach: Wir
daß die werktätigen Mütter frei von Sorgen um ihr Liebstes, um ihre Kinder, arbeiten können
alles, was bisher getan wurde, reicht noch nicht aus. Von Jahr zu Jahr wächst die Zahl der
aber auch die Zahl der kleinen Anwärter. In Berlin fanden wir ein gutes Beispiel, wie für unsere
rascher Platz geschaffen werden kann, als es der Plan vorsieht. *Aufn.: H. E. Schulze, Text: U. C*

4

»NBI« 20/1959

Ein Beispiel, das sich sehen lassen kann

Wo einst der Stammtisch stand, füttert heute Uwe sein Schaukelpferd. Wo einst Bier und Spezis serviert wurden, wird heute Milch, Tee und Kakao gewünscht. Wo einst Kinder nichts zu suchen hatten, spielen sie heute ungestört. Aus der verräucherten Kneipe an der Dänen- Ecke Driesenerstraße wurde eine fröhlich-bunte Kinderkrippe für 45 kleine Berliner. So mancher frühere Stammgast half nach Feierabend in vielen hundert freiwilligen Aufbaustunden mit, die jahrzehntealten Nikotinspuren an den Wänden durch heitere Märchenbilder zu ersetzen. Und wer nicht mitarbeiten konnte, der fand einen anderen Weg, um dabeizusein. So die Firma Worbs: Auf den von ihr gestifteten Matratzen träumen 18 Babys in blitzendweißen Betten vom Größerwerden. Als dann nach der Einweihung Bilanz gezogen wurde, meldeten die Helfer aus der Dänenstraße ihren Stadtvätern: Zieht 16 444 Mark und 76 Pfennig von der Rechnung ab. Das haben wir eingespart.

Schule, schwänzte es den Unterricht, trieb es sich den ganzen Tag auf der Straße herum und hatte es einen ungewaschenen Hals – so war es bestimmt das Kind einer berufstätigen, womöglich alleinerziehenden Mutter. Las es gar noch unkontrolliert »Schund- und Schmutzliteratur«, d.h. Comics und Mickey-Mouse-Hefte, war die Gefährdung dieses Kindes gar nicht abzusehen. Was würde unter diesen Umständen wohl aus ihm werden? Eine uneheliche Mutter, eine Straßenschlampe, ein jugendlicher Taschendieb oder gar ein raffinierter Einbrecher?

»Schlüsselkinder« wurden nicht nur von ihrer Umgebung bemitleidet, sie waren auch gefürchtet. Kinderhorden, die sich auf den Straßen bekämpften, jugendliche Banden, die herumlungerten und die Passanten belästigten, bestätigten das gängige Vorurteil. Eine unkontrollierte, unordentliche und unberechenbare Jugend schien da heranzuwachsen. Die ungewöhnlich großen Freiräume, in denen vaterlose Kinder von berufstätigen Müttern aufwuchsen, bedingten zweifellos eine frühzeitige Unabhängigkeit und Selbständigkeit.

Deshalb standen Vorurteile gegen die Berufstätigkeit von Müttern in den fünfziger Jahren auch in der DDR in voller Blüte. Dennoch wirkten sie sich hier anders aus als in der Bundesrepublik. Aufgrund des enormen Arbeitskräftemangels wurden Frauen in der Industrie, im Handel und Dienstleistungswesen gebraucht, und Frauen waren auf diese Verdienstmöglichkeiten existenziell angewiesen. Selbst bei gut verdienenden Ehemännern konnte man sich Anschaffungen nur mit dem zweiten Gehalt der Frau leisten. Frauen blieb deshalb oft keine Wahl. Es gab also einen realen sozialen Druck auf die Betriebe, Städte und Kommunen, für die Betreuung und Versorgung der Kinder von berufstätigen Müttern zu sorgen. Zugleich ist es der Initiative und Tatkraft der Betriebsfrauenausschüsse zu danken, die sich energisch für Kindereinrichtungen einsetzten. Wenn späterhin in Bezug auf das Netz der Kinderkrippen und -gärten immer von den sozialpolitischen »Geschenken« des Staates die Rede war, so wird damit zwar die Eigenleistung der Frauen hinweggeredet – zugleich nimmt sich der Staat damit aber auch in die Verantwortung hinsichtlich seiner Fürsorge für die nachwachsenden Generationen. Der Ende der vierziger Jahre gemachte Anfang wurde später systematisch ausgebaut.

»Wenn Mutti früh zur Arbeit geht…«

»…dann bleibe ich zu Haus. Ich bind' mir eine Schürze um und feg' die Stube aus. Das Essen kochen kann ich nicht, dafür bin ich zu klein, doch meiner Puppe will ich ganz bestimmt die liebste Mutti sein.«

Dieses Kinderlied, in den fünfziger Jahren erdichtet, hat sogar meine Tochter noch in der Schule gelernt. Doch bei aller hier verbreiteten gesellschaftlichen Akzeptanz schwebte über den berufstätigen Müttern das von Nachbarn, Freundinnen, Männern und den eigenen Müttern aufgehängte Damoklesschwert: die Kinder könnten verwahrlosen. Die Verantwortung für Erziehungsschwierigkeiten lastete man im allgemeinen immer den Müttern an. Kam das Kind zu spät zur

Ein frohes Jugendleben

Zur Unterstützung der Mütter, aber auch zur Wiederherstellung der bürgerlichen Ordnung, wurden enorme Anstrengungen unternommen, die Jugendlichen von der Straße wegzuholen. Es entstanden Hausaufgabenzimmer, Schulhorte, Ferienlager und Freizeitklubs. Sie entwickelten tatsächliche Angebote für eine sinnvolle und attraktive Freizeitgestaltung, und zugleich waren sie ein ideologisch überformter Ort zur Einbindung der Kinder und Jugendlichen in die »sozialistische Menschengemeinschaft«. Es gab zu dieser Möglichkeit damals keine sinnvolle Alternative, die Wahl hieß: entweder auf die Straße, zur Oma oder Nachbarin oder aber die Angebote der Pionier- und Jugendorganisationen zu nutzen.

Mehr und mehr erstreckte sich der Obhutsbereich der Schule auf die gesamte Lebenstätigkeit des Kindes. Es wurde in der Schule bald mit Milch und einem fast kostenlosen warmen Mittagessen versorgt. Schon am frühen Morgen kontrollierten Kinder ihre Klassenkameraden auf saubere Fingernägel und ein reines Taschentuch. Regelmäßig fanden Mappenkontrollen statt: Dabei trat die ganze Klasse nach hinten zur Wand und sah zu, wie Mappe für Mappe ausgeräumt wurde. Die ertappten Sünder – Besitzer von Zigaretten, Westzeitschriften oder anderem Krimskrams – wurden vor versammelter Mannschaft zur Ordnung gerufen. In besonders »schweren« Fällen drohte der Aufruf beim regelmäßig stattfindenden öffentlichen Appell, der mindestens monatlich, zu manchen Zeiten sogar wöchentlich vor Unterrichtsbeginn stattfand. In den Elternversammlungen wurden die neuen Moralnormen auch den Vätern und Müttern nahegelegt. Sie sollten selbst auf das Westfernsehen verzichten, aber eben auch auf die Prügelstrafe. Die Schule kämpfte mit Hilfe der Öffentlichkeit gegen sichtbare Zeichen der Verwahrlosung oder Vernachlässigung. Unter Umständen wurde hier sogar der Betrieb hinzugezogen. Die Familien, denen so schrittweise ihre Erziehungskompetenz entzogen wurde – sie konnten in den Elternversammlungen weder auf die ideologisch gesetzten Inhalte noch auf die pädagogische Praxis wirkungsvoll Einfluß nehmen – waren zugleich der Ort, an dem sich das in der Schule gezeichnete Idealbild mit der alltäglichen Erfahrung der Eltern reiben konnte.

Pionierorganisation und FDJ entwickelten zunehmend eine gewisse Militanz im Umgang und Verhalten der Kinder miteinander. Die Disziplin ging über alles. Bei alledem sollten die Jugendlichen dennoch Spaß und Freude in ihrer Freizeit haben. Dies hing sicher nicht unwesentlich von der Phantasie und pädagogischen Begabung ihrer Pionierleiter und Erzieher ab. Doch auch sie konnten sich nicht über bestimmte Grundsätze, wie ein frohes Jugendleben auszusehen habe, hinwegsetzen. Volkslieder und Gemeinschaftstänze, Singefeste und Wettbewerbe junger Talente, Modellbau oder Segelsport – alles machte nicht nur einfach Spaß, es stand immer auch in irgendeiner Weise im Zusammenhang zur damaligen Ideologie. Die Kinder sollten vor allem »Klassenbewußtsein« entwickeln und einen »festen Klassenstandpunkt« behaupten, sie wurden zur Arbeitsamkeit und zur Disziplin erzogen. Wißbegierig durften sie sein, aber zuviele Fragen durften sie auch nicht haben.

»NBl« 22/1958, unten: »NBl« 38/1957

Mappe Ihres Kindes?

ommt dieses „Lehrmaterial"? In der Heinrich-Heine-Schule in Erkner ne einzige Mappenkontrolle dieses umfangreiche „jugendbildende" Sortiment ielzeugrevolver, Zigarettenspitzen, sadistische Comics, verlogene Wild-West- andere „Geschenke vom lieben Onkel aus dem Westen" und sogar postfertige nbetteleien bis nach Hollywood. Die Lehrer haben sich vorgenommen, gemein- n Eltern dafür zu sorgen, daß diese „Sammelleidenschaft" aufhört. In bestimm- ständen nehmen sie überraschende Mappenkontrollen vor. Schüler der 10. Klasse h und gründlich unter den Bänken, in den Büchern und in den Taschen der Kleineren nach (Bilder unten), ob irgendwo Dinge eingeschmuggelt wurden, die nicht zum Unterricht gehören. Harmlosere Funde werden eingesammelt, bei bedenklicheren bitten die Lehrer die Eltern zu sich, um sich mit ihnen zu beraten. Im allgemeinen kann in guter Zusammenarbeit zwischen Elternhaus und Schule das Kind vor einer schädlichen Entwicklung bewahrt werden. Bedenklich wird es erst dann, wenn die Eltern den gefährlichen Einfluß der Schundliteratur unterschätzen und versäumen, ernsthaft durchzugreifen. Sie erschweren den Lehrern die Arbeit und erziehen die Kinder zu einer schlechten Moral, die sich im späteren Leben auch zum Schaden der Eltern bemerkbar machen wird.

Glückliche Tage am Werbellinsee

»Die Frau von heute« 32/1952

»Die Frau von heute« 33/1957

en — den Tagesplan und dachten: Na ja ... Und dann begleiteten wir die Kinder durch den Tag. Diese und andere, hier der Ostsee. Und wir lasen so manchen Plan und Nachmittags auch solche Gesichter. Wo war die ie große Freude? Wir fragten, und die Antwort war: an machen, was man will! Und nur eine Viertel- ! Und überhaupt, hier ist ja nichts los!" Und ...

Wir hörten „Disziplin muß sein!" – Unser Blick wanderte über das weite Rund des Lagerplatzes, und wir mußten ihm recht geben: Disziplin muß sein in einem Lager, das 200 oder 300 Jungen und Mädchen unterschiedlichen Alters beherbergt. Wie anders sollten sonst regelmäßige Mahlzeiten, ausreichender Schlaf und Körperhygiene gewährleistet sein. Wie anders könnte Unfällen und Erkrankungen vorgebeugt werden. Und doch ...

roße Erlebnis?

Was NBI-Reporter in Kinderferienlagern an der Ostsee erlebten

Die Kaugummikultur

Der ideologische Kontrapunkt zu all dem war der Amerikanismus der westlichen Jugendbewegung, waren der kugelsichere Batman und die Superfrauen aus den Comic-Heften, waren rock'n' roll, Jazz und wilde Tänze, waren die lockenden Konsumverheißungen in Gestalt moderner Schuhe, Perlonstrümpfe, ausgeflippter Make-ups und des begehrten Petticoats. Sie galten als der Kulminationspunkt westlicher Un-Kultur und des westlichen Lebensstils überhaupt. Die Vorzüge des sozialistischen Deutschlands lassen sich an den Schattenseiten des bundesdeutschen Wirtschaftswunders und dem american way of life – Pornoshops, Prostitution, Kriminalität und Arbeitslosigkeit, die Vermarktung des weiblichen Körpers und die Ausbeutung des männlichen, Kinderarbeit, Wohnungselend und Frauenarmut – besonders gut darstellen.

Und dennoch entbehren jene angeprangerten Bilder nicht einer gewissen Attraktivität. Ich bin mir nicht ganz sicher, ob nicht gerade jene aufgespießten kleinen Sensatiönchen, die barbusigen Damen und die sich im Schlamm wälzenden Weiber, jene Klatschgeschichten über Prinzen und Filmdivas die Phantasie der LeserInnen ungleich mehr beflügelten als jede sozialistische Feierstunde.

Doch hinter der vergleichsweise noch harmlosen Auseinandersetzung mit der trivialen Alltagskultur stand ein ganzes kulturpolitisches Konzept. Es beharrte auf der Ausgrenzung experimenteller und abstrakter Kunst wegen ihrer Uneindeu-

»NBI« 9/1957

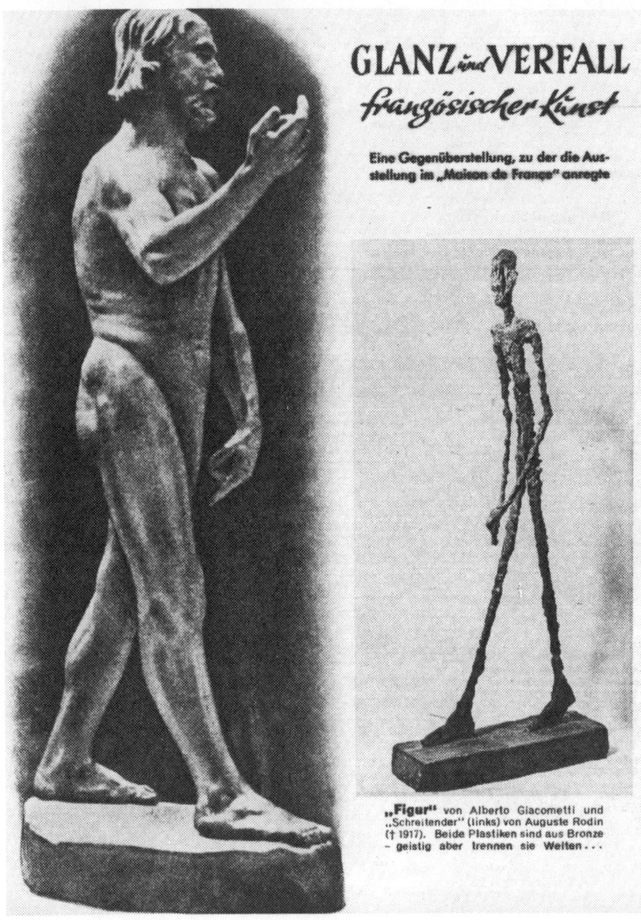

»NBI« 27/1950

tigkeit in Bezug auf ideologische Inhalte. Es verbannte mit der penetranten Phantasielosigkeit des sozialistischen »Realissimus« den Widerstand, die Widersetzigkeit, die selbstkritische Distanz und die spielerische Ironie aus den Künsten. Die pathetische Feier des menschlich-männlichen Heros duldete neben sich keine anderen Töne.

…unkt „atlantischer Kultur". Was auf dem Bild links unserer Ju… …gebracht werden soll, zeigt dieser stilecht getanzte Jitterbug eines Paares … …angeles. Man ist versucht, beim Anblick dieser krampfhaften Zuckungen … jaulenden Begleittönen an die Rückentwicklung des Menschen zum Affen …ben. Falls man sich noch an Tanzmelodien von Johann Strauß erinnert…

…und ein Tiefpunkt echter Nationalkultur. Völlig ausgepumpt brechen amerikanische Studenten nach einem jener „Tanz-Turniere" zusammen, die heute in jedes unter USA-Einfluß stehende Land importiert werden. Schönheit und Eleganz der klassischen oder modernen Tänze verdrängen widerliche, jede menschliche Würde höhnende Verrenkungen

…LTUR

Nach der zwölfjährigen, erzwungenen geistigen Autarkie streben wir danach, weltoffen und empfänglich für die Kultur aller Völker zu sein. Wir setzen damit die große, von Goethe und Herder sorgfältig gepflegte Tradition zur Höherentwicklung unserer eigenen Nationalkultur fort. Um so erbitterter wehren wir uns gegen den Import einer Pseudo-Kultur, die nur die amerikanische Variante des KdF-Kitschs ist, die niedrigsten Instinkte anspricht und alles Wertvolle verdrängt. Weil wir Walt Whitman und Theodore Dreiser begeistert bejahen, verneinen wir die Kaugummikultur.

…st. Diese in London aus… ist weder expressionistisch, sondern surrealistisch auf… aus der Hinterteil-Perspektive

Pseudo-Schönheit. Als „Mister America 1949" preisgekrönter Typ: wenig Geist, viel Muskeln – ein Marschierer-Ideal, das dem Weltherrschaftstraum der USA entspricht

Pseudo-Sport. Fertig zum Kinderwagenrennen in New York: auch eine Errungenschaft des bis zur Elbe vorgedrungenen „USA-Zeitalters", vor dem man uns bewahre!

Pseudo-Pietät. … Firma diesen Gipf… Goethe-Krawatte, … lief der USA-Ge…

„Kaltscher", Kultur auf westlich, verlangt nacktes Fleisch, Tingel und seichte Operetten, die im „Pariser Nacht"-Berlin wie Sand am Meer zu haben sind. Was Wunder: es gibt genug arbeitslose Frauen, die ihre Jugend den Okkupationssoldaten verkaufen müssen. In dieser verlogenen Welt – „Sektkeller im Armenhaus" charakterisiert sie der „Daily Telegraph" – ist Kunst kein „business" und zum Absterben verurteilt

»NBI« 49/1950

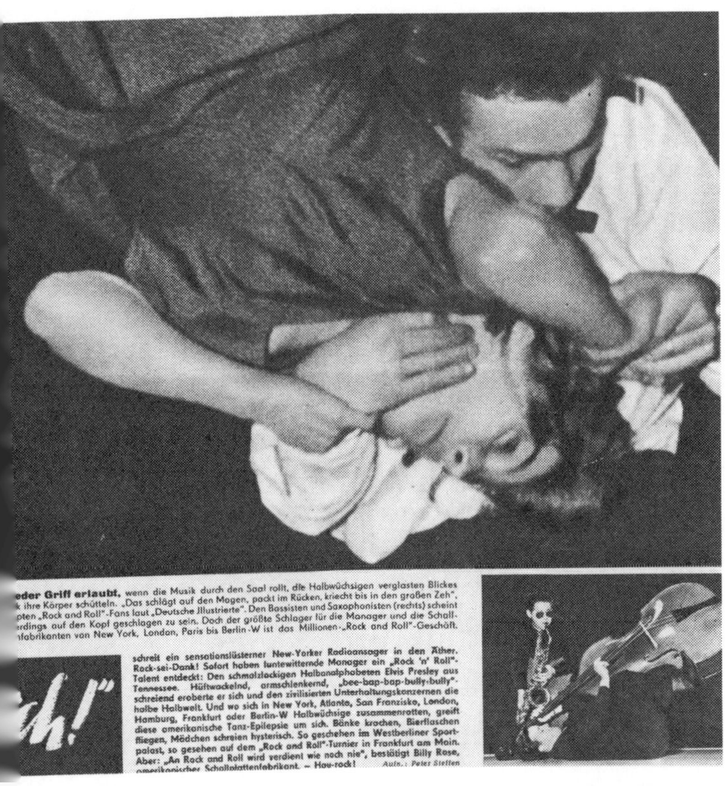

…eder Griff erlaubt, wenn die Musik durch den Saal rollt, die Halbwüchsigen verglasten Blickes …k ihre Körper schütteln. „Das schlägt auf den Magen, packt im Rücken, kriecht bis in den großen Zeh", …pten „Rock and Roll"-Fans laut „Deutsche Illustrierte". Den Bassisten und Saxophonisten (rechts) scheint …rdings auf den Kopf geschlagen zu sein. Doch der größte Schlager für die Manager und die Schall…nfabrikanten von New York, London, Paris bis Berlin-W ist das Millionen-„Rock and Roll"-Geschäft.

schreit ein sensationslüsterner New-Yorker Radioansager in den Äther. Rock-sei-Dank! Sofort haben luntewitternde Manager ein „Rock 'n' Roll"-Talent entdeckt: Den schmalzlockigen Halbanalphabeten Elvis Presley aus Tennessee. Hüftwackelnd, armschlenkernd, „bee-bap-bap-bully-bully"-schreiend eroberte er sich und den zivilisierten Unterhaltungskonzernen die halbe Halbwelt. Und wo sich in New York, Atlanta, San Franzisko, London, Hamburg, Frankfurt oder Berlin-W Halbwüchsige zusammenrotten, greift diese amerikanische Tanz-Epilepsie um sich. Bänke krachen, Bierflaschen fliegen, Mädchen schreien hysterisch. So geschehen im Westberliner Sportpalast, so gesehen auf dem „Rock and Roll"-Turnier in Frankfurt am Main. Aber: „An Rock and Roll wird verdient wie noch nie", bestätigt Billy Rose, amerikanischer Schallplattenfabrikant. – Hau-rock!

Aufn.: Peter Steffen

Auf andere Art modern sein

Doch die Modernität des westlichen Lebens hinterläßt – bei aller gewollt-kritischen Distanz – ihre Spuren in der ästhetischen Kultur auch der DDR. Immer um einige Jahre verspätet, nur selten zeitgleich, gelangen die Segnungen der westlichen Warenwelt auch auf den DDR-Markt. Möbeldesign, Lampenschirme, Tapetenmuster und Kleiderstoffe, Kaffeekannen und Kinderspielzeug, Autos und Motorräder tragen den Stil einer modernen Zeit. Die Produktion von Gebrauchsgütern zielte in ihrem Wesen auf die Befriedigung breiter Bevölkerungsbedürfnisse, sie war nicht exklusiv ausgelegt, sondern für jeden zu haben. Die Warenproduktion knüpfte in der Mitte der fünfziger Jahre an die besten Erfahrungen des Bauhauses an. Sie war praktisch, zweckgebunden, sachlich, entrümpelt von den überladenen Ornamenten der vergangenen Jahrzehnte. Soweit gleichen sich die Bilder im Westen wie im Osten.

Und dennoch war es eine andere Art, modern zu sein. Nicht der Supermarket entsteht in den fünfziger Jahren, sondern ein Laden, über dem in Leuchtschrift geschrieben steht: »Bediene dich selbst«. Im Ergebnis der Diskussion über die moderne Verpackung steht die Reduktion der Pfandflaschentypen von vierzehn auf drei und ein umfassendes System der Sekundärrohstofferfassung. Der Kleinwagen und die Kleinwohnung, das Campingzelt und der Motorroller, Fernseher und Kühlschrank – das sind schon die Höhepunkte in den Wunschträumen der Arbeiter und Bauern. Die DDR ist ein Land der kleinen Leute. Der Wohlstand kommt langsam, aber er kommt, und er hat in diesen kleinen Wünschen auch schon seine Grenze fast erreicht.

Aus der Gleichartigkeit des möglichen Besitztums folgt eine gewisse Konkurrenzlosigkeit. Es gibt eben nur zwei Autotypen, die sich fast jede Familie irgendwann einmal leisten können wird. Der Wohlstand ist bei allen von etwa gleichem Niveau. Dadurch stellt sich – bei allem privaten Besitzstreben – immer wieder die Gemeinschaftlichkeit der kleinen Leute her. Sie konkurrieren weder um den nächstbesseren Fernsehapparat noch um den Arbeitsplatz. Die vielgepriesenen solidarischen Beziehungen zwischen den DDR-Bürgern, zwischen Nachbarn und Bewohnern eines Hauses, zwischen Arbeitskollegen, aber auch wildfremden Menschen, sie resultieren auch aus dieser Gleichheit als Käufer, als kleine Leute gegenüber einer Mangel-Wirtschaft. Denn wo die Gesellschaft die Dinge nicht vorwärtsbewegt, da muß man sich selber helfen. Sowohl als Wohngemeinschaft, die endlich einen Spielplatz baut, eine gemeinsame Waschküche einrichtet oder einen Garten schafft – als auch als Einzelne, die sich gegenseitig unter die Arme greifen, wenn es Not tut.

Es ist – das wird hier deutlich – eine Gemeinschaft von Arbeitenden, die sich da immer wieder neu herstellt. Denn auch nach der Arbeit wird in den fünfziger Jahren gearbeitet. Im Nationalen Aufbauwerk, im Schrebergarten, in der Wohngemeinschaft. Die sozialistische Menschengemeinschaft, das ist nicht nur ein propagandistischer Flop, sie ist auch ein – wenngleich ideologisch überhöht dargestelltes – reales Identifikationsmuster. Das drückt sich aus in einem über das unmittelbare private Interesse hinausgehende Engagement für eine neue Gesellschaft, das auf die eine oder andere Weise im Alltagsleben immer wieder eine Rolle spielt und das mit

Vom Lager

Zum Käufer

„ZB" stellte im Juni dieses Jahres fest: Das Lebensmittelangebot steigt in Qualität und Quantität. Doch seine Verpackung hinkt hinterher. Unsere Reporter Wolfgang Winkler und Eberhard Buschmann (Fotos) untersuchten auf der Lehrschau der Standardisierung in Leipzig dieses Problem erneut und entdeckten

Standard

4 Zeit im Bild 35/1959

In den Straßen Berlins entdeckt: P 50

Was ist mit ihm? Immer wieder kursieren Gerüchte, nach denen der P 50 bald auf den Markt kommen soll. Sogar Einzelheiten weiß man zu berichten: 18 PS, 600 kg schwer, Reisegeschwindigkeit 80 km/st, Spitze 90. Aber all das sind eben nur Gerüchte, voreilige Informationen oder Angaben, die lediglich für das Versuchsmodell zutreffen. Sie können sich noch wesentlich verändern. Auf keinen Fall aber wird der Wagen vor Ende des nächsten Jahres im Handel sein. Noch laufen erst einzelne Versuchswagen (oben). Mit dem Bau der Null-Serie soll jetzt begonnen werden. Wenn dann nach weiteren Erprobungen ein ausgereifter Wagen entstanden und die Garantie für eine hohe Serienanfertigung gegeben ist, wird der Massenproduktion nichts mehr im Wege stehen. NBI erfuhr das von der Hauptverwaltung Automobilbau mit der kurzen Bemerkung: „Wir sagen nichts weiter. Durch voreilige Veröffentlichungen wurden schon zuviel unnötige Hoffnungen erweckt. Erst wenn der Wagen endgültig für die Serienproduktion fertig ist, stellen wir ihn vor." Trotzdem können wir feststellen: Dieses Versuchsmodell kann sich schon sehen lassen.

Aufnahmen: Rosenkranz

Moderne Linie

Zwang oder ideologischer Restriktion allein nicht erklärt werden kann. Die Idee, eine neue, eine andere als die kapitalistische Gesellschaft aufbauen zu wollen, greift unmittelbar in die Lebensweise ein und verankert sich in den Bestimmungen des Lebenssinns. Sie verbindet sich mit dem Stolz der normalen kleinen Leute, etwas geschaffen zu haben und trotz aller Widerstände vorwärts zu kommen.

Der weibliche Blick auf die Männer

Es könnte von Interesse sein, noch einmal einen Blick auf das Männerbild zu werfen, um etwas darüber zu erfahren, wie sich das allmähliche Eindringen der Frauen in die Berufstätigkeit auf das Selbstverständnis und die Identifikationsmuster des Mannes auswirkten.

Die Helden der Fabriken und Schornsteine, die Sieger der Produktionsschlachten und die Männer der Politik – sie alle wirken auf den Bildern einsam und allein – sind sie von allen Frauen verlassen? Wie sieht er aus, der Mann ihrer Träume, was erwarten sich die modernen Frauen von ihren zukünftigen Geliebten? Die Helden der Arbeit lassen werbende Gesten in ihrem Repertoire fast vollständig vermissen. Sie wirken unnahbar und unansprechbar. Kaum vorstellbar, daß sich sich mit den profanen Dingen des Alltags befassen wollen, daß sie Muße und Zeit für die Werbung um ein Mädchen aufbringen können.

Aber die jungen Frauen wollen umworben werden. Auch sie wünschen sich einen Mann, den sie nicht nur anstaunen, sondern mit dem sie sich sehen lassen können. Die hehren Werte wie Arbeitsamkeit, Sparsamkeit und andere Tugenden machen nach außen nicht viel her. Ein Mann muß tanzen können, er muß gut riechen und flott gekleidet sein. Im Traumbild einer jungen Frau verbindet sich die Heirat mit dem Wunsch nach einem sozialen Aufstieg. Deshalb sollte der

Oben:
»Zeit im Bild« 35/1953
Links: »NBI« 38/1957
Rechts: »NBI« 51/1952

Traummann eine solide gesellschaftliche Position oder zumindestens Aufstiegschancen verkörpern und nach außen repräsentieren.

Auf welchen Typ stehen die Segeljungfern, die Skiläuferinnen, Badenixen und eisessenden Mädchen mit ihrem anziehenden Blick? Der Blick auf die Titelseiten der Illustrierten gibt kaum eine Antwort auf diese Frage, aber auf den Anzeigen, in den Filmankündigungen oder auf Sommerbildern, beim Baden und gemeinsamen Eisessen, erscheint er doch schon mal: ein schlanker, gut angezogener und zurückhaltender, um nicht zu sagen cooler Typ, der weiß, was er will.

Der Mann von Welt

Der Mann der Arbeit, der sich (meist unter Ausschluß der Bild-Öffentlichkeit) oft ziemlich rigider patriarchalischer Umgangsformen bedienen kann – der Skandal um den vorbildlichen Genossen, der zu Hause seine Frau verprügelt, ist eben nicht nur ein Märchen – hat offenbar noch eine Schokoladenseite. In der Arbeit sollte man ihn besser in Ruhe lassen, da stören Frauen nur und halten den Betrieb auf, aber nach der Arbeit ist er ganz für sie da, hier entfaltet er seine von Frauen so geschätzten Qualitäten als Charmeur, Verehrer und Kavalier.

Dieselben Männer, die eben noch kaum einen Blick für die Kollegin neben sich erübrigt haben, die eben noch ungepflegt und lässig an der Mauer lehnten und sich über die vorübergehenden Frauen lustig machten – sie wollen nun Frauen den Hof machen, sie erobern? Aber sind das überhaupt dieselben Männer? Auch mit dem Männerbild geht eine erstaunliche Metamorphose vor sich.

Sieht man sich die Bilder aus der Anzeigenwerbung einmal gesondert an, so fällt auf, daß sich bei der Darstellung funktionierender Partnerbeziehungen das Verhaltensspektrum auf einmal scheinbar umdreht. Jetzt hört er lächelnd zu, wenn sie die Vorzüge eines bestimmten Männerparfüms preist. Akkurat und gut angezogen, ganz auf ihr Vergnügen bedacht, sie sorgsam am Arm führend und geduldig ihre Toilette abwartend, ist er ganz Gentleman und Kavalier.

Wenn sich Männer in der Werbung in ihrem Tun auf das eigene Wohlbefinden richten – sie sind z.B. »Kenner« ihrer Biersorte, lesen als »kluge Leute« eine Zeitschrift, achten auf die eigene Gesundheit und geben sich gern modernen Vergnügungen hin wie der Musik, dem Sport oder der Fotografie –, so stellen sie damit ein spezifisches Muster von Männlichkeit heraus: den Mann von Welt. Er ist immer gelassen und behält in allen Situationen die Übersicht. Jede Frau kann sich ihm in seiner Stärke sorgenlos anvertrauen.

Solche Männer verstehen nicht nur zu genießen, sie pflegen ihren Körper und halten ihn jugendlich fit (und potent), sie pflegen auch ihren Geist, sind gut informiert und unterhaltsam. Der herausragende Typus des Männerbildes in der Werbung ist der elegante Angestellte in gehobener, intellektuell anspruchsvoller Position. Gut gekleidet – mit Stock, Charme und Melone, auch »ausgezogen korrekt angezogen«, in den »herben Duft von Tabak« gehüllt.

Das Männerbild des potentiellen Liebhabers und Ehemannes wird von einem schlanken, feingliedrigen, zartfühlenden Männerkörper präsentiert. Der leicht feminisiert wirkende Anstrich wird durch die starre, uniforme, dunkle Bekleidung wieder aufgehoben. Ein glattes, junges und strenges Gesicht löst später den fröhlichen, jungenhaften Typ vor dem Spiegel ab, der in den fünfziger Jahren das Bild dominierte.

Held der Arbeit und liebender Verehrer – dazwischen scheinen Welten zu liegen. Es sind jedoch nicht in erster Linie die durchaus unterschiedlichen Anforderungen an seine Männlichkeit, die diesen Eindruck hervorrufen. Der Bruch, der zwischen diesen beiden Männerwelten verläuft, ist ein sozialer. Es ist ein typischer Bruch, nichts Neues, nichts, was auf eine veränderte Konstellation in den Geschlechterverhältnissen hinweist. Die Werbung ist mit ihrem Bildmaterial und ihren Darstellungsformen offenbar weit hinter der Zeit zurück. Denn es gibt in dem Verhältnis von Männern und Frauen durchaus reale Veränderungen zu beobachten, die sich auch in ersten Bildern niederzuschlagen beginnen.

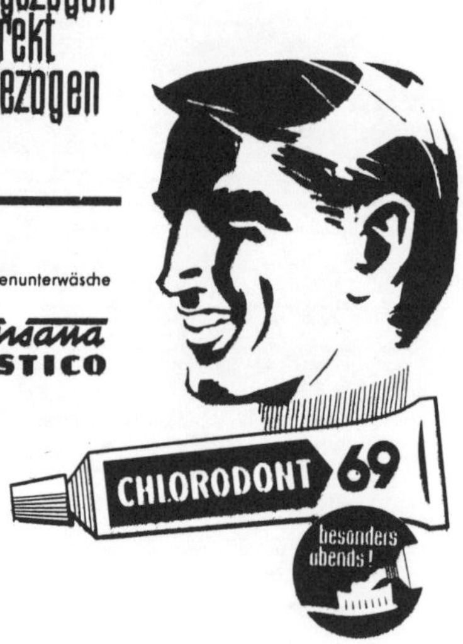

NBI

Reporter Gerhardt Neuhof und Horst E. Schulze besuchten

Verlassene Männer

Warum ist der Stahlwerker Werner Ruppelt allein? Hat er keine Frau? Er hat. Seit reichlich zwei Jahren schon. Eine hübsche Neubauwohnung ist auch da. Herrlich gelegen und tipptopp eingerichtet. Wo aber ist sie, seine Frau? Sie hat ihn verlassen. Sie ist in die Großstadt gegangen. Hat sie nur ein Herz aus Stein?

»Über die Gewissensbisse dieses jungen Mannes erfahren Sie mehr in unserer Reportage ›Bin ich ein Pantoffelheld?‹ «
(»Für Dich« 1/1963)

Pantoffelhelden?

Ein junger Mann mit offenem, lachenden Gesicht drückt einen Säugling mit großen Augen an sein Gesicht: »Glückliches Morgen« lautet die vielsagende Überschrift.

Ein Mann in Küchenschürze wischt mit Schrubber und Wischlappen den Fußboden. Wieder ein anderer steht auf dem Kopf, aus den Taschen fallen Geldstücke, nach denen sich die danebenstehende Frau bückt.

Was ist los mit den Männern? möchte man beim Anblick dieser Bilder unwillkürlich ausrufen. Ist das der neue Mann, den sich Generationen von Frauen herbeigesehnt haben? Bringen die fünfziger Jahre etwa ein neues Männerbild hervor? Findet gar ein Geschlechterrollentausch statt?

Bilder von Männern bei weiblichen Tätigkeiten lösen beim Betrachter nicht nur Sympathie oder ironisch-mitleidiges Lächeln, sondern auch ein gewisses Unbehagen aus, wenn die Bilder nicht zugleich so präsentiert werden, daß deutlich wird, es handelt sich hier um eine Ausnahmeerscheinung. Und zwar muß klargestellt sein – auch für den einzelnen Mann ist dies nicht die Regel, sondern eine Tätigkeit, die er selten ausübt.

Sehen wir uns die Bilder genauer an, so stolpert man über eine Reihe von »Fehlern«, die darauf verweisen könnten, daß die Bilder konstruiert und mit einer bestimmten Absicht gestellt wurden. Der junge Mann freut sich über sein Baby – aber die Blickrichtung beider führt aus dem Bild heraus auf eine danebenstehende Person, vermutlich die Mutter, die das Baby gleich wieder an sich nehmen wird. Schwieriger ist es mit dem scheuernden Mann. Die Schürze stammt offenbar von seiner Frau. Der Kopf ist gesenkt, so daß das Gesicht nicht zu erkennen ist. Es sieht aus, als wäre er eben von der Arbeit gekommen, die Straßenschuhe sind noch an den Füßen. Eine Hausfrau würde sich vermutlich vorher Hausschuhe anziehen, um nicht gleich wieder alles schmutzig zu machen. Das könnte darauf hinweisen, daß die Verkleidung extra für den Fotografen stattgefunden hat, um propagandistisch ein Vorbild zu zeigen, für den die »Hilfe« im Haushalt etwas Selbstverständliches sei. Die Bildunterschrift klärt den Betrachter vollends auf: »Über die Gewissensbisse dieses jungen Mannes erfahren Sie mehr in unserer Reportage ›Bin ich ein Pantoffelheld?‹« [21]

Tatsächlich brechen sich die hier vorgeführten Bilder an der Alltagsrealität und dem Alltagsbewußtsein, das Männer als das starke und dominierende Geschlecht wahrnimmt. Die grundlegenden Tendenzen in der Darstellung von Männern orientieren sich an ihrer Stellung im gesellschaftlichen Produktionsprozess. Die Ausnahmen bestätigen nur diese Regel und stellen sie nicht in Frage.

Die neue Zweisamkeit

Ob im Urlaub beim Skilauf oder Baden, ob beim Fasching oder bei der gemeinsamen Kabarett-Probe, ob als Filmszene, als Ballett- oder Theateraufführung – auf den Titelbildern

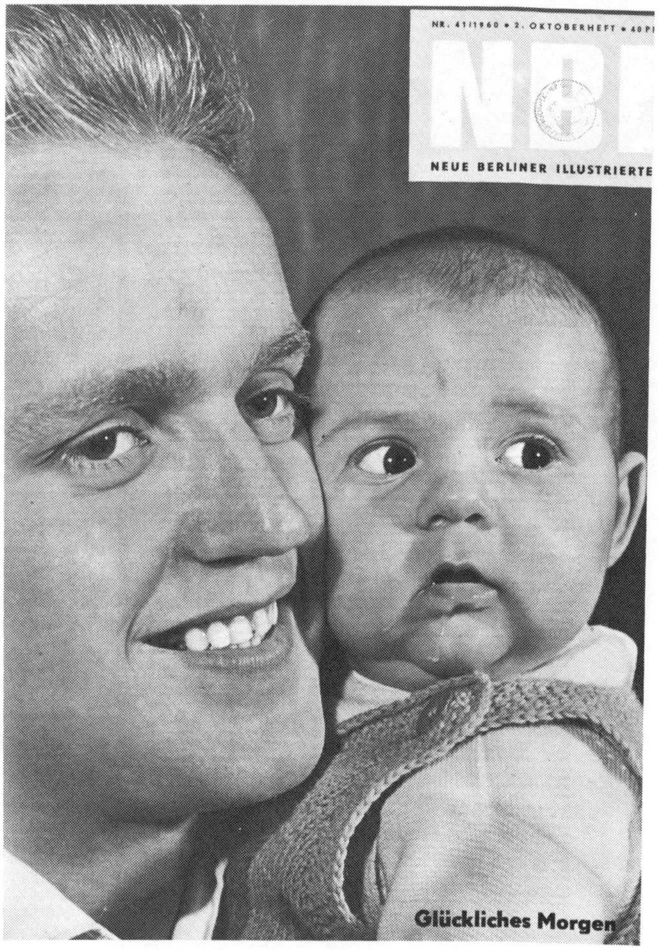

stehen Paardarstellungen aller Art ungebrochen an der Spitze. Auch die träumerisch in die Ferne gerichteten Blicke oder der kokette Augenaufschlag junger Mädchen deuten auf die eigentlichen Sehnsüchte nach Liebe, nach einem Partner, mit dem man durch das Leben gehen könnte.

Waren gegen Ende der vierziger Jahre die Ehescheidungen noch einmal sprunghaft angestiegen, so setzen mit Beginn der fünfziger Jahre die nachfolgenden Generationen diesem Trend eine neue Welle der Eheschließungen entgegen. Das Bedürfnis nach einem geregelten und geordneten Familienleben mußte jedoch dem Drang junger Frauen nach Selbständigkeit und Emanzipation nicht unbedingt konträr entgegenstehen. Es gibt Momente in den Bildern junger Liebespaare, die auf ein verändertes Selbstverständnis, auf ein partnerschaftliches Verhältnis beider hindeuten.

Trotz der öffentlich gepflegten allgemeinen Prüderie, in der sich die Darstellung nackter Körper ohnehin verbot, entwickelte sich eine gewisse sexuelle Freizügigkeit zwischen den Geschlechtern. In der DDR wurde ziemlich frühzeitig wieder an die Tradition der Freikörperkultur angeknüpft. Nacktbaden war an ausgewählten Plätzen erlaubt und galt durchaus als etwas Avantgardistisches.

Mädchen und Jungen wurden von frühester Kindheit an gemeinsam erzogen und sie lernten dabei auch gegenseitig ihre Körper kennen. Es wurde eine Normalität auch für Frauen, schon vor der Ehe sexuelle Beziehungen gehabt zu haben. Natürlich gab es wie zu allen Zeiten Seitensprünge – aber es gab sie eben auch zunehmend bei Frauen. Sie waren durch die gemeinsame Schulausbildung, die Freizeitbeschäftigung im Jugendheim, in Kulturgruppen, bei Arbeitseinsätzen und Ausflügen immer mit Jungen zusammen gewesen. In diesen gemeinschaftlichen Formen konnte man sich allmählich kennenlernen, ohne gleich heiraten zu müssen. Auch später in der Arbeit gab es immer wieder Gelegenheiten, mit Männern in Kontakt zu kommen.

Die Frauen schienen nicht auf den Märchenprinzen zu warten, der sie aus ihrer sozialen Lage erheben würde. Das alte Klischee von der Sekretärin, die von ihrem Chef, dem Millionär, geheiratet wurde, ist auf den Bildern nicht zu finden. In den Fotos aus Filmen oder vom Theater, in der Literatur und bildenden Kunst stehen solidarische, von einem starken sozialen Gerechtigkeitssinn geprägte Liebesbeziehungen im Vordergrund. Diese Liebenden vereint über ihre Liebe hinaus noch eine dritte Sache: der Befreiungskampf unterdrückter Völker, die Solidarität zwischen sozial Schwachen oder eben der Aufbau des Sozialismus im eigenen Lande.

Junge Mädchen scheinen sehr selbstbewußt selber auf Partnersuche zu gehen. Ihre Erwartungen gegenüber jungen Männern richten sich nicht auf deren soziale Position oder ihren Geldbeutel, sondern gehen von gleichstarken Positionen aus. In einigen Bildgeschichten werden junge Mädchen als aktive und sehr wählerische Verführerinnen gezeigt, die mit den jungen Männern offenbar machen können, was sie wollen.

Die Bilder von Liebe und Partnerschaft spielen alle in der Freizeit. Man könnte es auch umgekehrt deuten: wenn es um die Darstellung des Freizeitverhaltens geht, stehen Paardarstellungen im Vordergrund. Die freie Zeit, die Zeit nach der Arbeit wird gemeinsam verbracht. Man geht zusammen tanzen, ins Schwimmbad, ins Theater oder zum Fasching. Man hört gemeinsam Schallplatten oder denkt über eine neue Wohnungseinrichtung nach. Und man macht gemeinsam den Haushalt – das wird jedenfalls in den Beiträgen behauptet, sehen kann man es freilich nicht.

Durch den Eintritt der Frau ins Berufsleben veränderte sich das traditionelle Geschlechterverhältnis in einigen seiner wesentlichen Züge: Zum einen verliert sich allmählich der Anspruch des Mannes auf die patriarchalische Vormundschaft gegenüber der Frau und seinen Kindern, weil sich die materielle Grundlage seiner Vorherrschaft in der Familie zugunsten der Frau gewandelt hat. Selbst wenn in den fünfziger Jahren Frauenarbeit als Nebenverdienst oder zusätzliches Einkommen zum Familieneinkommen angesehen wurde, verschaffte sie den Frauen das Gefühl relativer ökonomischer Unabhängigkeit. In vielen Familien ist es bis heute üblich, daß vom Einkommen der Frau die regelmäßigen Ausgaben bestritten werden, während der Verdienst des Mannes für größere Anschaffungen gespart wird. Bei jungen Frauen gehört lebenslange qualifizierte Berufsarbeit immer selbstverständlicher zum Lebensinhalt, um den herum sich die Fragen der Partnerschaft, der Ehe, des Glücks und der Kinder zentrieren.

Dies ist ein wichtiger Aspekt, den es zu bedenken gilt, wenn danach gefragt werden soll, inwiefern sich veränderte partnerschaftliche Beziehungen und neue familiale Konstellationen tendenziell an einigen Bildern ausmachen lassen.

Eine grundlegende Umordnung der geschlechtsspezifischen Arbeitsteilung fand zwar im familialen Bereich nicht

statt – dennoch begannen sich neue Tendenzen in der Familienstruktur abzuzeichnen. Die gemeinschaftliche Regelung wirtschaftlicher und finanzieller Fragen, das Bemühen um das Einverständnis des anderen bei der Entscheidungsfindung in erzieherischen Fragen und beruflichen Angelegenheiten müßten unbedingt dazu gezählt werden. Es finden sich eine ganze Reihe von Bildern, die den partnerschaftlichen Umgang, Gleichrangigkeit der Geschlechter und ein von Übereinstimmung in wesentlichen Fragen getragenes Gemeinsamkeitsgefühl zum Thema haben: Ein junges Paar schiebt gemeinsam eine Lore voller Sand auf eine Baustelle – gemeinsamer Hausbau in der AWG (Arbeiter-Wohnungsbau-Genossenschaft). Ein auf dem Fußboden liegendes Pärchen diskutiert über die Wohnungseinrichtung und schiebt Modellmöbel hin und her. Ein Ehepaar umarmt sich stürmisch, wobei die Frau über den Mann zu liegen kommt. Frau und Mann beim gemeinsamen

ILLUSTRIERTE
2. Juniheft 1959
17
ZEIT IM BILD
ZB
...bau'n wir uns ein Nest
Zur großen ZB-Möbelreportage auf den Innenseiten

So endet eine Liebe

Redensarten – doppelt belichtet von Horst E. Schulze

„Immer führst du die andere im Munde — die soll sich bloß vorsehen!"

„Und nun kannst du mir den Buckel runterrutschen!"

»NBI« 32/1954

Wer ist hier der Herr im Haus?

Ein für den Rückblick aus heutiger Zeit auffälliger Trend ist die Propagierung männlicher Hausarbeit. Kritische Bilder von Männern im Liegestuhl, die gemütlich lesen, während die Frau sich alleine mit dem Aufhängen der Wäsche plagt, deuten an, daß sich die öffentliche Meinung gegen den »Hauspascha« zu wenden beginnt. Man(n) kann es sich in dieser Atmosphäre nicht leisten, auf alten Vorrechten zu beharren.

Patriarchalisches Verhalten gilt als hoffnungslos veraltet, rückständig und kleinbürgerlich. Damit kommt eine politische Nuance bei der Bewertung ins Spiel. Im Idealbild des Werktätigen steht der kameradschaftlich helfende Ehegatte, der seiner Frau beisteht und sie eben nicht ausbeutet, hoch im Kurs. Männer müssen sich die Frage nach ihrem Anteil bei der Hausarbeit gefallen lassen. Die Zeitungen unterstützen die damit verbundenen Intentionen mit zahlreichen Leserdiskussionen und Bildern. Frauen von der Hausarbeit zu entlasten, hat auch eine ökonomische Dimension, denn nach wie vor benötigt die sich entwickelnde Wirtschaft jede Hand. Also hilft man zu Hause mit – mehr oder weniger freiwillig, denn da will sich keiner etwas nachsagen lassen.

Wie aber sieht die Hilfe der Männer konkret aus? In erster Linie bevorzugen Männer offenbar kraftintensive, kurzzeitige oder handwerklich und technisch anspruchsvolle Arbeiten. Es werden Kohlen geholt, Getränke und Kartoffeln eingekauft, es wird repariert und renoviert, Autos werden gepflegt und Schachspiel – während er setzt, kommentiert sie mit einem hintergründigen Lächeln diesen Zug.

In vielen Bildern vermischt sich die übliche Koketterie der jungen Frauen mit einem Schuß Übermut und Ironie. Haben die Frauen etwa die Männer im Griff?

Mein Mann, der Parteisekretär

Frau N. I. aus O.: Ich bin im Begriff, meine Ehe zu lösen und doch liebe ich meinen Mann...Der Betrieb, in dem mein Mann arbeitet, bsitzt eine Kantine, welche privat von einer 43jährigen unverheirateten Frau gepachtet ist. Mein Mann und ich sind gesellschaftspolitisch tätig. Mein Mann ist I. Sekretär der SED. Er trinkt gern, soll er auch, nur eben, daß es mitunter drei- bis viermal in einer Woche vorkommt und er von seiner Arbeitsstätte erst gar nicht heimkehrt und dort versumpft, ja, sogar seine gesellschaftlichen Pflichten vernachlässigt. Diese Frau weiß ja gar nicht, wie es ist, wenn man auf den Mann und Vater wartet. Es ist vorgekommen, daß diese Abende sich bis früh in ihrer Privatwohnung ausdehnten oder er bis nach Mitternacht in ihrer Gesellschaft andere Lokale besuchte… Ich bilde mir ein, daß ich als Frau noch das Recht habe und mich erkundigen kann, was mein Mann treibt, wenn er die Nächte woanders verbringt. Mein Vertrauen wurde vollends zerstört, als ich die beiden beim Küssen überraschte. Als ich sie zur Rede stellte, ergriff mein Mann für die Frau Partei und jagte mich wie einen räudigen Hund fort. Es hat schon sehr viel Zank gegeben, und sogar Schläge habe ich erhalten.

Diese Abende kosten doch Geld. Sage ich ihm, »Du brauchst soundsoviel für Dich« ist seine Antwort: »Du bist nicht mein Vormund, Du hast mir nichts zu sagen, ich lasse mir von Dir keine Vorschriften machen. Verdiene Dir was, wenn Du was haben willst.«

Mein Mann hat DM 550,– brutto, davon erhalte ich für vier Personen DM 200,–. Licht, Heizung, Rundfunk und was für die Kinder zum größten Teil anläuft, bezahle ich davon. Für mich bleibt nichts. Ich bin am Ende meiner Kräfte.

Die Frau von heute 1–1953, S. 21

Rechts: »Die Frau von heute« 9/1955

DER INTERNATIONALE FRAUENTAG UND UNSERE MÄNNER

Kleines Gespräch am frühen Morgen

„Nein, morgen nicht“, sagt sie, „morgen komme ich etwas später. Zieh kein Gesicht, so spät wird es nun auch wieder nicht! Ich möchte sogar, daß wir uns morgen einen recht netten Abend machen!“

„Für nette Abende bin ich immer zu haben“, antwortet er und greift nach der Zeitung.

„Laß doch die Zeitung einmal einen Augenblick! Ich möchte Mutter dazu einladen!“

Sein Gesicht wird merklich länger.

„Heinz!“

„Na ja“, sagt er, „muß das denn unbedingt sein? Ich hab ja Mutter gern, aber für mich ist es dann doch immer recht langweilig!“

„Sei nicht garstig“, meint sie friedlich. „Mutter ist eine kluge Frau, und sie hätte manches zu sagen, was auch dir von Nutzen wäre. Doch du hörst nie hin, machst Witzchen, vergräbst dich schließlich in Zeitungen.“

„Wieso?“ fragt er und schaut unschuldig von seinem Butterbrot auf. Sie lacht. „Wenn ich dir so logisch antworten wollte, da bekäme ich wohl schön etwas zu hören!“

„Liegt denn ein besonderer Grund für Festivität und mütterliche Huldwerbung vor?“ fragt er hinterhältig. „Geburtstage sind durch, Ostern haben wir noch nicht . . .“

„Aber Heinz, morgen feiern wir den Internationalen Frauentag! Du kannst doch nicht wollen, daß wir Mutter an diesem Tage allein lassen!“

„Internationaler Frauentag?“ Er tut erstaunt, aber seine Augen lachen.

„Du hast wohl daran gedacht, ich seh dir's an! Aber komm, schau auf die Uhr, es ist höchste Zeit, wir müssen gehen!“

„Natürlich habe ich daran gedacht, du Schäfchen“, sagt er, als sie die Treppe hinuntereilen. „Aber können wir denn nicht allein? Ich habe mir etwas so Hübsches für uns ausgedacht! Nein? Na, geh schon weiter! Ich lade Mutter ein, du hast ja recht!“ Sie strahlt ihn an. „Ich sage ja immer, du bist zu nett!“

Heilsame Selbstbetrachtung eines durchschnittlich netten Ehemannes

Er steht in der Straßenbahn und ist tief in Gedanken. Diese Frauen! Du bist zu nett, sagt sie, und sie meint es sogar ehrlich! Dabei bin ich so häufig brummig, unliebenswürdig und rechthaberisch. Wie oft hätte sie guten Grund, gekränkt zu sein! Ist sie's? Nein. Und wenn sie es ist, zeigt sie's nicht. Eine wirklich reizende Frau!

Im Gedenken an ihre heiter-gemütvolle Art lächelt er liebevoll vor sich hin, zieht aber sein Gesicht sofort wieder in strenge Falten, denn die Schaffnerin sieht ihn verwundert an. Auch die Schaffnerin ist immer freundlich . . . Internationaler Frauentag! Natürlich ist es richtig, Mutter einzuladen, auch sie muß geehrt werden. Vollgestopft mit guten Vorsätzen, beginnt er diesen Tag.

„Ihm“ auf den Schreibtisch zu legen

Verschwiegen, wie Männer nun einmal sind, hörten wir vom Blumenkauf und erfuhren, daß er überdies „seine Frauen“ zu Gast laden wird. Ja, er würde kochen, anrichten und auftischen, nichts sollten sie mehr an diesem Abend tun, als vergnügt sein und sich von ihm verwöhnen lassen. Sie verdienten es, so meinte er gerührt.

Da wir ganz seiner Meinung sind, haben wir dies für alle Ehemänner und solche, die es zwar noch nicht sind, sich aber auch als nett erweisen wollen, aufgeschrieben. Doch wollen wir sie nicht mit guten Vorsätzen allein lassen; auf Seite 20 gibt es Ratschläge für das, was des Kochens auch ganz Unkundige mit Leichtigkeit selbst zaubern können. Also, es bleibt dabei: Am Internationalen Frauentag sind wir bei ihm zu Gast! Ob er nun selbst kocht oder uns in ein Restaurant einlädt, über das eine wie das andere freuen wir uns gleicherweise, nicht wahr?

Zu unseren Bildern (Von oben nach unten):

1) Wurst ist da, auch Butter und Käse, als erstes also die Aufschnittplatte. Wir sehen, wie er zuversichtlich lächelt ● 2) Ein kritischer Augenblick, die Eierkuchen sollen gebacken werden. Aber, aber! Man leckt nicht am Quirl, mit dem der Teig gerührt wird, und die Gabel wird gleich ins Auge gehen! Daß übrigens Mutti von dem tiefen Griff in ihren sorglich gehüteten Eiervorrat nicht sehr begeistert sein wird, hat er nicht bedacht ● 3) Die Eierkuchen waren ein bißchen zäh, wurden aber trotzdem sehr gelobt. Jetzt gießt er den Tee ein. Die roten Nelken auf dem Tisch sind für „sie“ und die teuren Fliederzweige für Mama ● 4) Kleines Kuß-Intermezzo, eine Belohnung, mit der er sehr einverstanden ist

Fotos: Ittenbach

»Neues Leben« 8/1960

Unsere Vatis

Frau Vera Riese Rackow (Mecklenburg): Ich bin der Meinung, daß die albernen Zeitgenossen, die über diese Männer lachen, sich bald an das heute noch nicht ganz alltägliche Bild werden gewöhnen müssen. Wenn eine berufstätige Mutter von der Arbeit nach Hause kommt, hat sie im Haushalt noch viel Arbeit zu verrichten, und es ist dann selbstverständlich, daß auch mal der Papa den Kinderwagen schiebt. Es tut bestimmt der »Manneswürde« keinen Abbruch, wenn der Papa um das Wohl seines Kindes genauso sorgt wie die Mama. Nicht die kinderwagenschiebenden Vatis sind lächerliche Gestalten, sondern die, die über die Vatis lachen.

Schlimm ist die Tatsache, daß es oft ausgerechnet Frauen sind, die einen solchen Mann als Pantoffelhelden bespötteln. Wieviele Frauen wundern sich, daß es Familienmütter gibt, die neben ihrer reichen Hausarbeit noch Zeit finden, sich gesellschaftlich zu betätigen, abends ein paar Stunden in die Versammlungen des DFD oder anderer Massenorganisationen zu gehen und dort mitzuhelfen im Kampf um die Erhaltung unseres kostbarsten Gutes, des Friedens. Und warum bringen sie das fertig? Weil der »Pantoffelheld« zu Hause nicht murrt, wenn er sich mal das Abendbrot selbst bereiten und die Kinder ins Bett bringen muß. Auch wir Frauen müssen die Gleichberechtigung besser verstehen lernen.

Frieda Nitzsche, Chemnitz, Zwickauer Straße 152: Auch während der Einmachzeit ist es für meinen Mann selbstverständlich, daß er mir nach Feierabend Kirschen aussteinen hilft oder Äpfel mit schält. Es bringt ihm zwar manches Lächeln von seiten anderer Männer ein, aber das stört ihn nicht. Unser Zehnjähriger hilft mir auch schon in jeder Weise. Alle Mütter sollten ihre Jungen etwas mit zur Hausarbeit anhalten, dann werden sie später auch verständige Ehemänner.

Frau Käthe Sommer, Schlemmin (Plau): Mein Gatte hilft mir sogar bei der großen Wäsche! Es gibt zwar viele Menschen, hauptsächlich Frauen, die darüber die Nase rümpfen. Aber laß nur! Wir wissen, warum, und haben jedenfalls erfahren, daß solche Ehen viel glücklicher sind, wo eins des anderen Arbeit zu schätzen weiß. Man darf es nur nicht übertreiben. Ich kenne Frauen, die lesend oder rauchend im Sessel sitzen, und der Mann tut einfach alles. Das ist natürlich Unsinn. Denn schließlich arbeitet ja der Mann auch noch! Es muß eben alles seine Grenze haben.

Die Frau von heute 2–1952, S. 2

manchmal sogar schwere Wäschekörbe heruntergetragen. Mit diesen, den Stereotypen männlicher Arbeit weitgehend entsprechenden Tätigkeiten, können sich Männer noch am leichtesten identifizieren. Abwaschen, Wäsche waschen, wischen und andere Reinigungsarbeiten fallen offenbar schon schwerer. Die Reportage über den »Pantoffelhelden« setzt genau hier an. Männliche Widerstandsformen gegen derartige Zumutungen spielen zwischen Verweigerung und betont inszenierter Ungeschicklichkeit.

Eigentümlicherweise ist Kochen schon wieder eine Frage des Prestiges. Hier beweist man Geschmack und fachmännisches Geschick. Auf vielen Fotos kochen Männer. Und sie kochen anscheinend außergewöhnlich gut – und wahrscheinlich auch außergewöhnlich selten. Wer könnte schon Tag für Tag »kulinarische Meisterleistungen« auf den Tisch bringen, die »für ihn (auch noch) ein Kinderspiel« sind. Kochen als Hobby, als »spannende und aufregende Sache« – das scheint mir von der alltäglichen Nahrungszubereitung doch sehr weit entfernt zu sein.

Neue Väterlichkeit

Aber die beeindruckendsten Veränderungen betreffen den Typ des Vaters. Der Kinderwagen schiebende Mann ist ein völlig neues und für damalige Zeiten ungewohntes Erscheinungsbild auf der Straße. Gemeinhin traten die Väter erst in höherem Alter ihrer Kinder in Funktion. Die Beschäftigung mit Säuglingen und Kleinkindern blieb den Frauen vorbehalten. Es sind zumeist sehr junge und intellektuell wirkende Väter, die diesen Schritt in die Öffentlichkeit wagen. Doch in allen Generationen finden sich jetzt freundliche, lächelnde, den Kindern zugewandte Väter. Der strenge, autoritäre Typ scheint verschwunden. Allerdings gibt es auch hier deutliche Hinweise auf die Beibehaltung stereotyper Verhaltensweisen: Zum einen überwiegt die Beschäftigung mit Jungen. Die Begegnungen zwischen Vater und Sohn sind oft sehr turbulent, es wird gebolzt, herumgetobt, in die Luft geworfen – Bewegung ist angesagt. Vater und Sohn spielen mit technischem

»Vati will in seiner Freizeit auch gern mal mitelen«

und konstruktivem Spielzeug – wer mehr Freude daran hat, Vater oder Sohn, ist nicht recht auszumachen. Entweder wird ordentlich Spaß gemacht, richtiger Unsinn – oder ernsthaft etwas gezeigt, der Sohn darf dem Vater bei der Arbeit schon mal über die Schulter gucken – es ist interessant (und wahrscheinlich seltene Gelegenheit) zu sehen, was der Vater macht. Die Männer sind stolz aufeinander. Mit den Mädchen weiß man nicht halb soviel anzufangen, sie sind so sauber angezogen und laufen brav neben dem Vater her. Oft ist ein Puppenwagen dabei – die Mädchen üben frühzeitig ihre Geschlechterrollen ein. Sie haben dem Vater Stolz und Bewunderung zu zollen. Wenn er da ist und mit ihnen spielt, dann sind das die »schönsten Stunden«.

Die Mütter hingegen beschäftigen sich mit den Kindern nur nebenbei. Überhaupt gibt es in der NBI auffallend wenige Bilder von Müttern. Wenn sie dennoch ins Bild kommen, dann wird gemeinsam gegessen oder Hausarbeit gemacht. Mütter achten weit mehr als die Väter auf Belehrung und Gehorsam, sie halten die Kinder beiden Geschlechts zur ungeliebten Hilfe im Haushalt an, sie lesen etwas vor oder zeigen eine Handarbeit. Wenn sich Mütter mit Kindern abbilden lassen, geht es ungleich stiller zu, man sitzt, steht oder schaut sich etwas an.

Kinder zu haben, stellt sich für die Frauen wahrscheinlich oftmals auch als eine Belastung dar. Sie verfügen über zu wenig Zeit, um sie ausgiebig spielend mit ihren Kindern verbringen zu können. Am Ende rasten die alten Klischees und Funktionsteilungen ein – die Frauen sind für den alltäglichen Kleinkram – die Männer für das Besondere da.

»Vater nimmt sich am Abend manchmal Zeit, mit seinem Sohn Michael zu spielen...« (»Für Dich« 9/1963

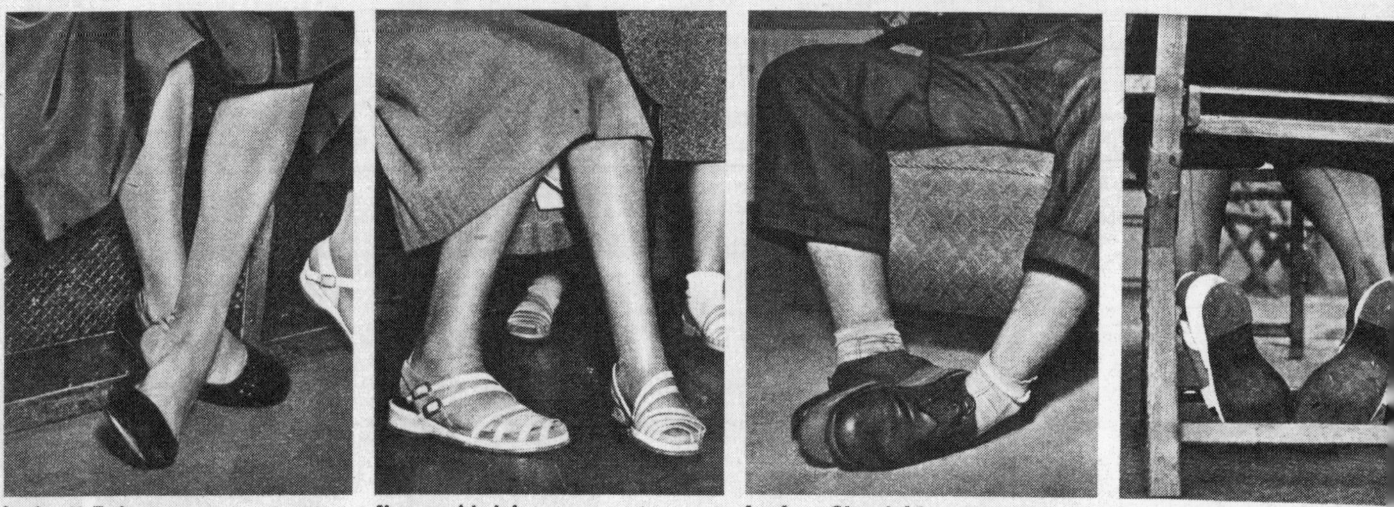

In der U-Bahn fiel es mir zuerst auf, daß Sitzen eine Kunst ist, und ich konnte es nicht lassen, die Dame mit den lässig über den großen Onkel gekreuzten Füßen und dem halb ausgezogenen Schuh zu knipsen

Nun guckte ich den Leuten ein bißchen gründlicher auf die Füße. Beim Zahnarzt im Wartezimmer saß ein recht appetitliches Mädchen. Aber diese Fußstellung ... Geht es nicht ein bißchen graziöser?-

Lachen Sie nicht so schadenfroh, meine Herren, Sie können es nämlich auch nicht besser. Oder finden Sie diese aussichtsreiche Art zu sitzen, die soviel Haariges zeigt, vielleicht besonders charmant?

Nicht doch, passen Sie bitte ein Ihre Gehwerkzeuge auf, auch wenn Sie es unter dem Tisch, oder wie hier unter gar nicht so sehr auffällt. Man sieht's nö

»NBI« 30/1954

Die zurecht-gemachte Frau

Ein Star zu werden, ist der Traum vieler junger Mädchen. Tänzerinnen, Mannequins oder Schauspielerinnen – sie alle geben Idealbilder für das Selbstbild der Mädchen ab. Aber da mit dem Blick in den Spiegel das eigene Aussehen meistens weit entfernt von jenen angehimmelten Schönen liegt, versuchen sich Frauen zurecht-zumachen. Was unternehmen sie nicht alles, um ihr Geschlecht auch wirksam zu präsentieren. Und dennoch ist das Ergebnis oft enttäuschend.

»Bauch rein, Brust rauf! ›Senken Sie die Arme, aber lassen Sie die Brüste oben.‹ Das macht die Taille schlanker und betont die weiblichen Formen... Latsch, latsch... Wie oft sieht man das im Straßenbild. Hier werden solchen Mißschritten strenge Fesseln angelegt, damit die Miss graziöse Schritte lernt.« [22]

Frauen machen mühselige Schlankheitskuren, nehmen tägliche Gymnastik auf sich und verbringen Stunden vor dem Spiegel. Sie zwängen sich in enge Röcke und suchen tagelang nach den passenden Schuhen. Karikaturisten wissen Bände über das schier unbegreifliche Verhalten der Frauen zu füllen.

Frauen erfahren sich nicht zuallererst in ihrer Eigenständigkeit, Individualität und Subjektivität, sondern eher in ihrer Komplementarität zu Männern. In deren Beziehung zu ihnen spiegelt sich ihr Wert als Frau unmittelbar wider. Sowohl in den persönlichen Beziehungen der Geschlechter, als auch in den Geschlechterverhältnissen der gesellschaftlichen Produktion drückt sich das Maß möglicher weiblicher Selbstbestimmung immer nur im Verhältnis zum Manne aus. Der Mann als Maß aller Dinge?

Was aber veranlaßt Frauen dazu, sich doch offenbar freiwillig dem begutachtenden Blick der Männer auszusetzen, sich nach ihren Vorstellungen zu kleiden und zurecht zu machen, auch wenn dies eine Einschränkung ihrer Mobilität – bei engen Röcken und Stöckelschuhen – oder ihrer freien Zeit – Friseurbesuch, aufwendiges Schminken – bedeutet? Welche Erwartungen verbinden sich für Frauen damit, wenn sie sich nach den männlichen Vorstellungen ausrichten? Die Wertschätzung, die eine schöne Frau seit alters her von Männern entgegennehmen kann, übertrifft eben immer noch die mögliche Anerkennung, die ihr Männer in Beruf und Gesellschaft entgegenzubringen bereit sind.

Das traditionelle Frauenbild verschafft einer Frau auch die notwendige Verhaltenssicherheit in der Öffentlichkeit. Die Heraushebung ihrer Person aus der Anonymität und Nichtbeachtung, mit der sie in ihrem gewöhnlichen Leben zurechtkommen muß, vermag Frauen durchaus ein Gefühl der Zufriedenheit zu vermitteln. Das Heraustreten aus der Masse der grauen Mäuse, »unserer werktätigen Muttis«, wie es so treffend in DDR-Jargon heißt, und das Gewinnen von Beachtung in der Öffentlichkeit ist nur die glänzende Vorderseite des Spiegels, auf dessen grauer Rückseite das sonstige Frauenleben absorbiert wird und unsichtbar bleibt.

Die Verführungskraft des traditionellen Frauenbildes liegt auch in der Bestätigung der ewig weiblichen Werte: Hier ist man unverwechselbar und eindeutig Frau und hier kann man es sein.

Der letzte Schrei

Dennoch sollte nicht unbemerkt bleiben, daß die alten Normen langsam aber systematisch unterlaufen werden. Eine berufstätige Frau kann sich keine kleinen Trippelschrittchen auf dem Weg zur Arbeit leisten. Bequeme Schuhe, weite Röcke, mit den Jahren setzt sich auch die Hose in der Straßenkleidung durch, ein kurzer Haarschnitt – es muß praktisch sein, pflegeleicht und vielfältig kombinierbar, denn eine berufs-

Sitzen ist gar nicht so einfach

stellte unser Reporter Kiesling fest, als er den Leuten einmal auf die Füße sah

…um! hätte ich am liebsten gesagt, als …chen unter den Tisch fiel und ich beim …s übereinandergeschlagene Beine sah. …üssen nach der anderen Seite zeigen!

Ist es nicht auch Ihr Ehrgeiz, Ihren Mitmenschen stets einen erfreulichen Anblick zu bieten? Haben Sie auch bedacht, daß mehr dazu gehört als ein gepflegtes Gesicht und ansprechende Kleidung? Harmonische Bewegungen, Gang, Haltung, das richtige Sitzen sind ebenso wichtige Faktoren. Gerade im Sitzen läßt man sich leicht gehen, wie die Beispiele links zeigen. Hier sehen Sie nun, wie man es besser macht. Kontrollieren Sie sich einmal, und wenn Sie feststellen, daß Ihnen so was passiert wie den Leuten links, dann üben Sie ruhig ein bißchen zu Hause vor dem Spiegel. Man kann nämlich bequem und trotzdem schön sitzen

tätige Mutter hat keine Zeit zu verlieren. So verwischen allmählich die ehemals strengen Normvorstellungen in der Kleidung, in Haltung und Gebärden. Am Ende gelten sie wirklich nur noch für die Stars der Bühne.

Die Mode hält für die berufstätige Frau beides bereit: das praktische Karierte, die Kittelschürze und die dreiviertelange Hose – aber auch Stöckelschuhe, enge Röcke und dauergewelltes Haar. Ende der fünfziger Jahre wird die Taille wieder hochgeschnürt, so daß die Frauen schwanger wirken. Geradezu offenherzig wird die Bademode, der Bikini setzt sich nach einigem Zögern auch in der DDR durch.

In den modischen Präsentationsformen werden einige Zugeständnisse an die Berufstätigkeit gemacht, zugleich werden berufstätige Frauen jedoch auf die herrschenden modischen Vorstellungen von Weiblichkeit verpflichtet. Diese bleiben in der DDR jedoch seltsam blaß, sind immer irgendwie schlicht und einfach, fast nie extravagant. Dies verweist indirekt auf die sozialen Umschichtungen, die in dem Ostteil Deutschlands stattfanden und mag vielleicht auch ein Zeichen des Zugeständnisses an die massenhafte weibliche Berufstätigkeit gewesen sein. Es ist aber auch nicht ganz der Verdacht von der Hand zu weisen, daß sich hier die unflexible Haltung der Betriebe, der EinkäuferInnen der HO, der ewige Mangel an guten Stoffen und an Accessoires unmittelbar bemerkbar machten. Die wiederholte Kritik an Mängeln in der Versorgung mit guter Konfektion läßt jedenfalls darauf schließen.

Keine Windeln für die Kleinsten

Uns aus dem Herzen sprach die Vorsitzende unserer Organisation, die Volkskammerabgeordnete Elli Schmidt, anläßlich der Tagung der Volkskammer zum Volkswirtschaftsplan 1953.

Obwohl es Erfolge in der Erfüllung des Planes 1952 gibt, dürfen wir nicht daran vorübergehen, daß in einigen Ministerien und Staatssekretariaten erhebliche Mängel aufgetreten sind. Es ist notwendig, noch einmal zu betonen, daß jeder einzelne Minister und Staatssekretär für die Erfüllung der im Plan festgegelegten Aufgaben vor dem Volke verantwortlich ist.

Wir begrüßen daher die Kritik, die an der Arbeit einiger Ministerien geübt wurde. Ich möchte zu der schlechten Arbeit des Ministeriums für Handel und Versorgung sprechen...

Wir können uns des Eindrucks nicht erwehren, daß gerade von diesem Ministerium bewußt gegen den bedeutungsvollen Beschluß der II. Parteikonferenz der Sozialistischen Einheitspartei Deutschlands, die Grundlagen für den Aufbau des Sozialismus zu schaffen, gearbeitet wurde. Margarineknappheit, die Fehler in der Verteilung der Winterkartoffeln und der Kohle, die schlechte Streuung von Lebensmitteln und Textilien sollte dazu dienen, das Vertrauen der Bevölkerung zu unserer Regierung zu erschüttern...

Nicht nur in der Versorgung mit Lebensmitteln, sondern auch besonders in der Versorgung mit Textilien gab es große Mängel... Wir Mütter müssen unserem Ministerium für Leichtindustrie bittere Vorwürfe darüber machen, daß vergessen wurde, Stoffe produzieren zu lassen, die für die Herstellung einer preiswerten Kinderkonfektion geeignet sind. Sicher hat der Minister für Leichtindustrie keine Kinder (Heiterkeit); denn sonst könnte er in der Sorge um unsere Jüngsten, um unseren Nachwuchs, nicht vergessen, daß sie Strümpfe, Windeln, Babywäsche, Hosen, Kleider und Mäntel brauchen, und zwar der Jahreszeit angepaßt! *(Sehr richtig!)*

Im Winter brauchen unsere Kinder keine Sandalen, die es jetzt und nicht im Sommer zu kaufen gibt. Im Winter brauchen unsere Kinder keine Kniestrümpfe, die man jetzt haben kann, während sie im Sommer fehlten. Unsere Frauen sind in die Heiligenstädter Strumpfwarenfabrik gegangen, und sie mußten dort mit eigenen Augen sehen, daß dort zur Zeit in rauhen Mengen Kniestrümpfe und keine langen warmen Strümpfe produziert werden. Die Frauen verlangten eigenmächtig, daß die Produktion von Kniestrümpfen auf lange Strümpfe umgestellt wird...

Wir sind geradezu empört über die Behandlung unserer Kleinsten, der Neugeborenen, für die keine Windeln zu haben sind. Als unsere Frauen z.B. in Weimar sehr ernst die Frage der Beschaffung von Windeln stellten, antwortete ihnen der Leiter der HO Industriewaren namens Schmidt, daß die Baumwolle für die Produktion von Windeln nicht ausreicht, weil man ja auch Gardinen benötige. *(Heiterkeit)*

Unsere Frauen antworteten sehr richtig, daß man die Säuglinge nicht in Gardinen einwickeln kann... Es ist uns unverständlich, wie man die Produktion von Windeln vergessen kann...

In einer ganzen Reihe von Städten, besonders in Thüringen, haben unsere Frauen Ausschüsse für die Überwindung aufgetretener Mängel gebildet. In Erfurt nannten sie diesen Ausschuß Versorgungsaktiv, das sich zur Aufgabe stellte, operativ einzugreifen, und das hat dieses Aktiv auch mit Erfolg getan... Wir richten an unsere Regierung, an unseren Ministerpräsidenten Otto Grotewohl, die Bitte, alle Voraussetzungen im Ministerium für Handel und Versorgung im kommenden Jahr zu schaffen, damit sich solche entscheidenden Fehler nicht noch einmal wiederholen. (Ministerpräsident Otto Grotewohl: Vielleicht soll man die Frauen mit hinzuziehen!) – Das wäre gut. Seien Sie gewiß, Herr Ministerpräsident, daß sie in den Frauen unermüdliche Mitarbeiter haben werden. Die Frauen waren es, die Ihren Artikel »Über einige Fragen der Ernährung« begrüßten und dankbar dafür sind, wenn die Regierung offen und ehrlich über Schwierigkeiten mit der Bevölkerung spricht. Das Verständnis unserer Frauen ist dafür groß. *(Lebhafter Beifall)*

Die Frau von heute 1–1953, S. 7

Weihnachts-
Preisausschreiben
der NBJ
Puzzle mit Geschmack
Wer zieht unsere Ingeborg am nettesten an?
Aufnahmen: Horst E. Schulze

Leitbilder – Normbilder – Zerrbilder

Nach dem mehrmaligen Durchblättern der Bilder in diesem Band hatte ich das Gefühl, daß irgend etwas fehlte. Ganze Lebensbereiche von Frauen schienen in den Illustrierten überhaupt nicht vorzukommen. Es gab kaum Bilder von den Anstrengungen und Mühen der Hausarbeit, es fehlte die Fahrt zur Arbeit in der überfüllten U-Bahn ebenso wie das Schlangestehen beim Fleischer zum Wochenende. Der Kampf um eine Wohnung, die demütigenden Behördengänge kamen ebensowenig vor wie die ewige Suche nach dem passenden Möbelstück, nach neuen Schuhen oder einem modischen Abendkleid. Es war so gut wie nichts darüber zu erfahren, was sich in den Familien nach dem »happy end« abspielte, ob es Zwistigkeiten gab oder Ärger mit den Kindern, und warum die Frau aus dem zweiten Stock schon wieder ihre Kinder anbrüllte. Niemals schien es ihnen schlecht zu gehen, den ewig lächelnden jungen Frauen. Man sah sie nicht beim Arzt stundenlang sitzen, und sie warteten wohl auch nie vergebens auf einen Tänzer, wenn sie denn schon mal ausgingen. Die Reihe der Beispiele ließe sich mühelos fortsetzen, jeder könnte vor seinem inneren Auge ganze Bilderwelten erstehen lassen, die er in Zeitschriften vergeblich suchen wird. Das gewöhnliche Alltagsleben ist für die Illustrierten nicht bildwürdig genug, es scheint die Öffentlichkeit nicht zu interessieren.

Die Frauen- und Männerbilder in den Illustrierten der DDR repräsentieren zudem Bildbereiche, in denen gesellschaftlich propagierte Leitbilder dominieren. Insofern sind die Darstellungen von Frauen und Männern oftmals gar nicht geschlechtsspezifisch gemeint. Sie zielen inhaltlich stets auf die Repräsentation der sozialistischen Gesellschaft mit ihren sozialen Vorzügen, ihren wirtschaftlichen Errungenschaften und ihrer politischen Identität. Dabei werden in den Darstellungsformen vielfach unbewußt die Strukturen von geschlechtsspezifischen Gang- und Gäbe-Denkformen einfach reproduziert. Fotografen und Gestalter, Herausgeber, Journalisten und Redakteure geben sich vermutlich nicht ständig Rechenschaft darüber ab, in welchen Stereotypen und Klischees sie agieren.

Dennoch sagen die in den Fotos enthaltenen Frauen- und Männerbilder immer etwas über den wirklichen Zustand der Geschlechterverhältnisse aus, auch dann, wenn dies nicht zum Thema des Bildes gemacht wurde. Die Unterrepräsentation von Frauen in den Bereichen Wirtschaft, Politik und Arbeit und ihre Überrepräsentation in den Bereichen Film, Kunst und Werbung verweisen auf ihre ungleichgewichtige soziale Positionierung in der Gesellschaft. Indirekt vermitteln sie so eine Vorstellung von der Stellung der Frau, eine Ahnung von den wirklichen Diskrepanzen in der geschlechtsspezifischen Arbeitsteilung, welche sich in den sozialen Beziehungen von Männern und Frauen, ihrer unterschiedlichen Lebensweise und ihren Selbstbildern niederschlagen.

Die ungleichgewichtige Darstellung von Frauen und Männern in verschiedenen Lebensbereichen findet ihre Ergänzung und Verstärkung durch die Form der Präsentation von Weiblichkeit und Männlichkeit, durch einen bestimmten Gesichtsausdruck, eine Körperhaltung, die Bildkomposition oder die Art der Gegenstände und Räume, mit denen Männer oder Frauen sich umgeben.

Bei der Bildanalyse wurde zugleich deutlich, daß sich die veröffentlichten Bilder bewußt bestimmten politisch-ideologischen Zielvorstellungen unterordneten und daß dabei die für die Entwicklung der Gesellschaft jeweils als notwendig erachteten Verhaltensweisen idealisch in den Mittelpunkt der Darstellung gerückt wurden. Es war zugleich immer auch der Versuch, die politisch formulierten Anforderungen an das Verhalten an der Werkbank, am Arbeitsplatz oder in der Familie zu popularisieren. Dabei waren die Fotografen angehalten, das Neue an der sozialistischen Lebensweise, und damit auch der Frau, ins Bild zu setzen. Das war eine schwierige Aufgabe, denn diese Leitbilder waren in der Wirklichkeit nicht einfach aufzufinden. Die Fotografen »erfanden« daher am laufenden Band Bilder und Bildgeschichten, in denen die Frauen und Männer auf ihren Blick hin gestellt und nach ihren Vorstellungen eingerichtet wurden.

Diese Bilder sollten aber zugleich auch die Akzeptanz der Betrachter erringen. Sie durften daher nicht allzu fremd und ungewohnt daherkommen, sondern mußten auf die eine oder andere Weise die alltäglichen Wahrnehmungsgewohnheiten bestätigen. Die Betrachter erwarten im allgemeinen, daß ihre Werturteile durch die Fotos gefestigt und daß sie in ihren Gewohnheiten bestärkt werden. Denn nur dann bieten sie ein Feld psychischer Erholung. Bilder, die diese Unterhaltungs- und Erholungsfunktion nicht erfüllen, weil sie an der Wirklichkeitserfahrung vorbeizielen oder der Befindlichkeit des Betrachters gerade nicht entsprechen, werden als langweilig beiseite geschoben und verdrängt, im eigentlichen Sinne gar nicht wahrgenommen, nicht bemerkt, nicht erkannt. Oder aber sie werden vehement abgelehnt, als Zumutung empört zurückgewiesen oder unter Protest für unwirklich erklärt, wenn sie die eigenen Wertvorstellungen in Frage stellen und auf eine Änderung des Verhaltens zielen.

Fremdbilder und Selbstbilder

Was eigentlich bewegt die Frauen einer Generation dazu, unbedingt wie Marilyn Monroe aussehen zu wollen oder aber wie Audrey Hepburn? Und warum müssen sich Männer in ihrer Arbeitswelt mit an die Wände oder Bauwagentüren gepinnten Nackten umgeben? Was bedeutet es andererseits für sie beide, riesenhaft vergrößert die Bestenreihe am Betriebseingang zu zieren oder aber sich als AktivistIn auf der Titelseite einer Zeitschrift wiederzufinden? Welche Rolle spielen die von Generation zu Generation weitergegebenen Fotoalben, die Poesiebücher junger Mädchen, die versteckt angebrachten Pin ups und die heimlich gelesenen Comics für das Selbstbild der Betrachter?

In der individuellen Lebenswelt stoßen die verschiedenen Bilderwelten alltäglich aufeinander – Bilderwelten, die sich nicht einfach ergänzen, sondern oftmals gegensätzlichen Charakter haben oder quer zueinander stehen. Und es stellt sich die Frage, wie sich die Einzelnen in diesen verschiedenartigen Welten zurechtfinden, welche unterschiedliche Bedeutung sie ihnen beimessen und wie sie diese Gegensätzlichkeit in ihrem Selbstbild zusammenbekommen.

Denn dasselbe Mädchen, das gerade noch mit leuchtenden Augen im Blauhemd und mit einer Fackel in der Hand an der Parteiführung vorbeimarschierte, hat sich am nächsten Abend vielleicht in ein weit schwingendes Kleid geworfen, um auf dem Tanzboden einen rock'n'roll hinzulegen. Es stand am Morgen darauf im Blaumann an der Werkbank und war am Nachmittag in der Kittelschürze beim Abwaschen zu beobachten. Im alltäglichen Leben dieses Mädchens werden diese verschiedenen, scheinbar auseinanderfallenden Frauenbilder offenbar unkompliziert miteinander verknüpft. Dieselben Verhaltensmuster ließen sich sicher für Männer rekonstruieren.

Das Selbstverständnis von Frauen und Männern geht nicht unmittelbar in den fotografischen Abbildern auf, in denen es sinnlich und anschaulich erscheint. Im einzelnen Foto wird jeweils nur einen Moment aus einem komplexen prozessualen Zusammenhang fixiert. Gerade die Beziehungen aber, die das Bild in seinen verschiedenen Gebrauchsweisen jeweils eingeht, sein Vernetztsein mit Idealbildern, kulturellen Reflexionsweisen und historisch geformten sozialen Praxisformen, sind für die Deutung und Interpretation der Bilder unerläßlich. Insofern scheinen die Selbstbilder, die Identitäten von Frauen und Männern offenbar viel reicher, konflikthafter, komplexer und wahrscheinlich auch in sich widersprüchlicher zu sein, als die von den Medien publizierten Frauen- und Männerbilder, in denen die verschiedenen Wirklichkeitsbereiche streng getrennt werden und sogar habituell und sozial in verschiedene Typen auseinanderfallen. Hier werden an jeweils anders gearteten »Realien« – aus der Arbeits- oder der Familienwelt – die praktizierten kulturellen und sozialen Formen des Geschlechterverhältnisses versinnbildlicht und zugleich ideal gesetzt, das heißt als nachahmenswerte Identifikationsmuster angeboten.

Dennoch wiederholt sich auch in diesen hier neu hinzugezogenen Bilderwelten ein Grundmuster, in dem die strukturelle männliche Dominanz und im Gegenzug die weibliche Unterordnung reflektiert und zugleich reproduziert wird. Trotz aller gravierenden gesellschaftlichen Veränderungen der Stellung der Frau innerhalb der sozialistischen Gesellschaft haben sich die Frauenbilder nicht von den traditionellen Geschlechterstereotypen und männlichen Zuschreibungen lösen können. So scheinen selbst neuartige Frauenbilder, wie die Bilder von berufstätigen Frauen, weiterhin durch die Dominanz des männlichen Blicks kulturell überformt und fremdbestimmt zu sein. Ist es der sozialistischen Gesellschaft wirklich nicht gelungen, die Geschlechterverhältnisse grundlegend zu verändern oder schlagen diese Veränderungen nur nicht in den kulturellen Mustern und Bildern durch? Was hat es mit der oft bewunderten Emanzipation der DDR-Frauen wirklich auf sich?

Aufbruch in die Utopie

Die fünfziger Jahre standen ganz im Zeichen des Aufbruchs in eine neue Zeit. Es waren Jahre, die von der Auseinandersetzung zwischen den beiden deutschen Staaten, ihrer gegenseitigen Abgrenzung, ihrer Konfrontation getragen waren und in denen sich die DDR als eigenständige »sozialistische deutsche Nation« herausbilden sollte. Die darin zugleich enthaltene sozialistische Utopie von der Aufhebung der sozialen Unterschiede zwischen den Geschlechtern ging immer von der Vorstellung aus, daß die ökonomische Unabhängigkeit der Frau und ihre formal-juristische Gleichstellung schon die hinreichende Bedingung für ihre Emanzipation sei. Dies erwies sich jedoch – historisch gesehen – als kurzschlüssig. Denn mit der massenhaften Einbeziehung von Frauen in den Produktionsprozeß verschärften sich in bestimmter Hinsicht die Konflikte zwischen den Geschlechtern. Die Ideal- und Normbilder von der Frau als berufstätiger Mutter und dem Mann als Heros der Arbeit bestätigten bei aller politischen Neuartigkeit dennoch im Grunde die tradierten Formen der geschlechtsspezifischen Arbeitsteilung. Diese Bilder, die im Kontext der politischen Kultur funktionierten und darüber hinaus kaum noch einen sozialen Sinn machen, tendierten dazu, problematische Wirklichkeitserfahrung zu negieren und die noch nicht auf »sozialistische Weise« bewältigten Widersprüche zu verdecken.

Das Ungesehenmachen ist jedoch kein Ungeschehenmachen. Die Ausgrenzung wesentlicher individueller Erfahrungsbereiche aus dem öffentlichen Bewußtsein, wie dem der sozialen Benachteiligung qua Geschlecht (weil nicht sein kann, was nicht sein darf), behinderte die Verarbeitung der real existierenden Konflikte und Widersprüche. Die Lösungsfindung, beispielsweise für den ewigen Konflikt der Vereinbarkeit von Mutterschaft und Berufstätigkeit, wurde damit letztlich an die Einzelnen als private Individuen zurückverwiesen.

Frauenpolitik an der Emanzipation vorbei

So zielte die Frauenpolitik auch gar nicht auf die Verbesserung der Entwicklungsbedingungen von Frauen, sondern war vor allem ein Reflex auf schlechte Verwertungsbedingungen der weiblichen Arbeitskraft. Sie hatte die Instrumentalisierung von Frauen zu ökonomischen und reproduktiven Zwecken zu ihrem eigentlichen Inhalt. So reagierte die Frauenpolitik zum einen auf den wachsenden Arbeitskräftebedarf in der Aufbauphase der sozialistischen Gesellschaft und trug dazu bei, Frauen für den Arbeitsmarkt zu rekrutieren, ihnen die entsprechenden Bedingungen zu schaffen (Haushaltstag, Dienstleistungen, Kindereinrichtungen, Technisierung der Haushalte) und sie moralisch-ideologisch unter Druck zu setzten. Zum anderen war die sinkende Reproduktionsbereitschaft der Frauen ein Warnsignal, auf das mit materiellen Anreizen zur Stimulierung von Geburten (Geburtenbeihilfe, Kindergeld, später zinslose Ehekredite, die »abgekindert« werden konnten) reagiert wurde.

Im Ergebnis dieser Frauenpolitik stieg die Zahl der erwerbstätigen Frauen und es nahm auch systematisch ihre Bildung und Qualifikation zu. Damit wurde ein Prozeß eingeleitet, der schließlich zu einer Form weiblicher Erwerbstätigkeit geführt hat, die von hoher Leistungsfähigkeit, fachlicher Kompetenz und einer neuen weiblichen Lebenseinstellung gekennzeichnet ist, in der von Arbeit als dem sinnstiftenden Element ganz selbstverständlich ausgegangen wird. Selbst durch die Geburt von Kindern wird die Berufstätigkeit heute nur kurzzeitig unterbrochen, sie führt nicht mehr zum Ausstieg aus dem Beruf. Der entscheidende qualitative Sprung liegt im Wechsel des Charakters der weiblichen Arbeit begründet: von der unqualifizierten, unkontinuierlichen Erwerbsarbeit wurde zur qaulifizierten, kontinuierlichen Berufsarbeit übergegangen. Ein struktureller Wandel hinsichtlich der geschlechtsspezifischen Arbeitsteilung blieb jedoch aus. Frauen blieben in allen entscheidenden Bereichen der Planung und Leitung der Wirtschaft, der Entscheidungsfindung in der Politik und in lukrativen Positionen mit hohem sozialen Status weitgehend unterrepräsentiert. Die Verfestigung der geschlechtsspezifischen Strukturen läßt sich unter anderem an einem eindeutigen Status- und Lohngefälle ablesen. Es gilt: je höher der gesellschaftliche Status, deso weniger Frauen. Als Gründe für diesen beklagenswerten Zustand sind immer die besondere Lebenssituation der Frauen als Mütter und als Hausfrauen – also ihre sogenannte »Doppelbelastung« – angeführt worden.

Zugleich wurde aber nur die Familie als »kleinste Zelle des sozialistischen Staates« als einzige Form des Zusammenlebens angesehen und gefördert. Dies stand stets im Widerspruch zu der wirklichen Dynamik sich auflösender und neubildender Beziehungen zwischen Frauen, Männern und Kindern. Die in Familien praktizierten tradierten Formen und Muster richteten sich wesentlich auf die Herstellung der Handlungsfähigkeit männlicher Produzenten. Auch mit dem massenhaften Dasein weiblicher Produzentinnen wurden diese Grundbestimmungen nicht angetastet oder umfunktionalisiert. Sie mußten daher zwangsläufig irgendwann mit den Reproduktionserfordernissen der werktätigen Frauen kollidieren, denn deren Bedürfnisse wurden bis an die Grenze des Erträglichen eingeschränkt und unterminiert. Die Lösungsformen bewegten sich zwischen den Extremen Scheidung, Steckenbleiben in der Karriere, Aufgeben des Berufs und Flucht in die Familie.

In der Familienform werden die vorhandenen kulturellen Muster geschlechtsspezifischer Ordnung reproduziert und weiter tradiert. Die Ursachen für die soziale Benachteiligung der Frauen liegen jedoch tiefer. Sie sind nicht nur in der geschlechtsspezifischen Polarisierung der Arbeitsteilung, sondern auch im niedrigen Vergesellschaftungsgrad reproduktiver Tätigkeiten zu suchen.

Das mangelhafte Angebot an Dienstleistungen und an Waren, die schlechte Ausstattung des Nahverkehrs und die wenigen Erholungsmöglichkeiten machten immer wieder zusätzliche Arbeiten zur individuellen Reproduktion notwendig.

Die Mängel in der Konsumgüterproduktion, im Warenangebot, im Dienstleistungsbereich und im Erziehungs-, Gesundheits- und Sozialwesen wurden im Wesentlichen auf dem Rücken von Frauen ausgetragen, d.h. durch ihre Mehrarbeit gesellschaftlich kompensiert. In den fünfziger Jahren nimmt die familiale Subsistenzproduktion – Nähen und Stricken von Kleidung, Einwecken, eigener Gemüse- und Obstanbau, Renovierung der Wohnung usw. – noch einen hohen Anteil gegenüber der industriellen Warenproduktion ein.

Die Frauenfrage als soziales Randproblem

Die Geschlechterproblematik wurde in den damaligen gesellschaftsstrategischen Vorstellungen stets als ein Randproblem behandelt und auf die »Frauenfrage« reduziert, d.h. es wurde auf abstrakt-humanistische Weise nur danach gefragt, auf welche Weise den Frauen gleichartige Lebensbedingungen und Entwicklungsmöglichkeiten wie Männern gesichert werden könnten. Das am männlichen Lebenszusammenhang – d.h. an Arbeit und Leistung – orientierte Maß dieser Gleichheit oder Emanzipation schlug sich vor allem in der formal-juristischen Gleichstellung der Frauen vor dem Gesetz nieder. Frauen sollten wie Männer am gesellschaftlichen Prozeß teilnehmen, ohne daß auf ihre sozialen Besonderheiten Rücksicht genommen worden wäre. Zwischen Gleichberechtigung und wirklicher Gleichstellung der Geschlechter klafft daher bis heute eine Lücke.

Die soziale Benachteiligung der werktätigen Frauen in der DDR findet bis heute ihren sinnfälligen Ausdruck vor allem in folgenden Erscheinungen:

Es gibt zwar keine statistischen Erhebungen über die geschlechtsspezifische Aufteilung des Einkommens, aber vorsichtigen Schätzungen und eigenen Berechnungen zufolge, die von der Polarisierung der Arbeitsteilung, dem hohen Anteil der Niedriglohngruppen in ausgesprochenen »Frauenberufen« ausgehen und in Rechnung stellen, daß Frauen kaum Zugang zu den bestbezahlten Stellungen haben, ist darauf zu schließen, daß Frauen in etwa zwei Drittel bis drei Viertel des Einkommens von Männern erhalten. Die Unterdrückung von Frauen schlägt sich auch darin nieder, daß Frauen deutlich unter ihrem Qualifikationsniveau beschäftigt werden und verstärkt zu technischen Hilfeleistungen und Dienstleistungen herangezogen werden.

Die gegenständlichen, räumlichen und zeitlichen Strukturen der gesellschaftlichen Organisation individueller Reproduktion sind am Maßstab männlicher Bedürfnisse ausgerichtet. Sie behindern Frauen bei der Gestaltung ihres spezifisch weiblichen Lebenszusammenhangs. Die räumliche Gliederung der Wohnungen, die Anlage von Wohngebieten außerhalb der Städte, das einseitige Angebot von gesellschaftlich organisierten Formen der Kinderbetreuung und Erziehung sowie unterentwickelte Formen des gesellschaftlichen Verkehrs führen dazu, daß die räumliche Mobilität von Frauen und Kindern stark eingeschränkt wird.

Die Unterschätzung und Minderbewertung weiblicher Handlungsfähigkeit hat auch in dieser Gesellschaft zu einer Zunahme mehr oder weniger verdeckter Formen der Frauenverachtung und Frauenunterdrückung geführt. Männer scheinen den Zustand eigener Entwicklungsbeschränkung dadurch zu kompensieren, daß sie sich an Frauen schadlos halten. Darauf deuten nicht nur die geringen Anteile der Männer an der Hausarbeit. Symptomatisch nahm auch in der DDR-Gesellschaft seit Beginn der achtziger Jahre eine Sexualisierung der Frauenkörper zu – Striptease, »Erotisches zur Nacht« im Fernsehen, Miss-Wahlen usw. – und zugleich häuften sich sexuelle Übergriffe auf Frauen und Kinder innerhalb und außerhalb der Familie.

Neue frauenpolitische Strategien

Grundansatz der neuen Frauenbewegung in der DDR war es, nicht allein für die sogenannten Frauenprobleme zuständig gemacht zu werden oder zu sein und für die soziale Abfederung verfehlter ökonomischer Politik zu sorgen. In der Tendenz werden bisher Frauenprobleme wie die Sonderprobleme sozialer Randgruppen behandelt, für die man besondere Gelder verauslagen muß, deren Forderungen man irgendwann irgendwie toleriert und die man letztlich immer wieder aus dem Bewußtsein verdrängen kann, weil: es gibt ja das Frauenministerium, die Frauenbeauftragten oder die Frauenorganisationen, die sich darum kümmern.

Aus der Angst, wieder ghettoisiert zu werden, entwickelte die Frauenbewegung in der DDR den Anspruch, bei allen Fragen der gesellschaftlichen Strategiebildung – in Fragen der Ökonomie, der Ökologie, der Gestaltung des Rechts, des politischen Systems usw. – gleichrangig mitbestimmen zu können. Sie forderte, gegen die männliche Dominanz auf allen Entscheidungsebenen den Selbstvertretungsanspruch der Frauen durchzusetzen. Deshalb lag der politische Schwerpunkt auf der Forderung nach Quotierung bzw. paritätischer Besetzung des Parlaments, der Ministerien und leitender Posten in der Wirtschaft, Wissenschaft und Kultur. Zugleich war sie sich immer bewußt, daß nach vierzig Jahren konservativer Frauenpolitik, in der Begriffe wie Feminismus und Sexismus keinen Platz hatten, es darauf ankommen würde, erst einmal eine Frauenöffentlichkeit zu schaffen, in der sich Frauen über ihre eigenen Fragen verständigen könnten.

Bei der schnellen Vereinigung mit der Bundesrepublik Deutschland wird bisher die Tatsache weitgehend übergangen, daß sich in vierzig Jahren eigenständiger DDR-Entwicklung eine andere Lebensweise, eine andersartige psychosoziale Mentalität, andere Gewohnheiten sowie auch andere kulturelle Formen der Verständigung unter Frauen und Männern und auch andere Formen des Verhaltens der Geschlechter zueinander herausgebildet haben. Die Frauen hatten an der Herausbildung dieser Besonderheiten einen entscheidenden Anteil. Viele Momente typischer DDR-Lebensweise lassen sich überhaupt nur aus der Tatsache der massenhaften Berufstätigkeit von Frauen, der gesellschaftlich organisierten Kinderbetreuung, der Fristenregelung hinsichtlich der Abtreibung usw. erklären. Wir finden in der DDR eine eigenartige Mischung aus Prüderie einerseits und sexueller Freizügigkeit andererseits, der Abwesenheit von Prostitution und Pornographie einerseits und dem häufigen unbefangenen Partnerwechsel andererseits oder auch der Gleichzeitigkeit von sanktionierter Ehe und der Toleranz gegenüber alleinerziehenden Müttern vor, die sich nicht logisch aus dem politischen System ableiten lassen. Es darf daher nicht immer nur rhethorisch gefragt werden, wie es die »unterdrückten« Menschen in der DDR nur all die Jahre aushalten konnten, es muß auch untersucht werden, wie dieser real existierende Sozialismus gelebt wurde, wie die Menschen darin eine eigentümliche kulturelle und soziale Identität ausbildeten, ohne die diese Gesellschaft nicht einen Tag überlebt hätte.

Aufgrund der Vorrangstellung, welche bei der Umgestaltung der DDR-Gesellschaft die nationale Frage einnimmt, werden die kulturellen Unterschiede beider deutscher Staaten leicht verdeckt. Aber hinter den gleichen deutschen Worten verbergen sich oftmals unterschiedliche sozio-kulturelle Kontexte. So verläuft die deutsch-deutsche Kommunikation – auch die zwischen frauenbewegten Frauen – in gewisser Hinsicht asynchron und gleichsam zeitversetzt. Es werden zum Beispiel von DDR-Seite Fragen aufgeworfen, die von den bundesdeutschen Frauen scheinbar schon vor Jahren ausdiskutiert worden sind. In mancher Hinsicht scheinen die DDR-Frauen um Jahre voraus, in anderer wiederum Jahre hinterher zu sein. Beide wissen noch sehr wenig voneinander. Die dennoch zweifellos vorhandenen übergreifenden frauenpolitischen Gemeinsamkeiten entbinden daher beide Seiten nicht davon, einen vielleicht Jahre dauernden Diskurs über ihre kulturellen und sozialen Unterschiede zu führen. In diesem Sinn möchte das vorliegende BilderLeseBuch über die Anfänge der DDR-Entwicklung einen Beitrag zur gemeinsamen Verständigung leisten.

Anmerkungen

1 *Die Frau* 44 (1936) 1, S. 48f.
2 Zitiert nach: Frauen unterm Hakenkreuz, hrsg. von Elefanten Press, Berlin (West) 1983, S. 217.
3 Christa *Wolf*: Nachdenken über Christa T., Berlin und Weimar 1975, S. 24.
4 Edith *Baumann*, Rede auf der ersten Delegiertenkonferenz der Frauenausschüsse in Berlin 1946.
5 Magda *Sendhof*, ebd.
6 Walter *Benjamin*: Lesezeichen, Leipzig 1970, S. 384.
7 *Die Frau von heute* 2–1946, S. 20.
8 *Neue Berliner Illustrierte* 14–1946, S. 7.
9 Wolfgang Fritz *Haug*: Die Faschisierung des bürgerlichen Subjekts, Berlin (West) 1986, S. 10.
10 Ebd., S. 142.
11 Petra *Clemenz*: Kein einfacher Friede. In: *Sonntag* 46–1987, S. 8.
12 *Neue Berliner Illustrierte* 18–1952, S. 1.
13 Frohes Schaffen. Alte und neue Mädelberufe. Berlin 1946, S. 6.
14 Petra *Clemenz*: Frauen helfen sich selbst. Die Betriebsfrauenausschüsse der fünfziger Jahre aus kulturhistorischer Sicht. In: Jahrbuch für Volkskunde und Kulturgeschichte. 30er Band (Neue Folge, Bd. 15), Berlin 1987, S. 109.
15 Ebd., S. 110.
16 *Die Frau von heute* 8–1949, S. 6.
17 *Neue Berliner Illustrierte* 26–1953, S. 7.
18 Ebd., S. 4.
19 *Für Dich* 17–1964, S. 7.
20 *Für Dich* 35–1964, S. 30.
21 *Für Dich* 1–1963, S. 3.
22 *Neue Berliner Illustrierte* 41–1957, S. 8/9.